高校图书馆阅读推广与服务创新研究

刘梦佳 著

北京工业大学出版社

图书在版编目（CIP）数据

高校图书馆阅读推广与服务创新研究 / 刘梦佳著 . —
北京 ：北京工业大学出版社， 2021.9（2022.10 重印）
　　ISBN 978-7-5639-8147-2

　　Ⅰ．①高… Ⅱ．①刘… Ⅲ．①院校图书馆－读书活动－
研究②院校图书馆－图书馆服务－研究 Ⅳ．① G252.17 ② G258.6

中国版本图书馆 CIP 数据核字（2021）第 201397 号

高校图书馆阅读推广与服务创新研究
GAOXIAO TUSHUGUAN YUEDU TUIGUANG YU FUWU CHUANGXIN YANJIU

著　　者： 刘梦佳
责任编辑： 吴秋明
封面设计： 知更壹点
出版发行： 北京工业大学出版社
　　　　　　（北京市朝阳区平乐园 100 号　邮编：100124）
　　　　　　010-67391722（传真）　　bgdcbs@sina.com
经销单位： 全国各地新华书店
承印单位： 三河市元兴印务有限公司
开　　本： 710 毫米 ×1000 毫米　1/16
印　　张： 13.25
字　　数： 265 千字
版　　次： 2021 年 9 月第 1 版
印　　次： 2022 年 10 月第 2 次印刷
标准书号： ISBN 978-7-5639-8147-2
定　　价： 84.00 元

作者简介

刘梦佳，女，1987年12月出生，天津中德应用技术大学图书馆馆员，天津南开大学&澳大利亚弗林德斯大学研究生。多年来，主要从事图书馆读者服务、勤工助学学生管理及阅读推广工作。在《才智》《天津教育》等刊物发表论文多篇；在专题学术论文征集评选中多次获奖；参与完成局级课题两项，横向课题多项。作为业务骨干多次主持大型阅读推广活动，多次辅导学生馆员参加全国级、省市级大赛并获奖。

前　言

读万卷书，行万里路。阅读是人类进步的阶梯，是人类文明传承的重要活动方式。阅读水平的高低，直接关系着国民的素质，也直接影响着国家和民族的综合实力。随着计算机网络技术的不断变革和社会文化的不断变迁，读者的阅读习惯也随之不断地发展变化。今天既是阅读的好时代，也是阅读面临严重危机的新时期。阅读是人类所特有的一种精神活动，也是个人成长和完善的必要环节。图书馆作为提供文献信息资源的重要机构，先天具备促进全民阅读的优势。

高校图书馆可为广大学生提供各种读物，具有丰富的文献资源、充足的阅读场地和良好的阅读氛围，在阅读推广方面具有其他机构或组织无法比拟的先天优势。由于图书馆具有开展社会教育和开发智力资源的职能，所以做好阅读推广服务工作是高校图书馆义不容辞的责任。在全民阅读的大环境下，高校图书馆要与时俱进，不断创新阅读推广模式，以全新的阅读体验、全方位的阅读服务，赢得读者好评，真正承担起传承优秀文化的责任。

本书共五章。第一章为图书馆阅读推广，包括阅读学与推广学基本理论、阅读推广与图书馆阅读推广、图书馆阅读推广的主要方式。第二章为图书馆服务，包括服务与服务理念、图书馆与图书馆服务、图书馆服务的特点与内容、图书馆服务的原则和发展趋势。第三章为高校图书馆阅读推广，包括高校图书馆阅读推广活动、高校图书馆阅读推广中存在的问题及其解决方案、高校图书馆阅读推广的组织架构、高校图书馆阅读推广空间的构建。第四章为高校图书馆服务创新，包括高校图书馆服务创新理论、高校图书馆服务发展中存在的问题、高校图书馆服务创新的必要性、高校图书馆服务创新的主要策略。第五章为新媒体时代高校图书馆阅读推广服务创新，包括新媒体时代的内涵、新媒体技术在图书馆服务中的应用、新媒体时代高校图书馆阅读推广服务现状、新媒体时代高校图书馆阅读推广服务的创新策略。

为了保证内容的丰富性与研究的多样性，笔者在撰写的过程中参考了大量文献，在此谨向相关文献的作者表示衷心的感谢。

由于笔者水平有限，书中难免存在不足，恳请广大读者批评指正。

目　录

第一章 图书馆阅读推广

第一节 阅读学与推广学基本理论

一、阅读学基本理论

阅读作为人类发展的一种权利，自有文字记载以来，便伴随人类的全部历史与所有活动。特别是在知识信息大爆炸的现当代、高等教育迅速扩张的黄金时代，阅读的重要性、多样性、差异性与多元性更是凸显出来。什么是阅读？阅读的功能与特征、阅读的目的与意义、阅读的类型与方法、不同人群的阅读行为特征等，成为我们首先要讨论和解决的基础理论问题。

（一）阅读的基本概念

1. 阅读的内涵

内涵，是指一个概念所反映的事物的本质属性的总和。遵循"作者—文本—读者—世界"这四个阅读要素，我们从阅读的客体、主体和过程三方面来认识阅读的本质。

（1）阅读客体

阅读客体又称阅读对象，有广义和狭义之分。广义的阅读对象包括自然和人类社会的一切。狭义的阅读对象是一种精神产品，这种精神产品既不同于自然事物和自然现象那种"自然客体"，也不同于社会存在和社会关系那种"社会客体"，亦不同于社会思潮和个人心态那种"主观的精神客体"，而是一种"客观的精神客体"，一种"可供传播的精神外化物"。曾祥芹根据"对象的主体占有性"理论对此概念继续补充说明：没有和读者建立阅读关系的潜在读物，还不能称为阅读对象；只有与读者建立了阅读关系，并已被读者认识和把握了的读物，才可称为现实的阅读对象。内容的思想观念性、形式的语言符号

1

性、物质载体性以及阅读主体的占有性是阅读对象的四种基本属性。只有四者兼备，才能称其为阅读对象。此观点似乎有点将阅读对象过于窄化。朱永新在引用此概念时便做了适当的修改："狭义的阅读对象，是一种精神产品，如书本、报纸、杂志等。这种精神产品既不同于自然事物和自然现象那种'自然客体'，也不同于社会存在和社会关系那种'社会客体'，而是一种'可传播精神的外化物'。"事实上，根据"对象"一词在《现代汉语词典》（第 7 版）中的释义："行动或思考时作为目标的人或事物"，可见作为"对象"的人或事物并不一定要处在行为发生的过程中，尚处于思考中的人或事物亦可称为对象。因此，本书认为，不如将"阅读主体的占有性"这条忽略，将狭义的阅读对象定义为"一种以书面语言为主体符号的、固化在物质载体内的作者的精神产品"，即通常意义上的"文本"，这比较符合人们的认知习惯。

由于阅读对象有广义和狭义之分，便有了广义与狭义的"阅读"概念，有了不同的阅读方法和途径，有了不一样的阅读效果，最终形成了人们或开阔或狭隘的阅读视野。

（2）阅读主体

王余光、徐雁认为，阅读主体通常指具体阅读过程中从事阅读活动的人。阅读者是阅读行为的发动者和操作者，自始至终决定着阅读的目的、任务、方式和效果。读物也因而成为认识和把握的对象，并在阅读展开的过程中逐渐获得意义。曾祥芹将阅读主体定义为"与阅读客体发生阅读关系的那一部分阅读者"，即在具体阅读过程中从事阅读活动的人。他认为阅读者在阅读过程中始终处于积极主动的地位，所以称其为阅读主体。以上观点都对"阅读主体"进行了严格限定，即只有正处于阅读过程中的人才称得上阅读主体，似乎离开了具体的阅读过程，就是学富五车也不能称为阅读主体。李长喜等指出，一个人成为阅读主体应该具有三方面的条件：一是有阅读欲望；二是具备一定阅读能力；三是从事阅读活动。三者兼备，才是真正意义上的阅读主体。因为"从事阅读活动"是一种带有职业性的描述，具有长期性，而"具体的阅读过程"是一种行为描述，具有短暂性，所以只要喜欢阅读并进行过阅读的所有人都可以称为阅读主体。同时我们可以看出，并不是每一个人都能成为阅读主体，如不识字的婴幼儿和成年文盲。

个体在性格气质、兴趣爱好、知识经验、思维方式等方面存在差异，导致阅读主体也是千差万别的。这种差别主要表现在读物选择、阅读效应、阅读能力等方面。人们常说的"一千个读者心中有一千个哈姆雷特"就是对阅读主体差异性的形象描述。

（3）阅读过程

如果把阅读看作一个从信息符号中获取意义的过程，那么我们就可以用申农的"信息论"来分析世界、作者、文本、读者四要素及其相互关系。申农的通信模式如图1-1所示。

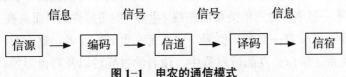

图1-1 申农的通信模式

通信过程是一个信源发出信息、信息经过编码变成信号、信号通过信道进行传递、经过译码变成信息到达信宿的过程。虽然这个通信模式和他的整个信息论都着眼于工程技术领域，但其对传播学的孕育和创立产生了至关重要的影响。著名的传播学家施拉姆就曾效仿申农的通信模式提出了一个传播模式，如图1-2所示。

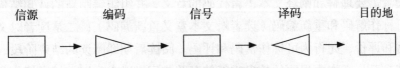

图1-2 施拉姆的传播模式

受此启发，世界、作者、文本、读者四者之间的联系可表示成如图1-3所示。

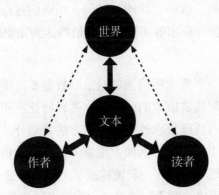

图1-3 世界、作者、文本、读者联系图

图1-3中，作者的写作过程就是一个编码过程，作者通过认识世界，将储存在头脑中的信息编码成文字符号，形成文本。读者的阅读过程则是一个译码过程，读者以认识世界为前提，通过阅读文本，将文字符号还原成作者意图传播的信息。不同的是，在编码过程中，作者是编码行为的发起者和承担者，文本是编码的产品；在译码过程中，读者是译码行为的发起者和承担者，文本是译码的对象。虽然文本是作者和读者交际过程的中介，但这个中介始终处于被

动静止的状态，作者在读者的译码过程中不会直接发挥作用，他是静止的、远离的、非参与的。读者通过了解世界与文本，间接地和作者对话；作者通过世界与文本，间接地影响读者。世界作为一个显性的存在，通过影响作者与读者，间接地影响文本的创作与文本的解读。所以在传统的阅读理论中，由于只考虑"作者—文本—读者"的三角关系而忽视"世界"的重要性，因而忽视了"作者—文本—世界""读者—文本—世界""作者—世界—读者"这三个同样不可忽视的三角关系。所以，在阅读过程中，读者的世界观以及对世界的认识是其读懂文本、理解作者的前提。

根据阅读的信息加工理论可知，上述译码过程即读者的阅读过程可以分为阅读前期、阅读中期、阅读后期三个阶段。阅读前期即阅读的准备阶段，读者需要选择读物，并对读物进行初步感知和识别，以确定将要阅读的是哪个文本，此行为可称作选码和识码。阅读中期即阅读进行阶段，此阶段分为两个步骤：一是读者需要理解和阐释文本语言代码的意义，并组织编制新的认知结构，此行为可称作解码和重新编码（读者对文本意义重新编码）；二是读者对文本进行欣赏和评价，此行为可称作赏码和评码。阅读后期即阅读的结束阶段，读者需要把自己从文本中提取的信息进行储存并应用，以实现知识的增值，此行为可称作储码和用码。由此可见，读者的阅读过程就是一个读者对信息进行选码、识码、解码、重新编码、赏码、评码、储码、用码的过程，分别对应认知心理学的感知、理解、评价、应用等不同阶段，最终达到知识迁移的目的。

2. 阅读的外延

所谓外延，是指一个概念所确指的对象的数量或范围，相对于概念的内涵而存在，并与内涵一起构成概念的两个基本逻辑特征。明确概念内涵的逻辑方法是给概念下定义，而明确概念外延的逻辑方法是划分，即根据一定的标准把一个属概念划分成若干种概念。例如，生物可以分为动物、植物、微生物，那么动物、植物与微生物三者合在一起便构成了"生物"这个概念的外延。

照此方法，要想明确"阅读"的外延，首先必须选择合适的标准给"阅读"划分类型。朱永新在《我的阅读观》一书中对阅读类型进行了如下划分。

①根据读者的阅读目的，可以把阅读分为功利性阅读和非功利性阅读。

②根据阅读内容的经典性，可以把阅读分为一般阅读和经典阅读。

③根据信息载体的不同，可以把阅读分为电子阅读和文本阅读。

④根据在阅读一本书过程中参与的人数多少，可以把阅读分为个别阅读和共同阅读。

⑤根据阅读过程中思维参与的程度，可以把阅读分为浅层阅读和深层阅读。

如此，阅读的外延图示如图1-4所示。

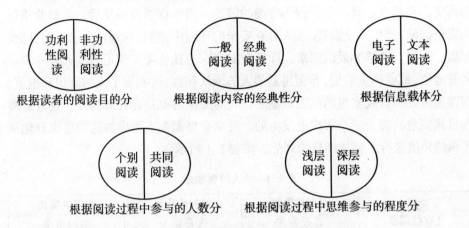

图1-4　"阅读"的外延

以上对阅读类型的划分属于二分法，即将一个属概念划分为矛盾关系的两个种概念。其优点在于使人的思维简洁明快，把注意力集中于主要对象上；其缺点是母项的外延比较模糊。

一般来说，概念越具体，越容易指出其外延；概念越抽象，越难辨别其外延。事实上，要想把一个概念的全部外延揭示出来，有时是不可能的，有时却是不必要的。这也是许多阅读学著作中只谈"阅读"的内涵，而很少涉及其外延的原因。

（二）阅读的目的与意义

要想明确阅读的目的和意义，首先就要清楚目的与意义的概念。目的指的是想要达到的任务和境地，也指想要得到的结果，它是努力的方向和目标。意义指的是价值和作用的实现，是付出努力后得到的回报和收益，更是主体对需求满足的一种评价。目的与意义既有联系，又有区别。联系在于两者辩证统一于同一事物，都含有要达成某一种效果的意思。区别在于两者对这种效果分析的层面不同。目的是客观预设，其从蓝图层面考量做一件事情想要达到的明确的、具体的、直接的效果；而意义则是主体评价，其从满足需求视角考察目的达成后所产生的潜在的、长远的以及主观的心理效果。

1. 阅读的目的概说

阅读目的指的是从事阅读活动所期望达到的预期，由阅读主体在阅读活动前人为设定，会因人的需求不同而不同。

美国心理学家马斯洛将人的需要由低到高分为五个层次：生理需要、安全需要、社会需要、自尊需要和自我实现的需要。生理需要是人最原始、最基本的需要，包括衣、食、住、行等方面的需要；当生理需要满足后，人就希望得到安全保障，产生安全需要；当人处在安全的环境中，很自然地就会萌发对社交、归属、友谊、情感和爱的渴求，即社会需要；当社会需要满足后，人进一步对名誉地位、成就产生欲望，希望得到他人的承认和尊重，实现个人的理想和抱负，即尊重需要和自我实现的需要。显然，人的阅读需要是在社会需要、尊重需要和自我实现的需要三个层次上发生的。黄鸣奋根据个人需要的这种层次分化从逻辑的角度进行了更加细致的划分，如表1-1所示。

表1-1 个人需要划分

	自向性需要	他向性需要	交互性需要
生存性需要	自存需要	他存需要	制约需要
生理性需要	储备需要	供给需要	交换需要
信息性需要	认识需要	传播需要	交流需要
心理性需要	自亲需要	他亲需要	联络需要
实践性需要	审美需要	劳动需要	归属需要
成就性需要	自立需要	他立需要	评价需要

从表1-1中可以明确地看到，在个人的一般需要里，已经客观地存在着认识的需要（求知、求善、求真）、审美的需要（求美和娱乐）、交往的需要（沟通和交流）、评价的需要（欣赏和评价）。与此相对应，一般人们阅读的目的大体可以分为四类：求知目的、审美目的、交往目的和评价目的。

（1）阅读的求知目的

子曰："我非生而知之者，好古，敏以求之者也。"孔子是我国古代伟大的思想家和教育家，被后人奉为"至圣先师"，他否认自己是"生而知之者"，认为自己是一个爱好古代文化并勤奋敏捷地去求得知识的人。胡适先生曾这样回答"为什么读书"这个问题："因为书是过去已经知道的智识学问和经验的一种记录，我们读书便是要接受这人类的遗产……以此为基础，可以继续发扬光大，更在这基础之上建立更高深更伟大的智识。"即站在前人的肩膀上进步。英国哲学家弗朗西斯·培根的名言"知识就是力量"不知激励了多少人去掌握人类已有的知识，探索新的知识，开拓未知的领域，才有了今天的现代文明与科技。由此可见，求知是人们进行阅读的一个最基本、最古老的目的，也是最普通、最常见的目的，伴随人的整个成长过程，即所谓的"活到老，学到老"。

（2）阅读的审美目的

社会的进步就是人类对美的追求的结果。所谓爱美之心，人皆有之。美是一种客观存在，爱美并不等于懂美，更不等于能够正确审美。那么，什么是审美呢？《现代汉语词典》（第7版）将"审美"解释为"领会事物或艺术品的美"。如何"领会"？这就涉及美的标准、美的判断、审的主体、审的对象等一系列美学理论问题。因此，美学上的审美指的是人们根据一定的美学理论，通过自己的感官去感受、评价美的事物或现象的复杂的心理活动，具有直观性、情感性、愉悦性和差异性，带有明显的主观色彩。

同时，审美又是人类认识世界、改造世界不可或缺的一种独特的思想情感方式，对人的全面和谐发展、事业的成功和生活的幸福都有着重要的影响。所以，人都有审美需求。正是在这个意义上，人类需要文学。因为文学是情感的，文学作品以情感人。文学阅读以文学作品为对象，目的主要是从中获得美感信息和审美愉悦。比起其他学科的书籍，人们阅读文学作品，其审美需求更加容易得到满足，这便是图书馆文学类书籍馆藏外借量永远排在第一位的主要原因。审美目的是人们从事阅读活动的第二大目的。

（3）阅读的交往目的

交往，即互相来往。哈贝马斯认为，交往是两个有语言和行为能力的主体进行的对话，在人类的所有行为中，"交往"行为是最合理的行为。交往需要是人的一种社会需要。事实上，人是群居的动物，每个人都是在"社会"中存在的，没有谁能够脱离群体而单独存在。因此，阅读的交往目的指的是阅读作为一种社会交往行为，读者期望通过阅读了解作者本人、通过阅读了解文本以及文本中的文本、通过阅读了解世界和社会、通过阅读了解自己以及同时阅读的读者。

我们知道，世界、作者、文本和读者组成一个密不可分的交往网络。作者和读者是世界中的人，作者创作的文本反映了世界，读者在文本的阅读中遇到作者，并触摸世界。这四个因素相互关联，以作者与读者各自在现实中的交往为基础，形成了一个循环的交往系统。阅读的交往目的，首先表现在读者与作者的交往层面。读者的阅读是主动与作者进行的交往，读者以文本为媒介，窥视作者的内心世界，希望通过与作者的交往来实现对世界的理解。其次，读者在阅读文本时，也与文本及文本中的文本构成了一种交往关系。作者在创作文本时，在语言文字中留下了许多"未定点"和"空白"，以此"召唤"读者去阅读，即文本本身包含了与读者进行交往的内在动机；同时，作者在创作文本时，必然会借鉴他人的作品，通过对他人作品的分析与吸收，来构建自己的作品，这样呈现出来的作品必然带有其他文本的印记。论文写作中的"引用"便是这种印记的具体表征。读者阅读文本时自然也连带着与文本中的文本进行了交往。再次，读者通过阅读了解世界，展开社会交往。一般认为，世界构成了文本的一维，文本表现的世界是作者在现实的交往中看到的世界，而且，不同文化背景下的作家在创作时表现的世界也是不一样的。读者在阅读时窥探的世界也就不同。在这样的传达与接受中，便实现了人与人、人与世界交往的目的。世界作为一个背景，起着沟通作者与读者、读者与读者、读者与世界的桥梁作用。最后，读者通过阅读了解自己以及同时阅读的读者。读者的认知语境与作者的认知语境趋于相同时，就会产生认知语境的重叠，即"共鸣"，共鸣越多越强烈，读者通过阅读了解自己就越全面和深刻，与作者的交往效果也就越好；阅读也让读者与其他读者进行交往，当两个以上的读者在阅读同一个文本时，文本中呈现的形式与内容，使不同的读者在感悟中实现了交往。特别是当多个读者在同一时空中阅读同一文本时，阅读的这种交往效应不可低估。这便是共同阅读成为当下的一种时尚和潮流的一个主要原因。

（4）阅读的评价目的

"评价"一词在《现代汉语词典》（第 7 版）中的解释是"评定价值高低"。评价活动在日常生活中随处可见。从一般的意义来看，人的视觉系统对外部事物进行扫描和接收时，本身就带有评价和取舍。这些评价和取舍，既是人们面对外部世界的态度，也是体现人们与外部世界的关系的重要因素，更是人的精神主体得以社会化和对象化的基本方式。虽然这种评价和取舍会因个体的不同而具有不同的标准和内容，但它作为人的心理活动的一种特殊现象，必然成为人的个性需要的一个有机组成部分。在马斯洛的需要层次理论中，评价需要应该属于人的自我实现的需要。换句话说，人作为社会人，既是社会权利的享有者，也是社会义务的承担者。人的任何社会实践行为，都必须估计或预见他人可能产生的反应或者自己应该给予对方的回应。相应地，便产生了交互性需要。这一需要是双向的，它既要求他者的反应和评价，也要求对他者有反应和评价。

对读者来说，阅读对象既有表实性，又有表义性。两者分别体现了读者和阅读对象之间的认识关系和价值关系。一方面，任何一种阅读活动都无法回避文本（尤其是文学作品）中的世界对读者的诱惑和冲击，也都无法回避读者对文本中的世界的感受和认同，当然读者要具有对文本世界的某种利害判断，甚至这种判断会常常走出文本而进入现实世界。另一方面，一般意义上的阅读行为的发生，常常依从于一定的阅读评价要求，这一评价要求有时来自现实的个人阅读的好恶选择，这种选择既有被动的感触和反应，又有主动的审视和评价，因而有学者将阅读主体的评价能力（指选择文献的能力）视为阅读能力的基础。对于研究性阅读来说，阅读过程更多的是一个分析、判断的过程，阅读评价因而也成为阅读者的一种必需的态度和重要的目的。

总体来说，阅读活动的发生，既有鲜明的现实目的，又有复杂的心理动机；既有功利性的个人目的，又有审美性的社会需求；既因人们求知的目的而体现阅读特有的认识价值，也因情感的愉悦和心灵的净化而表现文本的审美功能，同时还使得阅读在对象化的过程中还原了人的自我本质。上述阅读目的，在实际阅读中，并不是独立存在的，而是相互联系相互作用的，共同影响着人们在阅读活动中的取向与感受，以及收获和评价。

2. 阅读的意义归类

阅读的功能决定了阅读的意义。阅读的特点影响着阅读功能的发挥。不论是哪种阅读，都具有共同的功能特征：主体建构性、文化增值性、再创造性以及解读差异性。

所谓"阅读意义"，指的是阅读主体对被阅读的客体对象满足主体需要大小的一种评价。一般来说，满足需求愈大、愈充分，意义就愈大。但意义的评价还具有某种主观性特点，部分被阅读的对象并不具有太大的客观价值，却会得到读者的高度评价。

朱永新对于阅读的意义和价值有这样几个基本观点：一个人的精神发育史就是他的阅读史；一个民族的精神境界取决于这个民族的阅读水平；一个没有阅读的学校永远不可能有真正的教育；一个书香充盈的城市必然是一个美丽的城市；共读共写共同生活。概括起来，阅读的重要意义无外乎两个方面：个体意义与社会意义。

（1）阅读满足发展的个体意义

英国哲学家弗朗西斯·培根说过："读书造就丰富充实的人。"我国民间也流传着这样一句话："万般皆下品，唯有读书高。"又说："家无读书子，官从何处来。"阅读的个人意义可以从个体成长与家族昌盛两个层面来分析。

①阅读是实现个体精神成长的唯一途径。众所周知，人的成长过程都是从自然人向社会人转变的过程。自然人只要不断地吃进食物，生命个体就会慢慢长大，这是人类的本能，与动物没有任何区别。个人即使不做出任何主观的努力，生命个体也会自然生长，这是人的物质成长过程。只是单纯靠这样长成的一个"自然成人"是不能适应人类世界的生活的，也是不被人类社会所接纳的。狼孩、熊孩的故事就充分说明了这一点。

个体要想成为一个真正意义上的人，就必须进行"社会化"。所谓社会化，就是个体在社会影响下，通过学习社会知识，掌握社会技能，建立社会经验，并通过自身不断地选择和建构，形成一定社会所认可的"心理—行为"模式，成为社会成员的过程，这是人的精神成长过程。这个过程离不开个人的学习和阅读，可以是个体积极主动地学习，如自觉接受一系列正规的学校教育，自觉阅读各种各样的书籍；也可以是无意识潜移默化地学习，如口耳相传的社会经验的传递，许多从未上过学的人就是用"口耳相传"的阅读方式实现了自己的社会化。正是在此意义上，我们可以说，阅读是实现个体精神成长的唯一途径。

②阅读是实现家族持续昌盛的不竭动力。我国自古以来便有"学而优则仕"的传统，民间也流传着"家无读书子，官从何处来"的俗语。可见教育对家庭具有荫泽后代、荣耀门庭的意义。于是有了孔母授学、孟母三迁、欧母画荻的典故。在当今社会，尽管教育之光宗耀祖的功能日益退化，家长还是不约而同地认为，每个家庭的所有投资中，在子女教育上的投资回报率最高。一位老农曾声情并茂地说："父亲是梁，房子没有梁要塌；母亲是墙，墙可以挡风雨；孩子是窗，那是一家人的希望所在。即使砸锅卖铁，倾家荡产，也要供孩子上学。"老农的这番话可谓道出了我国大部分父母的心声，也从一个侧面反映出家庭对子女教育的期盼。的确，一个欣欣向荣的家族首先必须有一批学而不厌、孜孜以求的子孙后代。所谓"富不过三代"，就是没有良好家庭教育、严格家风家训的家族，即使祖辈因为某种机遇而发家致富，也是不可能长久繁盛的。而阅读作为一种文化传承与知识习得的方式，历来受到多数家庭的重视。人们常说"言教不如身教"，在全民阅读的今天，亲子阅读已经被越来越多的家庭接受并付诸实践。

（2）阅读满足和谐的社会意义

阅读不仅是个体完善自我、增长智慧的重要途径，而且是国家提高国民素质、推动社会进步的有效工具。和谐社会的构建离不开和谐的社会环境与共同的价值体系。

①阅读是协调社会行为与心理的重要手段。每一个社会都有维护社会秩序、协调人际关系的行为规范。现代社会生产、社会生活等社会实践活动，大都是群体性活动，人只有掌握了约定、禁忌、风俗、习惯、规矩、伦理、道德、法律、宗教、制度、礼节、价值观、态度行为模式等社会行为规范，才能正确处理个人与社会、个人与集体以及同事同行之间的关系，才有可能获得个人事业的成功。社会也必须依靠这些行为规范来协调人类的社会实践活动，因而我们需要

对每一个社会公民进行社会化教育，使每一个人都理解它们的含义和生效机制，并将其内化为个体的自觉行为。

毫无疑问，倡导阅读是实现这一过程的重要手段。同时，社会中的人是一个既有个性、又有共性的矛盾统一体。人的共性主要表现为人的民族性、阶级性、国民性和时代性；人的个性是人与人之间的差异。我们既要张扬个性，又不能缺失共性。只有当人的个性和共性有机融合、协调发展时，人才称得上是一个和谐的个体，其社会实践活动和行为方式才能符合社会规范。当人的个性和共性发生矛盾时，人就需要一个协调机制来使自身的心理与行为符合社会规范，这个协调机制就是人类自己创造和制定的各种社会约束，即社会的规章制度。而对这些规章制度的了解和掌握，无一例外都离不开阅读。和谐的社会不仅要人与人和谐、人与自然和谐，还要人的内心和谐。阅读是人通往内心和谐的桥梁。只有每个人都拥有和谐的内心，整个社会才会呈现出一派和谐的景象。

②阅读是培育世界观和价值观的重要途径。价值观是人们对价值问题的根本看法，包括对价值的实质、构成以及标准的认识。这些认识的不同，使人们形成了不同的价值观。每个人都在各自价值观的引领下，形成不同的价值取向，追寻着各自认为最有价值的东西。尽管现代社会是一个价值多元的社会，可对一个国家或民族来说，如果没有核心的价值体系与共同的思想基础，这个国家或民族就没有团结力和凝聚力，生活在这个国家的人们就像一盘散沙，这个国家或民族就会面临着消亡的危险。而这些共同的思想和价值，就藏在国家和民族自己的文化里。文化需要传承，传承需要教育，教育又离不开阅读，因此，古今中外的阅读学家一致强调"读书立德"的效用。孔子高度重视"六经"的"德治"功能："其为人也，温柔敦厚，《诗》教也；疏通知远，《书》教也；广博易良，《乐》教也；洁静精微，《易》教也；恭俭庄敬，《礼》教也；属辞比事，《春秋》教也。"正是这些文化经典把我们的祖先紧紧地团结在一起，也正是在对这些经典的共同解读中，我们才逐渐形成了"仁、义、礼、智、信"等共同的价值观。弗朗西斯·培根也充分评价了阅读对于塑造人的性格的作用："读史使人明智，读诗使人聪慧，演算使人精密，哲理使人深刻，伦理学使人有修养，逻辑修辞使人善辩。"诚如学者所言："书的力量，就在于作者通过物质的书这个载体，在读者心中唤起那种崭新的意象或精神。书就是这样把精神传给每个读者的，它往往会转化为一种推动历史变革的巨大力量。"正是因为阅读才使得书的力量得以传导。

古语云："古之欲明明德于天下者，先治其国；欲治其国者，先齐其家；欲齐其家者，先修其身；欲修其身者，先正其心；欲正其心者，先诚其意；欲诚其意者，先致其知。致知在格物。"可见，源于《礼记·大学》的八目——格物、致知、诚意、正心、修身、齐家、治国、平天下，其逻辑起点是"格物"，即探究事物原理。无疑，阅读学习是格物致知的唯一途径，诚意正心、修身齐家是格物致知的个人意义与基础功能，治国平天下是格物致知的社会理想与派生功能。于是便有了"一家之教化，即朝廷之教化"，有了"家国同构"，有了"为中华之崛起而读书"，有了终身教育之命题，有了学习型社会建设，有了"全民阅读"国家战略。阅读之于经济发展、文化传承、政治文明、社会和谐、民族复兴的重要意义，由此可见一斑。

苏联教育家苏霍姆林斯基说过，我们要相信书籍的力量，书籍的力量首先意味着阅读的力量，知识的力量要通过阅读的力量才能实现。

如此，我们可以说阅读滋养心灵，阅读改变人生，阅读改良社会，阅读创造世界。阅读能力也是生产力，由此看来，阅读之于个人和社会的重要意义，怎么强调都不过分。

（三）阅读的类型与特点

对阅读划分类型是明确阅读概念外延的最佳方式。要想分类科学合理，选择划分标准是关键。通常人们根据读者的阅读目的将阅读划分成不同的类型。

国外有学者将阅读分为情报型阅读、逃避型阅读（以摆脱生活为目的）、求知型阅读、文艺型阅读四种。还有学者提出了十种阅读类型：浏览、情报阅读、消遣阅读、记忆阅读、实用性选择阅读、分析阅读、批判阅读、扩展性阅读、创造性阅读、校对阅读。因为人的目的是极其复杂的，从目的角度划分阅读类型，可能会导致类型的交叉和兼容。如分析、批判型阅读可能是创造型阅读也可能是实用型阅读，消遣阅读很可能是浏览式阅读，情报阅读也会掺杂记忆的成分，校对阅读不能排除其实用性。因此，国内学者探索多维度分析阅读类型。蒋成禹较早从读者需求层次角度出发将阅读分为积累性阅读、理解性阅读、鉴赏性阅读、评论性阅读四种类型。曾祥芹、韩雪屏认为，除了可按阅读目的划分阅读类型外，还可按阅读对象把阅读划分为白话文阅读与文言文阅读（据语体分）、文章阅读与文学阅读（据文体分）、哲学社会科学阅读与自然科学阅读（据内容分）；按阅读方式把阅读分为朗读与默读（据是否出声分）、精读与略读（据读的粗略精细分）、慢读与快读（据速度分）、全读与跳读（据读的整体与部分分）、个体阅读与群体阅读（据参与人数分）；按阅读素质把阅读分为幼儿阅读、青少年阅读、成人阅读（据读者年龄层次分），基础阅读、职业阅读、专家阅读（按阅读需要及文化程度分）。这样的分类全面细致，有利于分层次，有针对性地开展阅读指导活动。

本书不再给阅读做一些新的分类，而是对一些阅读现象特别是 21 世纪以来大学生中普遍存在的功利性阅读、浅阅读、经典阅读做深入分析，以便读者对阅读有更深刻的认识。

1. 功利性阅读及其特点

根据读者的阅读目的，采用二分法可以将阅读分为功利性阅读和非功利性阅读。功利性阅读主要指读者为了实现一些现实的外在目标而进行的阅读活动，阅读动机以实际功效或利益为准则。如为了求职、晋升、升学、考证、竞赛以及获得别人称赞、争取社会地位和名声等而进行的阅读，大都属于功利性阅读的范畴。现实目的性、短期时效性是功利性阅读的两个主要特点。

人总是生活在现实世界中，需要面对衣食住行、生老病死等诸多现实问题，这些问题的解决大都需要通过功利性阅读才能实现。当今社会需要应用型人才，大学生就业形势日益严峻，功利性阅读在大学生中大行其道也就不足为怪。他们读书的目的就是为了能够考上研究生，为了谋求一份更好的工作，为了能挣钱养活自己和家庭……诸如此类，生存压力让大学生将阅读的短期功效和利益摆在了第一位，忽略了非功利性阅读在提高修养、完善人格、净化心灵方面的作用，因而功利性阅读遭到一些学者的诟病。

然而，换个视角思考，大学生作为未来社会的精英，修身、齐家、治国、平天下是他们必须具备的个体素质与社会担当，阅读作为大学生获取知识、提高技能、获得成功的重要手段，其功利性我们自然也应包容。翻开中国几千年的阅读历史，不为功名不读书的思想可谓根深蒂固，流传至今的名言"书中自有千钟粟，书中自有黄金屋，书中自有颜如玉""学而优则仕"就是阅读功利性的真实写照。因此，功利性阅读自然有其合理性与必然性，我们大可不必看到"功利"二字就"棒杀"。需要提醒的是大学生不能"唯功利"而读，错把功利性阅读当成阅读的全部，而忘却了有益于人生观、价值观、世界观形成的非功利性阅读，这是万万不可取的。如果阅读沦为解决现实外在问题的手段，那么阅读对我们来说则更多的是一种负担，读者也无法享受阅读本身带来的真正乐趣，久而久之，甚至会出现厌恶阅读的情绪。

因此，理想的状态是功利性阅读与非功利性阅读相互结合，让阅读既能解决现实问题，也能满足精神需求。让阅读从现实走向理想，从外在走向内在，从功利走向非功利，这是我们应该秉持的阅读态度。

2. 浅阅读及其特点

数字环境下，人们的阅读行为、偏好和习惯悄然改变。美国剧作家理查德·福尔曼曾这样形容："鼠标一击，人人都联上那个巨大的信息网络，结果大伙都成了泛而薄的'面饼人'。"的确，网络时代，快餐化、碎片化、浅显化的阅读方式正一步步成为主流。浅阅读现象曾一度成为社会关注的焦点。学界对于"浅阅读"的定义有很多，如"浅阅读指不需要思考的、图文的、跳跃式的阅读"，"浅阅读是一种浅层次的、以简单轻松甚至娱乐性为终极追求的阅读形式"，"浅阅读指阅读不需要思考而采取跳跃式的阅读方式，所追求的是短暂的视觉快感和心理的愉悦"。这些定义大都关注阅读动作（跳跃式）、阅读感受（愉悦）等非本质属性，这显然是不太科学的，甚至还有"浅阅读过程中不需要思考"的错误观点。例如，一个经验丰富的人到书店或图书馆找书，只要浏览一下题名、目录、前言、后记、正文排版，便可判断该书是否购买或借阅，你能说此过程中没有思维活动吗？你又能说此种阅读是深阅读吗？据此，本书根据读者在阅读过程中思维参与的程度，把阅读分为浅阅读和深阅读。浅阅读指在阅读过程中读者的思维参与较少、对于语言和符号的理解和掌握程度不高、仅停留在了解层面的阅读。思维参与程度不高、阅读效果不佳是浅阅读的两个本质特征。如此，本书可以做出如下判断。

①浅阅读不是不思考的阅读，而是思考深度不够的阅读。

②快速阅读不等于浅阅读，因为快速并不一定影响阅读效果。所谓"目所一见，辄诵于口"，东汉学问家张衡就有这样的本领，不仅阅读快速，而且效果很好。

③功利性阅读不等于浅阅读。这是显而易见的。若想通过阅读实现功利的目的，很多情况下还非得做"深阅读"不可。

④传统阅读不一定是深阅读，网络阅读不一定是浅阅读。尽管"浅阅读"是近年来使用的一个新概念，但浅阅读现象古已有之，只不过互联网的崛起与新媒体的出现促进了浅阅读现象的普遍化。浅阅读并非一个新生事物。

因此，浅阅读是相对于深阅读而言的，"深""浅"阅读之间的界限并不明显，外人也很难从某人阅读的外在形式上对其加以区分，只有阅读主体自身能真切地感觉到自己所做的阅读是属于"深阅读"还是"浅阅读"。我们提倡深阅读，但也需要浅阅读，在出版业、传播业高度发达的今天，尤其如此。

3. 经典阅读及其特点

根据阅读内容的经典性，可以把阅读分为一般阅读和经典阅读。人们很难给"一般阅读"下定义，却能对"经典"如数家珍。如柏拉图的《理想国》，亚里士多德的《形而上学》，卢梭的《社会契约论》，马克思的《资本论》，亚当·斯密的《国富论》，老子的《道德经》，这些都是经得起考验的、被时间证明了的、对人类文明有着重要影响的著作，可谓经典中的经典。因此，凡是以这样的经典著作作为阅读对象的阅读无疑是经典阅读。可是，现代意义上的"经典"被赋予了更广的含义。一般认为只要具备以下五个要素之一，便可称为"好书"，并在一定程度上赋予其"经典"之意：一是核心价值不会随时间流逝而改变的作品；二是经久不衰的传世之作，后人尊敬它，称之为经典；三是具有典范性、权威性的著作；四是历史选择出来的"最有价值的书"；五是被主流文化所承认的著作。

以上要素中的第二、三、四条无疑是国学经典、权威经典、历史经典的主要特征，这是传统意义上的经典。要素中的第一和第五条则是广义上的经典，即"时代经典"的主要特征。由于社会的核心价值观念是不断变化的，因此主流文化也被打上了鲜明的时代印记。因此，经典并不见得是永恒的。但只要某本书在人类长河的某个时空领域产生过重要影响，就值得我们去阅读，我们不要错过与它对话的机会。

基于经典著作的以上五个要素，相应地，经典阅读具有以下四个特点。

一是超时空性。超时空性即读者在阅读经典时要有大的时空观，视野要宽广；读者要联系古代和现代，要对文本有新的阐释。

二是文化传承性。关于经典阅读的文化传承性，领悟深刻的莫过于公元前3世纪末的国王托勒密。为了提高古亚历山大图书馆藏书的利用率，托勒密想出了一个妙招：邀请当时许多国家的名流学者，请他们住在亚历山大里亚，付给他们可观的费用，只要他们好好使用图书馆的财富就行。这一创举的直接结果就是新的书籍和注解不断诞生。加拿大享誉盛名的作家阿尔维托·曼古埃尔说："现代的读者阅读过去的书，书在阅读的过程中就变成新的了；每一个读者都使某一本书获得了一定程度的不朽。"在这个意义上，阅读就是使书籍复生的仪式。我国学者朱自清说："经典训练的价值不在实用，而在文化。"还有学者说："人们拒绝阅读经典，无异于斩断历史传承，自绝文脉。"经典阅读的文化传承性由此可见一斑。

三是审美体悟性。经典阅读要求读者潜入经典著作中，可以"成为"大师本人，去关心属于他们那个时代的问题，给出自己对这个问题的见解和看法；也可以成为大师的"对手"，分析他们的观点是否有价值，判定他们的认证是否严谨。所谓站在巨人的肩膀上进行科学研究，对经典文本的这种感悟—理解—

15

建构的过程就是一个审美体悟的过程。

四是限制性。经典文本中的内容、形式存在着一定的规定性，其中的人、事、物、景具有相对稳定性。我们可以突破权威的理解，可以有自己独到的见解，却不能离谱。"一千个读者心中有一千个哈姆雷特。"但一千个读者心目中的形象毕竟还是哈姆雷特，而不是其他什么人物。这也就是说，阅读离不开阅读对象的规范和制约，经典阅读更是如此。我们不能曲解大师，更不能误读经典，篡改经典。

二、推广学基本理论

"推广"一词起源于农业领域，伴随农业的产生而产生，是一项为农业产业服务的社会活动。随着工业社会和现代技术的发展，"推广"的内涵不断扩展，推广的方法和手段也在许多领域得到广泛使用，如教育推广、产品推广、市场推广、营销推广、网络推广、平台推广、服务推广、学术推广、文化推广、阅读推广等随处可见。

（一）推广的概念与内涵

农业劳动是其他一切劳动得以独立存在的基础和前提。的确，农业是人类社会首先出现的物质生产部门。为了生存，在人类从食物采集过渡到食物生产的漫长过程中，产生了原始农业。尽管当时的人类社会农业生产力水平低下，劳动手段与劳动技能都很落后，但是人们在共同劳动和共同生活中，在与自然的斗争中，还是积累了一些技术、技艺和经验，并通过父传子、师传徒的方式传播和扩散，这就是原始的农业推广方式。

到了奴隶社会，人们开始使用青铜农具农耕除草，栽培除谷物以外的果树蔬菜，应用除草治虫技术，还发明了历法，用以指导农事活动，同时出现了原始畜牧业生产。一些先进部落开始出现专门负责指导百姓"种植五谷、饲养六畜"的农师，这便是早期的农业技术推广员。

进入封建社会，农业开始逐步由粗放向精耕细作发展。劝农、课桑、教稼等民间活动日益受到朝廷和地方政府的重视，让农业推广活动带上了浓厚的官办色彩和技术、技艺特征。

随着近现代工业和科学技术的发展，农业逐渐走上了现代化道路，农业推广成为一种社会制度。推广科学应运而生。

1.推广的概念

从上述农业发展过程可以看出，推广最先产生于农业领域，技术是推广的首要内容。直到现在，一说起推广，人们首先想到的是农业推广或技术推广，学界关于推广学的研究和成果主要集中在农业领域，对推广的定义、术语和应用也众说纷纭。

尽管推广活动早在原始农业阶段就有了，然而"推广"一词却起源于1866年的英格兰。当时的剑桥大学和牛津大学最先采用"大学推广"系统。"推广教育"一词是剑桥大学于1873年最先使用的，用来描述当时大学面向社会、到校外进行农业教育活动。后来，"农业推广"一词在美国得到广泛使用。1914年美国国会通过农业合作推广的《史密斯-利弗法》，给"农业推广"赋予了新的含义，从而也形成了美国赠地学院教学、科学试验和农业推广相结合的体制。农业推广囊括了很多活动，使得"推广"具有许多不同的意思。范登班指出，在英国、德国和斯堪的纳维亚地区，"推广"即"咨询"，注重解决特定的具体问题；在美国的传统中，"推广"即"教育"，强调教给人民用扩延信息的方法解决问题；荷兰使用"Vorlichting"这个术语，意思是在人们前面保持着亮光以使他或她能够找到道路；法国使用"Vulgarisation"这个术语，表示推广是一个简化信息的过程，以使"大众"或普通人能够明白。此外，人们因反感从"自上而下"的视角定义推广而产生了许多反术语，如"激励""动员""自我觉悟"等。

术语的不同并非推广概念的唯一混乱源，政治和其他传统也不能忽视。在保守的传统中，推广作为一种手段，来帮助人们在推广所提供的选择范围内做出考虑周到的选择，其被称为"提供信息"的推广。

当推广用于阻止环境污染、健康公害、野蛮的破坏行为时，所有国家的政府都将推广作为取得社会目的或集体事业效益的一种政策手段，此时其被称为"劝导性"推广。

以上关于"推广"的含义，因观察视角的不同而不同。然而，它们都有一个共同的核心逻辑——诱导行为变革。

2. 推广的内涵特征

推广的内涵受时间、地点的制约，随着社会经济、科技的发展而演进。尽管上述对推广含义的理解各不相同，但是我们还是可以从中解读出"推广"具有的几种共同属性：干预性、沟通性、自愿性、公益性、机构部署性。

（1）干预性

推广是一种干预。几乎所有的推广定义都强调推广是经预先考虑的、有计划的、循序渐进的、系统设计的、有目标指导的目的性活动。制定目标、设计并检验策略、进行资源配置、执行和评价是推广干预性的具体表现。"干预"在《现代汉语词典》（第7版）中的释义是"过问（别人的事）"，推广的干预性往往超越"过问"的层级，扮演"推广员"角色的人常常直接参与目标群体的行为变革过程，因为推广员本身就是一种以执行干预为目的的职业。事实上，医生、教师、推销员以及其他专业工作者在平常的工作中都部分地扮演着"干预者"的角色。正是这个原因，国外的许多大学生都以"农村推广"作为选修课，即使他们根本不打算成为专职的推广人员，他们也觉得通过沟通进行干预是许多工作所要求的职业技巧之一。

（2）沟通性

推广以沟通作为其引导变革的手段。沟通贯穿于推广的全过程，是推广、培训和信息传播的基础，是推广工作中的一项重要的、必不可少的活动。早期的推广工作被看成一种简单的干预手段，忽视了沟通在推广中的重要作用，人们认为推广就像投掷标枪一样，把知识和动力投向目标用户便大功告成，后来发现这种把目标用户当成"靶子"的推广方式，收效甚微。即使目标群体相信自己会从行为变革中获益，仍然会因为缺乏变革的资源和条件而没有引发自愿行为的改变。沟通的重要性由此得到认识。沟通需要相互理解。推广的效果取决于干预团体与目标群体之间互相理解的程度。在推广之前，推广员若能了解受众的期望，倾听他们的意见并加以理解，与他们一起对新的建议进行预试，并注意使用他们已有的知识，与目标用户共同解决问题，推广的效果会好很多。

（3）自愿性

推广只有通过自愿变革才能产生效力。尽管推广的影响力来自策略地运用沟通这一手段，然而在引起人们行为自愿变革方面，这种影响力还是相当有限的，除非有其他途径以权力迫使人们依从。可是我们不能利用推广来强迫人们去做违背自身意愿的事情，推广的逻辑也要求变革行为者（推广员）必须寻求引导目标用户自愿变革的手段和方式。自愿的行为是不能由命令或指令产生的，变革行为者需要利用说服、传递信息和其他沟通形式来引导目标客户在知识、认识、动机、理解或反馈上发生改变，让他们相信行为改变是为了他们自身的利益。戈加特曾提出自愿行为改变的三个条件：一是必须知道怎样做，二是必须想要做，三是必须有能力做。显然，推广在对知识（知道怎样做）和动机（想要做）的影响比对能力的影响要大得多。因为人的能力的养成是一个复杂而长期的过程。正因为如此，现实的推广工作常常在改变人的知识和动机方面着力，在改变能力方面望而却步，从而造成推而不广的情况发生。若背离"自愿性原则"强制推广，即使是好心，往往也会办成坏事。

（4）公益性

用户都是理性经济人。如果推广纯粹只是为了推广者的个人利益，那么推广行为必然会受到用户的抵制，更不用说会有什么好的推广效果了。因此，无论是农业领域的技术推广、商业领域的产品推广，还是服务业的服务推广，其都在一定程度上具有利他性，而且这种利他性成分越高，推广工作就越容易开展，效果也就越好。对目标用户来说，具有收益外溢的项目必须采用补偿机制才能得到有效推广。因此，在很多国家和地区，推广常常被用来作为一种政策工具。如在保护自然资源、预防公害、保证对于环境资源的适度使用、解放思想、主持公道、防止破坏公物的行为、能源保护、保证更好地使用娱乐设施等方面，推广的目的更加强调公共和集体的利益，而不是某些私人利益，因而推广具有显著的公益性。

（5）机构部署性

推广需要钱，它是一项职业活动。不管是专职的推广还是兼职的推广，都需要经费。要想保持推广工作的连续性，其经费非个人所能承担。因此，推广工作通常是由某个机构组织开展的，这些机构可以是政府机构、志愿机构、商业公司和会员协会等。例如，在许多国家特别是发展中国家，农业推广服务机构都是国家行政机构的组成部分，推广工作经费和人员大都由政府行政体系安排，其常常采用技术、政策、物资三结合的运行机制开展工作；大专院校与科研院所等教育科研机构开展的推广工作，其资金一般来自教育经费或科研项目经费，它们通常采用科研、教学、推广三结合的运行机制助力科技成果的转化，即使是在当下的大学教育中，我们仍然强调生产、教学、科研相结合，面向市场培养人才；企业或公司设置的推广机构以增加企业的经济利益为工作目标，以产品消费者为服务对象，由企业划拨推广经费，一般采用企业、基地、用户三结合的运行机制，调动企业和用户的生产积极性，以达到双赢的效果；会员协会合作形成的自助推广机构以会员为推广对象，以经营、咨询、推广相结合的方式开展资源传递服务。由此，推广的机构部署性便不言而喻。

根据推广的以上属性，本书给推广做出如下定义：推广是一种由机构部署的、职业性的、有组织的沟通干预活动，以引导具有变革行为者（推广员）所认为的公共或集体效用的自愿行为的改变。

（二）推广的目的与功能

1. 推广的目的

推广是一种经过系统设计的，有计划、有程序、有目标的指导活动，具有很强的目的性。推广的目的有两个：一是直接目的，二是最终目的。直接目的是引发推广行为的动机。如在传统农业社会，人们为了生存，千方百计想要农作物高产，于是，为了提高农作物产量的农业技术推广行为便应运而生；科研院所为了把潜在的、知识形态的科技成果转化为现实的、物质形态的生产力，必须将创新的成果在相应领域推广使用才能产生效益；企业开发的新产品只有投放市场，被消费者购买才能实现利润，为了占领市场，让产品迅速被消费者知道并接受，企业需要市场推广；政府从国家和社会的利益出发，必须对个体的行为进行规范和节制，这种规范和节制除了通过硬性的法令强制执行外，还需要通过推广教育来引导人们的行为自愿改变。这些推广行为，因传输技术、成果转化、产品销售、行为教育等动机而产生，推广动机是推广的直接目的，也是短期目的。那么，技术推广、成果推广、产品推广、教育推广，其最终目的是什么呢？根据推广的核心逻辑——诱导变革，本书认为，推广的最终目的只有一个，那就是引导行为自愿变革。

为了实现推广的最终目的，变革行为者需要科学合理地设计其直接目的，并努力使直接目的与用户目的相一致，以实现推广效益的最大化。推广目的（直接目的）与用户目的的一致性程度是有差别的，通常有以下四种情况：

①推广目的与用户目的相同；

②推广目的与用户目的部分相同；

③推广目的与用户目的相联系；

④用户目的能够被转化为适合于推广目的。

第一种情况可能发生在由慈善机构提供资金的志愿组织开展的推广活动中，或者是由用户自己付费请商业公司为其提供的推广服务中。在这两种情况下，推广是为用户服务的一种手段，因而推广目的与用户目的高度一致。

第二种情况经常发生在农业推广中。用户目的是多赚钱过好日子，推广目的更多的是为国家利益服务。如在工业欠发达的国家，农业推广的目的是为城市消费者提供廉价而可靠的食品供应，赚取外汇为工业发展提供原材料等。这种国家利益的达成是通过引进新技术提高农业产量实现的。产量提高了，价格就会下降，农民为了保持收入增长，自然也就需要推广咨询服务。这样，当廉价而丰富的农产品变为现实的时候，农民也看到了技术创新给他们带来的切身利益。

第三种情况经常发生在诸如广告一类的领域中。为了使推广目的（出售产品）和用户目的相联系，沟通干预常借助某些用户感兴趣的、有利可图的、有指望的或者信服的中介物，即"诱导体"，而推广组织想要用户购买的产品被称为"劝导体"，沟通干预力求证明：在"劝导体"和"诱导体"之间有一种关系，这种关系被称为广告的"允诺"。

第四种情况就是推广除采用沟通干预外，还可采用其他手段达成推广目的，如价格刺激和补贴都可以使用户对推广咨询服务产生兴趣。

当推广目的与用户目的完全相反时，沟通干预是不起作用的。推广者若想通过推广让目标用户去做他们不愿意做的事情，那是根本不可能的。当推广与其他手段如价格刺激、补贴等结合使用时，推广会促使目标用户按照推广目的行事，这时推广的力量最大。然而这种力量很明显不是来自推广本身，而是来自其他手段，因而纯粹的推广力量是十分有限的。

2. 推广的功能

现代意义上的推广即推销、传播、普及与指导，是以人为工作对象，将特定的产品如书籍、知识、信息、技术、成果以及文化与公共平台等传播出去，通过改变个人能力、行为与条件，来改变社会事物与环境，因而推广具有个体功能与社会功能。

（1）推广的个体功能

①推行科学以增进知识。职业推广人是具有专门知识的人。无论是信息推广，还是人力资源开发推广，其工作对象都是人而不是物，因而推广过程都是一个面向人传播知识的过程。推广为目标用户提供非正式的校外教育机会，从某种意义上讲就是把知识带给用户。

②传播技术以提高技能。推广行为起源于农业领域，传输技术、提高生活技能是推广活动产生的原初动力，也是推广的首要功能。即使是商业领域的推广行为，尽管其每一个步骤可能都存在着促销，但也离不开传播技术这一环节。因为产品的销量仅仅只是推广的间接结果，推广的直接利益结果是让客户了解产品功能、知晓企业品牌，让消费市场尽快接受产品。

③普及文化以改变观念。推广教育、咨询活动可以引导目标群体学习社会的价值观念、态度和行为方式，使得目标群体在观念上也能适应现代社会生活的变化。推广的最终目的是引导人的行为自愿变革。人的行为改变需要经历一个从知识改变、态度改变到行为改变的过程。虽然人的知识改变、态度改变并不一定会带来行为改变，但是人的行为自愿改变了，其态度和观念一定会发生改变。以书籍、知识、信息等为内容的文化型推广尤其具有这一功能。

④指导方法以增强应用。推广工作要运用参与式原理激发目标群体的主观能动性，通过广泛的社会教育与咨询活动，使目标群体在面临各种问题时，能

有效地选择行动方案；通过目标群体参与推广计划的制订、实施和评价，提高目标群体的组织与决策能力。

（2）推广的社会功能

①促进科技成果转化。技术推广是推广的主要内容，也是科技进步过程中极其重要的环节。然而，科技成果是一种知识形态的潜在生产力，要把这种潜在的生产力转化为现实的生产力，需要让广大用户接受它、掌握它，并将其应用于生产实践中，从而产生一定的经济、社会和生态效益。这种转化是通过推广来完成的。推广效果越好，科技成果的转化速度就越快，质量也越高，生产力发展也更快。

②提高生产经营效率。研究、推广和教育是创新的三个核心要素，三者结合形成政策工具统一为用户服务。用户在改变知识、信息、技能和资源条件后，可以提高生产的投入产出效率。据美国学者分析，美国农业生产率提高的71%是科学研究及其成果推广应用的结果。在创新驱动发展的现代社会，农业和工业发展更加依赖于科技成果的推广应用。

③改变生活环境质量。推广活动通过教育、传播、服务等工作方式，改变用户对生活环境及质量的认识和期望水平，进而引导用户参与环境改善活动，建设基础服务设施和发展公共文化事业，以改善他们自己的人居环境，提高生活质量。因此，推广必须同时兼顾经济效益、社会效益和生态效益。经济效益可以是首要的，但不能是唯一的。以牺牲社会效益和生态效益而取得的经济效益是表面的、暂时的、不可持续的。只具备经济效益的创新是不科学的，也是没有推广价值的。

④发挥媒介纽带作用。推广具有传递服务和反馈信息的功能。推广过程中，推广者起着联系科研、教育、生产的纽带作用，同时也是政府和目标群体对话的中介人。一方面，推广者通过推广工作可以将政府的发展计划、方针、政策及时准确地传递给目标群体，以确保各项政策的落实和预定目标的实现；另一方面，推广者通过推广工作可以将目标群体的意见、建议和呼声及时反馈给政府部门，为政府部门决策提供依据，增强政策的可行性。

（三）推广的代表学说与理念

推广是一种目的性很强的实践活动。任何一项推广活动都要经过试验、示范、推广等基本程序以及培训、服务、评价等辅助程序。例如，科技成果推广首先要把产生于实验条件下的新技术放到生产条件下进行适应性试验，试验成功的成果再选择基地进行示范，在示范的基础上选择取得显著效益的成果进行广范围和大面积的推广。我国自贸区的引进也经历了上海的改革试验，从广东、天津、福建的差异化功能示范，再到各个省份的推广应用过程。

推广程序作为推广工作的步骤和指南，在执行过程中都有一定的理论做指导。具有代表性的推广理论有技术传输理论、双向沟通理论、创新扩散理论、目标团体理论、知识与信息系统理论等。

1. 技术传输理论

技术传输理论是最早出现的推广理论，它起源于早期的农业推广领域。早期的农业，生产力低下，技术是制约农业生产的主要因素。推广工作者（又称变革行为者）认为他们掌握的知识经验对于人类以及子孙后代的利益非常重要，因为这些知识来自减少疾病、保护环境、防止龋齿、增加粮食作物产量的专家和技术人员，有时这些专家自己就是推广工作者。

由于社会给予科学家和专家以崇高的地位，所以推广者认为他们的工作就是通过某种沟通形式来"传输"这种知识。其技术传输模式为"推广工作者→目标用户"。

推广工作被看作一种简单的干预手段，像"标枪"一样，把知识和动力投向目标用户，以此来"传输"知识。推广工作者所关心的只是如何改善干预手段，即如何通过有效的示范、培训等手段达到推广目的。策略地使用干预媒介和方法是推广工作者所关心的问题，因为干预是有效改变人们自愿行为的关键。

技术传输理论有一定的合理性。技术作为一种资源是诱导社会变革的重要因素，唯有技术的进步，才能推动社会的发展。纵观农业发展史，先进的农业科学技术是农业发展的核心要素。然而，技术传输理论与传播学早期的"靶子论"有着同样的不足。早期的传播研究把媒介的信息看作神奇的"魔弹"，把受众视为应声而倒的"靶子"，受众在强大的传播势头面前除了束手就范，就别无选择。技术传输理论与"靶子论"都把受众当成被动的客体，视为物而不是人，完全忽略了人的主观能动性，这是它们共同的缺陷。技术传输理论强调技术在传输中的地位和作用，认为推广工作者与目标用户之间的关系是简单的技术传输关系，忽视了目标用户在技术传输中的地位和作用，将目标用户看作技术的被动接受者，忽略了他们在技术决策、应用和扩散中的主体地位。

2. 双向沟通理论

大众传播领域内固执受众的发现，早期公众舆论工作的启发，使得在了解期望受众知识的基础上利用沟通干预手段的必要性得到认识。早期农业推广中的"技术传输"模式，采用的是一种自上而下的单向沟通方式，即使目标用户相信自己会从创新中获益，但他们仍然拒绝变革，因而推广很难达到预期效果。究其原因，是推广的新技术与方法不能满足选定的目标用户的需要。为此，有学者提出："推广过程应该同时是一个自上而下和自下而上的双向沟通过程，需要解决变革行为者和目标用户双方的问题。"

大约在 20 世纪 70 年代，推广学的中早期的单向技术传输理论向双向沟通阶段发展，并形成了双向沟通模式（图 1-5）。

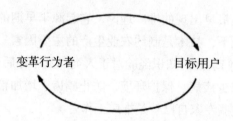

变革行为者　　　　　　目标用户

图 1-5　双向沟通模式

该模式是双向沟通理论的核心。双向沟通理论的基本观点包括以下三个。

①双向沟通中的推广内容（信息）与推广方法（沟通）是推广过程中的两大要素，两者缺一不可，它们共同决定着推广工作的成效。

②通常情况下，"沟通"比"信息"更重要。这是由于信息（技术、方法、经验等）是一种客观存在，但不同用户对信息的感受、理解、态度、接受程度则有不同，所以受多种主客观因素影响，沟通具有很大的主观能动性。

③沟通是一个双向互动的过程。在这个过程中，推广者要将信息通过渠道推广给接受者，同时接受者也要将他所理解的信息反馈给推广者，而且这一过程是可以反复循环的，并非互动一次就停止。

双向沟通理论既应用于人际沟通和大众传播上，也应用于发展推广内容和创造推广内容的技术研究过程中。

3. 创新扩散理论

创新即创造、革新，创立新事物，标新立异。新事物可以指新产品、新设备、新技术、新方法，也可以指新观念、新思想。创新扩散指一种新事物在社会系统中推广或扩散的过程，它与人际传播和大众传播密不可分，扩散的过程其实就是传播的过程。因此，"创新扩散"理论又称"革新传播"理论。

在创新扩散的研究中，最有成就的当数罗杰斯与休梅克。1971 年，他们在《创新的传播》一书中，提出了一个有名的创新扩散模式，如图 1-6 所示，这一模式把整个创新扩散过程分为前提（创新的准备）、过程（创新的扩散）、后果（创新的结局）三个部分。

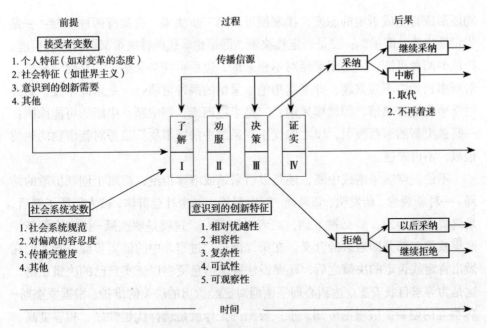

图 1-6 罗杰斯-休梅克的创新扩散模式

前提部分包括两个方面，一是个人因素即"接受者变数"，二是社会因素即"社会系统变数"。一个新事物能否扩散，一方面受制于个人，另一方面也取决于特定的社会环境，即新事物的扩散必须以个人与社会两方面的开明及进步为前提。在这两方面中，起决定性作用的是社会环境因素，即社会系统变数中所包括的社会系统规范（指社会的法律规章制度）、对偏离的容忍度（指一个社会对背离传统、违反习惯的东西所具有的宽容程度）、传播完整度（指一个社会的传播系统的先进程度）等项目，这些都是制约一种创新、一次变革之扩散，决定新事物、新时尚之流行的关键环节。

过程部分是这一模式的核心，分为了解、劝服、决策、证实四个步骤。第一步是了解，即认识新事物。在了解过程中，大众传播能够发挥最大的效力，因为大众传播的长处在于告知，它能迅速而广泛地把有关新事物的信息传播到千家万户。这便是产品广告在大众媒介中盛行的主要原因。第二步是劝服，指人们在了解新事物及意义价值后对它所进行的评估。在此阶段，人际传播的作用最大，因为人际传播的长处正在于劝服。制约劝服的五项因素分别是相对优越性（新事物同它所取代的旧事物相比所具有的优越程度）、相容性（新、旧事物的相容程度）、复杂性（新事物被理解、运用的相对难度）、可试性（新事物可以被试验的程度）、可观察性（新事物可以被他人了解的程度），这五项因素同时也是衡量新事物的五种尺度。经过了解和劝服后，人们对一种新事物便形成肯定或否定的态度，接着便进入第三步决策。决策有两种可能：一是肯定性决策，即采纳；二是否定性决策，即拒绝。这两种决策又各分两种可能。拒绝的两种可能：一是眼前反对不想采纳，以后可能会采纳；二是固守成规，对新事物始终不感兴趣，即继续拒绝。采纳的两种可能：一是乐此不疲，始终对新事物抱有热情，即继续采纳；二是半途而废，即中断。中断的可能原因：一是被更新的东西吸引，以之取代正在采纳中的新事物；二是对新事物的热情锐减，不再着迷。

不论是继续采纳或中断，还是以后采纳或继续拒绝，都属于创新扩散的结局。一种新观念、新发明、新风尚、新做派传入一个社会群体，被人们所了解后，最终要么被拒绝，要么被采纳，二者必居其一。这就是罗杰斯－休梅克创新扩散模式第三部分即后果的含义。在第二部分"过程"中的证实步骤，指人们在做出肯定或否定的决策之后，还要设法寻求信息资料以证实自己的决策正确。这是为寻求自我安慰、达到心理平衡而对已经做出的决策的维护。根据罗杰斯－休梅克的创新扩散理论可知，推广要做的工作就是选择优越性好、相容度高、复杂度合适、具有可行性的新事物，根据不同用户的个人特征和不同区域的外部环境，采用科学合理的方式和手段在了解和劝服的步骤中发挥最大的效能，以促使用户决策朝着采纳的方向发展。

4.目标团体理论

创新扩散理论的提出是基于这样一种假定，即"采用者群体"是同质性的，也就是说某项创新被假定为与这一群体中的所有成员相关性均等，需求一致。可事实上，目标群体中的个体在心理特征、年龄组合、小组行为规范、获得资源与信息的能力等方面都存在着差别，并非"同质"，而是异质性的，即推广人员所推广的新事物只对目标群体中的一部分成员适合，而对另一部分成员则不一定适合。因此，目标团体理论认为，推广应该将似乎是同一群体中的人根据各种因素分成有着不同特征的不同群体，而在每一个相对较小的群体中，人们之间是相同或相似的，将这些不同的小群体作为不同的"目标团体"，由此提出了"用户导向"型推广模式，如图1-7所示。

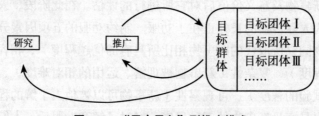

图1-7 "用户导向"型推广模式

由图 1-7 可知，推广人员在确定推广目标时要面向那些在资源、生产目的及机会等方面相同的用户，不仅方法、信息要适应目标团体，而且包括产生这些新事物的研究活动，都要建立在为适应目标团体条件的基础上。这就要求研究者要有计划、有目的地认真设计他们的科技成果来适应所指定的目标团体。

5. 知识与信息系统理论

目标团体理论重视用户与推广、研究之间的信息沟通，诸如怎样将用户划分成各种目标团体，如何设计适当的通信系统，怎样组织推广服务等问题。除此之外，推广科学还需要研究使用信息源加工信息（创新）、评价推广的影响以及一些其他问题。因此，我们需要将推广看作知识与信息系统的一个部分，知识与信息系统理论便应运而生。该理论认为，在推广工作中，研究、推广和目标团体应被视为一个知识与信息系统内的连锁因素，形成研究、推广、用户三个亚系统，它们之间通过信息沟通相互作用、相互联系。推广是知识与信息系统的一个组成部分。如果说研究是构建信息和知识的过程，那么推广就是应用信息和知识的过程。研究、推广、用户三个亚系统之间的关系如图 1-8 所示。

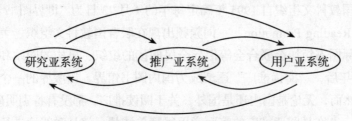

图 1-8 研究、推广、用户亚系统关系图

图 1-8 说明了知识与信息的创造、传播、实践的过程，也是研究、推广、应用的过程。研究机构创造的知识信息一部分能直接应用于生产，一部分却需要推广机构在试验、示范的基础上通过各种交流手段传播给用户；用户应用这些研究成果，取得一定的效益，然后把应用的情况和要求解决的问题反馈给推广机构和研究机构，推广机构也可以将推广过程中遇到的问题以及收集到的用户信息反馈给研究机构，从而增强推广与研究的针对性与实效性。

除了上述公认的推广理论外，还有其他一些常用的推广理论，如混合体理论、推广框架理论、成果转化理论、行为改变理论等。人们常说理论来源于实践，又指导着实践。这就要求现代推广人员必须对当前的推广方式、工作经验、推广成果等进行总结提炼，上升到理性认识层面，实现理论创新；同时又要用创新的推广理论指导推广实践，以提高工作效率，扩大推广效益，从而形成良性循环，促进推广事业不断向前发展。

第二节　阅读推广与图书馆阅读推广

阅读推广，作为人类特有的社会活动与行为，属于社会科学的学科范畴，是由阅读学与推广学交叉而成的边缘性新兴学科。从其推广的目的性而言，其属于非营利性的"服务型推广"与"教育型推广"相融的理论范畴；从其推广的内容与对象而言，其包括语言、文字、符号、图像等所负载的知识技术、情报、信息、数据以及人类所有文化艺术的总和。

一、阅读推广概述

（一）阅读推广的概念

"阅读推广"一词译自英文"Reading Promotion"，"Promotion"除可译为"推广"外，还有"促进、提升"的意思，所以也有人将"Reading Promotion"翻译为"阅读促进"。

联合国教科文组织自1995年确定每年的4月23日为"世界图书与版权日"以来，"Reading Promotion"一词频频出现在联合国教科文组织、美国国会图书馆、国际图书馆协会联合会等倡导全民阅读的组织、机构的网站和工作报告中。1997年后，"阅读推广"逐渐成为国内图书馆界、出版界的一个常用词和高频词。然而，无论是国内还是国外，关于阅读推广，都没有特别明确的定义。究其原因，也许是阅读推广的字面意思很简单清楚，就是对阅读进行推广或促进，因而无须再做具体的定义。可是往往越简单的东西越复杂。

近年来，学界开始关注阅读推广的定义，并试图给出周全的答案。如张怀涛综合各家观点，给阅读推广做出定义："阅读推广，顾名思义就是推广阅读。简言之就是社会组织或个人为促进人们阅读而开展的相关活动，也就是将有益于个人和社会的阅读活动推而广之；详言之就是社会组织和个人，为促进阅读这一人类独有的活动，采用相应的途径和方式，扩展阅读的作用范围，增强阅读的影响力度，使人们更有意愿、更有条件参与阅读的文化活动和事业。"

王波从国家战略的高度给"阅读推广"做了一个国际化的定义："阅读推广，就是为了推动人人阅读，以提高人类文化素质、提升各民族软实力、加快各国富强和民族振兴的进程，而由各国的机构和个人开展的旨在培养民众的阅读兴趣、阅读习惯，提高民众的阅读质量、阅读能力、阅读效果的活动。"

以上两个具有代表性的相对全面的"阅读推广"定义，其共通之处在于，两者都认为"阅读推广"是一种关于阅读的文化活动，并且可以做反向理解，即"推广阅读"。

既然"阅读推广"可以理解成"推广阅读"，那么，"阅读"就成了推广的内容，它与技术推广、产品推广、成果推广、经验推广一样，都属于推广学的范畴。于是，我们就可以从推广学的视角给阅读推广下定义。根据"推广"的定义，本书认为："阅读推广是一种由机构部署的职业性的有组织的文化型沟通干预活动，以引导具有变革行为者所认为的阅读效用的自愿行为的改变。""文化性"是阅读推广区别于技术推广、产品推广等商务型推广的标志属性。

对于这个全新的定义，乍一看，似乎有点有悖常识，其悖论点聚焦于"机构部署"与"职业性"两个关键词。我们必须回答以下两个具体而常见的问题。

①如果阅读推广是一种由机构部署的活动，那么个人将自己阅读过的好书向他人推荐，并鼓励其阅读算不算阅读推广？

②如果阅读推广是一种职业性的行为，那么医生向抑郁症患者推荐其阅读《生命的重建》《人性的优点》《生之礼赞》等书籍以辅助治疗抑郁症算不算阅读推广？

下面就这两个问题进行分析。

第一个问题，个人向他人推荐阅读好书，毫无疑问是一种阅读推广行为，却是一种零星的、散落的、偶发的阅读推广行为，其推广力度几乎可以忽略不计，特别是在"阅读"尚需推广的国家和社会。也许有人会说："星星之火，可以燎原！"可是，点点星火必须在同一时间段内同时点燃才有可能酿成燎原之势。因此，只有当许多个体聚在一起组成团体，并建立组织机构时，团体推广阅读的行为才有力度可言，才可以上升到"推广学"的概念范畴。

第二个问题，医生的职责是治病救人，当其用推荐阅读的方式辅助治疗疾病时，其行为具有职业性，却属于医生职业的范畴，而不属于推广职业的范畴，其推荐阅读的目的是治病而不是推广阅读。只有当医院承担阅读推广的责任和义务时，医生推荐阅读的行为才有可能是出于培养阅读兴趣和习惯、提高阅读质量和能力的目的，才属于推广职业的范畴。

据此，我们可以认为，个体无意识的、偶发的、零星的、非职业性的推广阅读的行为，力度还够不上推广学的概念范畴；如果从国家战略的高度看，阅读推广一定具有机构部署性，因为只有机构部署，阅读推广经费才有保障，阅读推广行为才能持续，阅读推广活动才有规模，才有可能谈及阅读推广效益。如此，从推广学角度给阅读推广下的定义便具有了合理性。

（二）阅读推广的特征

根据推广学视角的"阅读推广"定义，阅读推广除了具有干预性、沟通性、自愿性、公益性、机构部署性等"推广"属性外，还具有主体的多元性、客体的丰富性、对象的明确性、服务的活动性、效果的滞后性等特有属性。

1. 阅读推广主体的多元性

阅读的重要性决定了阅读推广的重要性，阅读推广的重要性决定了阅读推广主体的多元性。阅读推广主体是特定阅读推广项目的策划者、组织者、实施者和管理者。凡是负有提高国民素质职责的机构、企业、团体都有开展阅读推广活动的责任。近年来，从国际组织到各国政府、图书馆界、出版界营利机构、教育机构、医疗机构、大众传媒机构等均推出了相应的阅读推广项目，因而都是阅读推广主体。其中，阅读推广的国际组织主要有联合国教科文组织、国际图书馆协会联合会、国际阅读协会、国际儿童读物联盟等，阅读推广的非营利机构包括基金会（如韬奋基金会）、志愿团体（如网络公益小书房）、民间组织（如万木草堂读书会）、行业协会（如中国图书馆学会）等。不同阅读推广主体对个体阅读引导的效果也会不同。当前全民阅读推广工作的长期性、艰巨性决定了多元阅读推广主体之间长期共存、合作共赢的关系格局。

2. 阅读推广客体的丰富性

阅读推广客体指阅读推广的内容，主要包括阅读读物、阅读能力和阅读兴趣三个部分。图书、报纸、期刊等文献资源是阅读推广的基础。从全球范围看，阅读推广的读物不只限于纸质资源等传统出版物，电影、音乐、游戏网页等都属于推广的范畴。提升阅读能力是阅读推广的主要目标，阅读能力可通过识字能力、内容理解能力、阐释能力、批判分析能力和创新能力等多个方面体现，较容易通过量化的指标和方式进行评估和测试。阅读兴趣则是一种持续的阅读意愿和欲望，增强阅读意愿是阅读推广较难达到的目标。阅读读物的海量性、阅读能力的参差性、阅读兴趣的内隐性造成了阅读推广客体的丰富性。

3. 阅读推广对象的明确性

阅读推广对象指的是阅读推广项目的目标群体。在阅读中，人是主体；而在阅读推广中，全体国民是社会阅读推广的对象。从微观个体的阅读推广项目看，它们都有一个共同的特点，那就是目标群体明确。如在英国，"阅读之星"项目面向的是不爱阅读却喜欢足球的 5 ～ 6 年级小学生和 7 ～ 8 年级初中生，"夏季阅读挑战"项目鼓励 4 ～ 12 岁的儿童在暑假期间到图书馆阅读 6 本书，而"六本书挑战赛"项目则主要针对不爱读书或者阅读方面不自信的成年人，"信箱俱乐部"面向 7～13 岁的家庭寄养儿童，邮寄装有书籍、数学游戏以及其他一些学习材料的包裹，"Book Up"项目面向所有 7 年级学生发放免费图书；美国的"触手可读"项目面向 6 个月至 5 岁的儿童进行阅读推广，"力量午餐"项目通过志愿者利用午餐时间到附近的小学为来自低收入家庭的小学生提供一个小时的志愿阅读服务；挪威推出了面向 16～19 岁高中生的阅读推广项目以及面向运动员的"运动和阅读"项目；新加坡的"读吧，新加坡"每年都有明确的推广对象，如出租车司机、美容师等。总体来看，各国都十分重视以未成年人为对象的阅读推广。此外，低收入人群、进城务工人员、老年人、残疾人等弱势群体也是重点关注的阅读推广对象。

4. 阅读推广服务的活动性

阅读推广是一种关于阅读的文化活动。阅读推广服务通常是以活动的形式提供的。每一个阅读推广项目都离不开阅读活动的开展，且项目规模越大，活动就越丰富多彩。例如，2012 年澳大利亚国家阅读年项目邀请了 43 位宣传大使，开展了 4000 多项活动，分布在从首都到中部山区的广大区域，面向各种不同的年龄段，其中包括"我们的故事""我们到了吗""什么时候开始读都不晚""读这本""描写工作中的人""保存土著文化""加入图书馆""读书时间"等大型活动；美国的"一城一书"阅读推广项目以一本书作为活动的基点，开展相关活动，如读书讨论会、学术研讨会、作者访谈、作者见面会、作品展览、电影放映、演讲、游览、作者演唱会等，以贴近生活的形式，促进人们之间的交流；我国的全民阅读活动，形式更多样，如"源远流长的中华典籍"大型广场活动、《书香中国》电视特别节目、图书馆阅读服务宣传周、高校图书馆的读书月，以及图书银行、送书活动、读书知识竞赛、微书评、读图、真人图书馆等常用阅读推广形式。因此，与图书外借阅览等传统服务相比，阅读推广是一种活动化的服务，而且是一种受益读者相对较少、服务成本相对较高的活动化服务。

5. 阅读推广效果的滞后性

阅读推广效果指的是开展阅读推广产生的影响和结果。阅读推广主体开展阅读推广活动，不能只满足于完成计划，阅读推广的质量如何更为重要。阅读推广的效果通过阅读推广对象的变化体现出来，这些变化主要表现在个体的知觉、态度、行为、习惯等方面。学者张怀涛认为，阅读推广的知觉效果指的是阅读推广是否使人们对"阅读"有了初步认知和感觉，是否使人们增加了有关

"阅读"的知识量，这是一种浅层效果；阅读推广的态度效果指的是阅读推广是否激发了人们对于"阅读"的热情，是否使人们产生了热爱阅读的主动态度，这是一种中层效果；阅读推广的行为效果指的是阅读推广是否使人们在行动上有所实施，是否使人们能够理性地将一定精力和时间投入阅读之中，是否使人们的阅读能力和文化素养不断提高，这属于深层效果；阅读推广的习惯效果指的是阅读推广是否让人们养成了良好的阅读习惯，使阅读生活化、常态化，这属于最佳效果。个体的知觉、态度、行为变化的渐进性与内隐性，以及习惯养成的长期性，使得阅读推广效果具有了滞后性，且难以观测和量化。

二、阅读推广的目的与功能

（一）阅读推广的目的

阅读推广的目的指的是开展阅读推广所期冀的各种教育作用和社会价值，一种事物的作用和价值实际上是人们对这种事物的情感赋予，因而凡是"目的"都具有引导性和主观性。阅读推广目的也不例外，它会因阅读推广主体的不同而不同。如联合国教科文组织、国际图书馆协会联合会、国际阅读协会、国际儿童读物联盟等国际组织开展阅读推广的目的是提高全人类的文化素质与阅读水平；国家政府倡导阅读推广的目的是提升国家的文化软实力，加快国家富强和民族振兴的进程，很多国家甚至将阅读推广作为国家战略和国家工程来开展；出版机构和书店开展阅读推广的主要目的是提高图书的销售量；图书馆开展阅读推广活动的目的则是提高馆藏资源的利用率。

由此可见，不同的阅读推广主体因其社会职能、专门对象、资源拥有情况的不同，阅读推广目的也会有微观和宏观之分。出版机构、书店、图书馆开展阅读推广的目的属于微观目的，也是直接目的；国际组织、国家政府开展阅读推广目的则属于宏观目的。对具体的阅读推广项目来说，宏观目的只能作为间接目的和长远目的，它需要通过一系列的直接目的才能实现。无论是宏观目的还是微观目的，都有培养读者阅读兴趣与阅读习惯，提高读者阅读质量、阅读能力、阅读效果的作用。

从推广学的视角看，推广的最终目的是引导人们的行为自愿变革，因此，阅读推广的最终目的是要引导人们的阅读行为自愿变革。对于"引导人们的阅读行为自愿变革"的理解，可以用学者范并思简洁而富有感染力的表述来阐释："阅读可提升公民素养，使不爱阅读的人爱上阅读，使不会阅读的人学会阅读，使阅读有困难的人跨越阅读的障碍。"这是开展阅读推广的终极目标。

从阅读与推广的双重视角观察，其目的无外乎：传播科学知识，培育人文精神；指导阅读路径，掌握阅读方法；激发兴趣，养成习惯，发展阅读能力；扩大阅读交往，加强社会协作等。

（二）阅读推广的功能

功能，即功用和效能。阅读推广的功能来源于阅读的功能。人类阅读带来的积极影响涵盖政治、经济、文化、社会等各个方面。对个体而言，阅读的基础功能是增进知识、提升智慧、愉悦身心、修养品行、成就事业，即古人所说的致知、诚意、正心、修身。人作为社会的成员，个体的进步最终必然促进社会整体的发展，其表现出来的功用和效能就是传承文化、教化民众、促进创新、助力生产。阅读推广作为机构部署的一种推广阅读的文化活动，其功能也主要表现在传承文化、教化民众、促进创新、助力生产四个方面。

1. 传承文化

阅读是传承文化的重要途径。书籍作为人类文化的主要承载物，无论保存在个体手中还是群体手中，如果没有阅读，都是"死"的书，文化也不会自动传承。正如阿根廷翻译家阿尔贝托·曼古埃尔在其著作《夜晚的书斋》中所言："保存在图书馆里的各种各样的图书，无论稀有或者普通，古书或者新书，它们的性质和品质都没有它们的在场和流通重要。现代的读者阅读过去的书，书在阅读的过程中就变成了新的。每一个读者都使某一本书获得了一定程度的不朽。在这个意义上，阅读就是使书籍复生的仪式。"

20世纪二三十年代，历史学家柳诒徵开创了"住馆读书"制度。在他主持制定的图书馆章程中，列有"住馆读书规程"："凡有志研究国学之士，经学术家之介绍，视本馆空屋容额，由馆长、主任认可者，得住馆读书。"如今，阅读变成了一件奢侈的事情，变成了一件需要推广的事情。因此，阅读之传承文化的功能也就顺其自然地植入了阅读推广中。

2. 教化民众

书是用来读的。从古至今，图书的最大功能莫过于它的教化功能了，而这种教化功能只有通过读者的阅读才能实现。古代先哲、伟大的科学家和教育家亚里士多德曾经希望无论是官府藏书还是私家藏书，都能用于教学，并对其弟子们开放。我国近代思想家、教育家梁启超先生在图书馆这一新生事物还未传入中国之时，就与康有为等维新派人士于1895年在北京成立了"强学会"，其目的是"聚中外之图书器艺，群南北之通仁志士，讲习其间，推行于直省"，并建立了新型的图书机构——强学会书藏。但由于当时的国民还不懂得利用图书馆，强学会成员便四处求人来看书。这种传输知识、开发民智的热忱，令人感动。强学会成员的行为，与今日阅读推广无异，阅读推广之教化民众的功能由此可见一斑。

3. 促进创新

创新是推动人类进步和社会发展的不竭动力，阅读则是创新的摇篮。所谓"站在巨人的肩膀上前进"，指的就是人类的创新需要基础，这个基础就是前人的知识和智慧；只有先继承前人成果，并在此基础上发展和提高，创新才可能实现；那种无源之水、无本之木、凭空捏造的创新是不存在的。此外，创新成果的推广也离不开阅读。任何一种思想、理论、方法、技术、发现、创造等，问世后若被禁闭于发明人、发明地，那么，它的作用几乎可以忽略不计。只有记录于载体，推广于社会，其价值才能得以实现。

正如有识之士所言："阅读习惯和阅读能力的欠缺将极大地损害人们的想象力和创造力，而想象力和创造力是一个国家一个民族永葆活力的源泉。"在"大众创业，万众创新"的时代背景下，阅读推广之促进创新的功能也就不言自明了。

4. 助力生产

知识经济时代，科学技术是第一生产力，而且是先进生产力的集中体现和主要标志。科学的本质是创新，创新的关键在人才，人才的成长靠教育，而教育离不开阅读。因此，阅读对生产的促进作用主要体现在人们通过阅读文献来获取先进的技术、提高自身的素质上。有学者指出："只有通过广泛的阅读，我们才能在继承前人经验和了解最新科学技术资料的基础上有所创造、有所前进。只有站在巨人的肩膀上，我们才能够以更加高远的立意，找到改革和创新的途径，掌握改革和创新的技术，解放和发展生产力。发展经济的关键是生产力，而作为生产力最核心要素的人必须是有知识有能力的人。这就决定了阅读直接关系到生产力的发展水平和人的素质的高低。"可以这么说，一国国民的阅读能力强，则科学技术普及程度高，生产力强；一国国民的阅读能力差，则科学技术普及程度低，生产力弱。

书籍的力量要通过阅读的力量才能体现。因此，个体可以通过阅读优秀作品走向卓越，国家可以通过阅读推广倡导国民阅读优秀作品来间接提升国力。阅读能力作为一种被忽视已久的特殊"生产力"，需要我们高度重视。

三、阅读推广的特点

1. 社会公益性

阅读能力的高低直接影响到一个国家和民族的未来。阅读对于个人，是一个内省、自我反观、实现精神追求的过程。对于社会，是普及知识、继承学校教育的途径，可实现个人与社会的融合与接轨。正是基于阅读对个人和社会的重要作用，推进全民阅读成为社会发展的需要，阅读推广具有了显著的社会公益性。纵观全球的阅读推广工作，我们不难发现，国际组织、各国政府、出版与传媒机构、图书馆界、民间阅读组织，甚至是一些热衷于分享阅读的个人均参与其中。在这些阅读推广主体中，出版与传媒机构作为阅读产品的制造者和销售者，主观上出于自身利益驱动而开展阅读推广活动，但在客观上还是起到了丰富阅读读物、营造阅读氛围、促进阅读交流、扩大阅读影响等公益性作用。与此相比，国际组织、各国政府、图书馆界的阅读推广活动更具中立性、公益性和客观性。联合国教科文组织、国际图书馆协会联合会、国际阅读协会、国际儿童读物联盟等作为全球性的文化机构，组织发起世界性的阅读推广活动，旨在提高全人类的文化素养。各国政府开展国家范围的阅读推广活动，是国家阅读政策的制定者，阅读经费的提供者，阅读活动的倡导者、组织者，更是阅读文化强有力的推动者。图书馆作为社会文化传播的重要机构，在推动全民阅读上具有绝对优势，是全民阅读推广的中坚力量。民间阅读推广组织则在儿童教育、扫盲识字、促进社会公平、维护社会和谐等方面做出了卓越的贡献。

2. 参与自愿性

推广必须遵循自愿性原则，阅读推广也不例外。尽管阅读推广具有一定成分的干预性，但其必须以读者的自愿参与为前提。人类的基本价值在图书馆领域的具体体现就是自由平等地利用信息资源，就是知识自由，就是图书馆权利。具体到阅读领域，阅读还是不阅读，读什么，怎么读，都应该由读者说了算，任何人不得干预和强迫。任何主体举办的任何阅读推广活动，参与还是不参与，也应该由读者自行决定，他人无权过问和干涉。即使是"阅读推广需要介入式服务"的专家观点也主要是针对特殊人群而言，对大多数普通读者来说，阅读推广主体应该尊重他们阅读时对宁静与隐私的需求，更多地设计服务型而非干扰型的阅读推广项目。这就要求阅读推广活动的组织者必须遵循"以人为本"的理念，精确了解用户需求，依靠新颖的形式、感兴趣的内容、多渠道的宣传以及优良的空间和氛围来吸引读者自愿参与，而不是命令和强迫。

3. 服务专业性

阅读推广是近年来兴起的一种新型图书馆服务，它既需要专业理论的支撑，又需要专业人员来付诸实践。首先，在理论层面，以往的图书馆学理论对这一服务的关注与研究不多，难以形成对阅读推广的理论支撑。在经典图书馆学理论框架中，我们很难找到阅读推广的理论位置。这就要求从事图书馆学教育的专家学者对阅读推广的基础理论问题、实践操作问题给予高度关注并进行研究。其次，在实践层面，阅读推广服务大都是以活动的形式提供的，而每一个活动项目的推出都包含着前期调研、内容策划、项目宣传、组织实施、效益评估等步骤，每一步的科学推进都需要有专业技能的人员才能完成。如前期调研时要求阅读推广人掌握调查方法、问卷制作、数据统计等基本技能，项目宣传时要求知晓宣传品的制作以及宣传渠道等常识，组织实施时涉及团队组建、任务分解、进度安排、过程控制等专业技能，效益评估则需要阅读推广人具备资料收集整理、数据挖掘分析等专业能力。正如学者所言："一位优秀的阅读推广人至少应该具备三方面的素质，一是工作的主动性，二是创新能力，三是具有调动社会资源的能力。"通常来说，工作主动性是每个具有职业精神的人都应该具备的，创新能力和调动社会资源的能力可不是一般人都具有的。因此，针对阅读推广服务的专业性，管理者需要更加关注阅读推广人的培养、选派、评估与激励，通过组建具有创造力和执行力的阅读推广团队来促进阅读推广服务的发展。中国图书馆学会发起的"阅读推广人培育"行动也正好说明阅读推广服务是一项专业性很强的服务。

4. 人文价值性

"人文"即人性文化，"以人为本"就是以人性为本，阅读推广的人文价值性指的是任何阅读推广主体开展的任何阅读推广活动都必须尊重以人性为本的价值理念。人的阅读主体性决定了阅读推广的一切工作都必须围绕着人的需求展开。阅读推广要以人为本，以导为主。实践中，并非所有被称为阅读推广的活动都符合现代社会的人文价值性。我们认为，阅读推广的人文价值性主要表现在以下三个方面。第一，关注人，要培养人人爱阅读的习惯。纵观世界各国，凡是崇尚读书的民族，大多崇尚人文精神，且生命力顽强。第二，发展人，要培养人人会阅读的能力。信息时代的阅读面临着三大挑战：一是无限的读物对有限的阅读时间的挑战，二是激增的知识信息对人们原有低微阅读能力的挑战，三是大量新知识对人们传统观念及策略的挑战。为此，全民阅读推广活动需要进行分众阅读推广和分类读物推荐。人在儿童时期多读古今文学佳作，青壮年时期多读中外人物传记，构建以文学作品阅读，尤其是经典名著和好书佳作阅读为基础的读物结构。第三，尊重人，要保障特殊人群的阅读权益。公共图书馆的服务应以平等利用为基础，不分年龄、种族、性别、宗教信仰、国籍，为所有人提供。公共图书馆须为那些因任何原因不能利用常规服务和资料的用户，如小语种民族、残障人士、住院人员或被监禁人员，提供特殊服务和资料。具有干预性的阅读推广服务正是对普遍均等服务的一种有益补充，是对特殊用户平等利用特殊服务的基本权利的一种保障。鉴于此，传播人道主义精神，培养终身读书乐学的人文习惯是全民阅读推广活动必须秉持的价值理性。

四、图书馆阅读推广

当前的阅读推广实践出现了很多新的特征，我们需要以更加开放包容和与时俱进的态度来看待和总结，只有这样才能构建一个更有价值和生命力，更能指导当前实践的理论体系。笔者在此给图书馆阅读推广下一个定义：图书馆的阅读推广是图书馆利用其信息资源、设备设施、专业团队和社会关系等各种条件，鼓励各类人群成为图书馆的读者，并培养其阅读兴趣、养成阅读习惯或提升其信息素养的各种实践。

阅读推广并非图书馆独家专利，其他各类机构组织也通过各种手段，利用其自身的特点和优势，向目标人群施加影响，使其形成阅读兴趣或习惯，或从事与阅读相关的各类活动，这些都是阅读推广。与一些教育机构的阅读推广进行比较，教育机构往往着眼于"学会"阅读，掌握阅读技能就可以，当然如果能够培养起阅读兴趣则更好，但如何进一步持续阅读，提高阅读能力，有目的、有方向、更深入地阅读，它们就关心得比较少了。而图书馆是提供终身学习服务的场所，不仅致力于全面满足各类读者的阅读需求，也提供各类阅读的"全程监护"，同时在阅读内容、手段和方法上都能给予指导，这也就是致力于信息素养的培育工作。当今数字时代，图书馆更应该承担起"数字素养"的培育和保障职责，这也是其他任何机构开展阅读推广所无法比拟的，是图书馆在阅读推广方面的核心竞争力。

（一）图书馆阅读推广的基本类型

本书认为，图书馆的阅读推广有两个基本目标，即馆藏推介和读者发展。图书馆的阅读推广据此可分为两种基本类型：基于资源的推广（或称以资源为中心的推广）和基于读者的推广（或称以读者为中心的推广）。基于资源的推广不一定基于一个图书馆当前的现实馆藏，也可以基于任何可以被纳入馆藏的资源，包括可能还没有购买或获取的资源；基于读者的推广不仅指某一图书馆当前的注册用户，也可以包括潜在读者和图书馆服务的目标用户。这两种类型的推广是有密切联系的，因为进行馆藏推介的前提是掌握读者需求，并能根据读者的反馈来调整馆藏；发展读者也通常需要以馆藏和服务为吸引，引导并固化读者的阅读需求，提升读者的满足感，使其认同图书馆的理念和价值，成为图书馆的忠实拥护者。

（二）图书馆阅读推广的特点

图书馆的阅读推广，无论是以资源为中心还是以读者为中心，与其他行业的阅读推广相比，均有四个方面的显著特点。

1. 全面性

范并思认为，图书馆阅读推广就是对现代图书馆基本理念的实践，虽然从具体的阅读推广活动来说它应该是有确定人群和主题的，但总体而言图书馆阅读推广的对象应该是全体公民，是全方位、全覆盖的。其普遍均等的全面性尤其体现在对特殊人群和弱势群体的强调和重视上，因为这些人群往往是被边缘化的，常常处于被主流社会忽略的角落。

2. 系统性

与其他机构的阅读资源相比，图书馆馆藏最大的不同在于其是经过有序组织的，凡是纳入图书馆馆藏体系中的资源，均是经过筛选和加工的，有一定的质量保证和权威性，本身就带有许多知识之间关联关系的描述。因此，图书馆实施的阅读推广可以做到如同它的馆藏发展一样有体系、有规划，涉及各个学科领域、各种类型和层次的读者。

3. 职业性

图书馆本身就是因阅读而存在的，提供阅读是图书馆的天职。长期以来，图书馆虽然并不注重主动开展阅读推广活动，但图书馆作为一种制度设计，其长期存在本身就是推广阅读、推崇知识的象征。现在图书馆已经意识到阅读的危机就是职业的危机，开始主动地将阅读推广活动纳入业务流程，将阅读推广作为图书馆的一项基本服务，依靠整个事业的力量，将图书馆的职业能量空前释放。

4. 专业性

图书馆工作长期积累的对于资源、载体、组织、描述、揭示、检索以及业务管理等方面的专业知识，构成了图书馆学的丰富内容。阅读推广正在成为图书馆服务的基础业务，也自然被纳入图书馆学的研究领域。阅读推广需要针对不同的资源类型、内容特征、组织方式，以及不同的读者对象，采取不同的推广策略、推广方式，以不同的指标进行评估测量等。在这方面，图书馆学的既有研究成果就能发挥一定的作用，不仅有助于提高阅读推广工作的水平，而且能使阅读推广的研究一开始就具有一个很高的起点，从而使研究更加具有科学性和专业性。

总之，阅读在数字媒体时代被赋予了比传统媒体时代更多的含义。图书馆通过环境、工具、材料的提供，以及介绍、示范、体验、介入、参与等方式进行影响和诱导，让读者能够通过上网、使用软件和各类应用，利用各类数字终端设备接触到最新的数字环境。这也是阅读推广的工作内容，是图书馆义不容辞的责任。让读者在图书馆提供的环境中进行交流学习，培养创新能力，以及建立众创空间也成为一种必然，这样也赋予了图书馆空间服务新的内容和意义。只有把阅读推广与图书馆服务有机地结合起来，才能推动业务发展；反过来，也才能真正地将阅读推广纳入图书馆的主流业务中去。

第三节　图书馆阅读推广的主要方式

全民阅读离不开图书馆，而图书馆推进全民阅读的主要方式就是开展阅读推广活动。这种基于全民阅读的阅读推广工作，是图书馆的一项根本性任务和核心工作。目前，我国图书馆的用户阅读推广活动已进入迅猛发展阶段，各种阅读推广活动丰富多彩、遍地开花。万变不离其宗。任何阅读推广活动都要从阅读推广的基础工作方式出发，这样才能收到理想的效果。

一、推荐书目

随着信息社会的到来和生活节奏的加快，人们的阅读活动受到前所未有的挑战，为了阻止阅读率的持续下降，使生活在快节奏中的现代人变得安宁、减少浮躁气，人们应当多读一些有利于提高个人素质的经典、名著、精品图书。其中，推荐书目发挥着重要的作用。推荐书目是阅读推广的重要手段之一，构建阅读社会可以从推荐书目开始。

（一）推荐书目的意义

推荐书目是读者阅读选择过程中的重要辅助工具。在各种各样的书籍中，读者常常会出现不知如何选择的困惑，推荐书目以其针对不同读者选定不同主题进行图书推荐、指导读者选择合适的阅读材料和方法、对现有图书给予客观评价供读者参考、促使人们通过对优秀推荐书目的使用形成良好的阅读习惯和价值理念等优势而受到众多读者的青睐。推荐书目在读书活动中起着十分重要的作用，因为它解决了读什么书、怎样去读书这一首要问题，一份推荐书目往往就是优秀图书的宣传广告。书目推荐可为好书找读者、为读者找好书，对提高读者的阅读水平和使用文献的效率有着十分重要的作用，同时也可提高馆藏图书的利用率，实现图书馆阅读服务的创新。

1. 引导读者开展阅读，更好地利用馆藏

书目推荐，一方面，可以对读者的阅读目的、阅读内容及阅读方法给予积极教育和引导，从而影响读者选择图书的范围，引导读者正确领会图书中的知识。在多元化的推荐模式下，读者会主动阅读更多、更深层次的图书，书目推荐避免了读者在查阅图书时面对海量的馆藏图书不知从何下手、找不到自己所需图书的问题，它提高了读者的阅读水平和图书的使用效率，提升了读者的人文素养。另一方面，图书馆每年花费大笔经费购置中文图书，但这些图书很多零借阅或借阅率很低，书目推荐可以让读者更好地利用馆藏，解决了每年新书借阅率低以及零借阅图书较多的问题，从而提高了馆藏资源的利用率。

2. 激发读者的热情，创新阅读服务

新时期，图书馆的功能不再单一，书目推荐成为图书馆为读者服务的重要手段，深化推荐书目工作是图书馆转变服务理念、创新工作模式的一种表现。推荐书目不仅可指导特定的人群读哪些书、如何读书，如何有效地提高文献利用率，以及提高阅读的层次，更能激发读者爱书、读书的热情，提升读者的人文素养，实现图书馆的阅读服务创新。随着各种读书活动的蓬勃开展，推荐书目变得更加引人注目，并成为社会阅读活动中不可或缺的组成部分。

（二）推荐书目的编制原则

面向阅读推广这一目标进行的推荐书目编制，需遵循以下四个原则。

1. 群体兴趣原则

阅读推广活动中的书目推荐要面向大众群体，本质上是非个性化推荐。目前的推荐工作通常以单个用户的数据或用户间的关系为基础进行个性化推荐，以满足个体用户的需求。但从阅读推广的目的来看，书目推荐需具有普适性，要被大部分用户接受。以群体兴趣为基础编制推荐书目更能反映整体用户的偏好，因此，阅读推广中的书目推荐应以群体兴趣为基础，坚持群体兴趣原则。

2. 质量保证原则

阅读推广有明确的价值定位，即提升公民的自我学习能力，从而提升整个社会的公民素养。从价值导向可以看出，阅读推广的意义是通过倡导阅读的方式提升公民的素质。因此，面向阅读推广的书目推荐，需要推荐的书目有质量保证，在思想深度和价值引导方面有助于提升读者的素质。

3. 广为接受原则

阅读推广的另一个重要目标是改变潜在读者的非阅读行为，即让不阅读的民众接受阅读。因此，阅读推广效果的一个重要评价指标是用户阅读量变化。只有推荐接受度较高的图书，读者才更倾向于采纳与阅读，最终达到改变阅读行为的目的。

4. 角度多样原则

作为现代图书馆的重要职能之一，阅读推广活动的开展频率较高，线上线下的书目推荐频率也较高，每次活动中推荐的主题均有较大差异，书目变化较为频繁。因此，推广者需要在自动化推荐方案中，根据主题或目标群体的不同，提供各种角度的推荐书目；针对不同的情感、主题诉求，多角度地开展书目推荐。

（三）推荐书目的方法

图书馆所服务的群体数量庞大，有到馆的实体读者，也有网络读者，包括随意的网络访问者。因此，书目推荐是大有可为的。具体来说，主要有以下七个实现方法。

1. 编制专题书目

图书馆对专题文献建设普遍比较重视，纷纷建立专题图书馆，提供专题服务。编制专题书目，开展专题文献推介，不仅有条件，也能促进专题文献服务。另外，图书馆还可以根据读者的需要或某种主题活动的开展有针对性地编制相应的专题书目，以取得延伸阅读之效果。

2. 馆藏新书通报

新书通报是图书馆最传统的一项工作，过去以纸本的方式供读者阅览，帮助读者了解最新到馆的图书。现在，馆藏新书通报主要是在网上开展的，读者在公共检索系统中就可以通过多种途径查询各种状态下的图书，如已到馆的、正在编目加工中的、处于预订中的，十分便捷。

3. 馆藏借阅排行

实体书店有销售排行，网络书店有点击率排行，图书馆也有图书借阅排行、电子图书点击率排行。外借量大和点击率高的图书一般是比较受读者欢迎的，将这些书按月度、半年度、年度等方式进行排行，公之于众，对揭示馆藏利用情况、帮助读者进行阅读选择具有十分重要的意义。图书馆可以将排行榜制作成宣传牌，立于图书外借处，醒目地告知读者，作为读者借阅的参考；还可以借助媒体，向社会报道本馆图书借阅排行榜。

4. 配合阅读活动的推荐书目

开展阅读活动是图书馆的经常性工作，如参与城市的读书节、世界读书日主题活动、儿童节读书活动、建党节读书活动、廉政建设月读书活动、儿童讲故事活动等。有些活动是图书馆自己开展的，有些活动是需要图书馆参与的，这时图书馆需要编制相关的优秀图书推荐目录，作为阅读推荐读物，促进各种阅读活动深入开展。

5. 利用全媒体时代的新技术推荐书目

随着全媒体时代的到来，现代新技术被图书馆广泛使用，如计算机技术、网络技术、数字技术等，使传统的书目推荐活动得以全方位开展，使图书馆的社会影响力和效果大大提高。许多图书馆纷纷利用现代新技术推介馆藏好书，如在图书馆网站开辟专门的好书推荐栏目，介绍新书、好书；利用网站公共检索系统，向读者通报各种新书目录；与电信部门合作，推出手机图书馆，向读者推介图书馆馆藏新书、好书，让大众读者下载手机软件，只要有手机，无论身在何处，都可以登录图书馆网站，了解最新的书目情况。图书馆还可开通自己的微博账号，通过发布推荐书目消息，加强与读者的互动，从而拓宽服务的深度和广度。

6. 随时向读者发布各种书业信息

相对读者来说，图书馆由于与书业的联系比较密切，因此对书业的各种信息更了解，对各种新书信息的占有度更高。图书馆要充分利用自己的优势，有意识地收集和掌握新书的社会影响信息，如对新书的评价、各类图书的评奖和获奖信息、权威机构或专家的新书推荐等，及时向读者发布，开阔读者的阅读视野，为读者提供更多的阅读选择机会。

7. 专家推荐

专家推荐书目比馆员推荐书目更有权威性和前瞻性。高校拥有各个学科的专家，图书馆特别是高校图书馆应当合理利用这些人才资源，充分发挥他们在编制推荐书目中的作用。图书馆要通过学科馆员了解各个学科的发展状况，掌握各位专家的专业特长，与他们进行及时的沟通和交流，邀请专家自行编制书目，或在专家的指导下由学科馆员编制书目。同时，邀请专家定期开展相关讲座，他们深入浅出的讲解可使读者对经典名著及精品图书的阅读渴望得到增强。

二、图书馆讲坛

讲坛自古就有。春秋时期，孔子就已设杏坛讲学。《庄子·杂篇·渔父》记载："孔子游乎缁帷之林，休坐乎杏坛之上。弟子读书，孔子弦歌鼓琴。""杏坛"后来便泛指聚众讲学的场所，这可以看作讲坛的最初形式。汉魏至唐宋，明清至新中国成立前，设坛授学之风绵延不绝。如今，讲坛已经成为文化、教育领域中一道绚丽的风景线，不仅受到广大学者、专家的青睐，更受到了各阶层群众的欢迎。图书馆的历史十分悠久，近代公共图书馆的建立使得社会真正摆脱了知识被少数人垄断的局面，社会公众获得了平等享有知识的机会。现代图书馆的发展则是其业务活动的每一个环节都与读者服务有关，工作重心从"书本位"向"人本位"转移。图书馆不但引导公众探索知识，并向社区及家庭延伸，逐渐成为社区文化的组成部分，是信息传播与交流的中心，也成为终身教育和文化娱乐的中心。在图书馆设立的公共讲坛即图书馆讲坛，将二者各自的所长相结合，各地图书馆对此都进行了有益的尝试。如上海图书馆"上图讲座"、国家图书馆"文津讲坛"、首都图书馆"首图讲坛"、天津图书馆"海津讲坛"、黑龙江省图书馆"龙江讲坛"、吉林省图书馆"长白讲坛"、辽宁省图书馆"辽海讲坛"、山西省图书馆"文源讲坛"、山东省图书馆"大众讲坛"、浙江图书馆"文澜讲坛"、湖南图书馆"湘图讲坛"、广西壮族自治区图书馆"八桂讲坛"、武汉图书馆"名家讲坛"、长春市图书馆"城市热读"、大连市图书馆"白云讲坛"、佛山市图书馆"南风讲坛"、宁波市图书馆"天一讲堂"等，已成为各地颇具影响力的文化服务品牌。

（一）图书馆讲坛的特征

图书馆讲坛是丰富市民精神生活的重要阵地，是图书馆发挥其社会教育职能、智力开发职能、信息传递职能的重要载体，肩负着思想引导、知识引导的社会责任，通过一种百姓喜闻乐见的方式，向公众宣传新思想、传播新知识。图书馆讲坛是图书馆对外服务过程中参与者最多的活动之一，其快速发展吸引了无数热衷于学习的人。大众都把参加图书馆讲坛作为人生一件大事，并自觉接受讲坛的熏陶，在各类讲座中获取文化滋养。图书馆讲坛主要有以下特征。

1. 内容的丰富性

随着社会的不断发展，人们对知识的需求范围越来越广泛，涵盖政治、经济、天文、历史、文化、法律等各个方面。为满足不同年龄层次、不同欣赏口味的听众的需求，各讲坛纷纷关注社会民生的热点、重点、难点，通过社会调研、现场与网络问卷调查、读者活动等方式了解公众的需求，经过多年实践，打造出了多个深受欢迎的系列讲座。讲座力求实现选题高端化与本土化相结合、传统文化类与实用类相结合、专业性与普及性相结合，在凝聚时代感、超前性、实用性的同时，普遍注重地域文化的传播。如上海图书馆"上图讲座"的"名家解读名著""信息化知识""世界与上海""新世纪论坛""知识与健康""东方之声"等18个系列讲座。浙江图书馆"文澜讲坛"的"国学与儒学""文学欣赏""文学解读浙江""国际形势""音乐""书画艺术""浙江文化名人""浙江历史文化""良渚文化""经济""古玩收藏与鉴定""家庭教育""投资理财""文化休闲""心理健康"等20余个系列讲座。讲座内容丰富多样，有着明显的地域特征，并由各领域的知名专家学者担纲主讲，保证了内容的精品化。

2. 时间的持续性

图书馆讲坛具有时间的持续性强，经常化、通俗化、互动性强的特点。各讲坛都保持了比较高的讲座周期频率，一般于节假日定期开讲，一周一次或多次，"文津讲坛""上图讲座""首图讲坛""湘图讲坛"的讲座每年有200场以上。相比电视讲坛、报纸讲坛、广播讲坛等媒体讲坛，图书馆讲坛具有明显的现场互动优势，组织者一般在讲座结束之前，都会留有一定的时间让主讲专家学者与听众互动，听众可以自由地就讲座内容和自己感兴趣的相关延伸问题向专家学者请教，专家学者有针对性地答疑解惑，在互动中进一步深化讲座效果。讲座在坚守思想性、学术性、综合性的同时，更体现了其普及性，讲座语言生动通俗，深入浅出，雅俗共赏，保证让不同层次的读者都能够听得懂。

3. 对象的大众化

图书馆讲坛以让老百姓享受公共文化成果为出发点，立足于公共文化服务，使老百姓可以充分品尝各类免费的文化大餐，因此其吸引力、凝聚力经久不衰。

各讲坛面向所有听众免费开放，不设任何门槛，讲座内容照顾不同年龄层次、不同受教育程度的读者，既为本市市民服务，也为外来务工人员服务；既为普通人服务，也为弱势群体服务。大家平等地在这里吸纳知识，交流信息，提高文化素质。图书馆讲坛参与对象的大众化及普惠大众的公益性，使它成为吸引大众的最大亮点。

4. 鲜明的导向性

当今时代，多元文化并存给主流价值观带来的挑战异常严峻。用主流价值观引领多元文化，充分发挥主流价值观的导向作用，是图书馆讲坛的神圣使命。图书馆讲坛鲜明的导向性，使它成为大众了解主流价值取向的有益平台。

5. 形象的品牌化

各图书馆讲坛的名称皆朗朗上口，或体现地域特征，或具有深刻文化与社会内涵。如"文津讲坛"的名称来源于古代藏书楼"文津阁"。"大众讲坛"的名称是通过向社会各界公开征名得来的，其含义是："讲座的内容是面向社会民众的，讲坛活动由大众报业集团的《齐鲁晚报》与面向社会提供公益服务的山东省图书馆主办。"2010年，天津图书馆将讲坛正式命名为"海津讲坛"。2011年，吉林省图书馆将讲坛正式命名为"长白讲坛"。除了特定的名称外，各图书馆讲坛还拥有标志性徽标。一些讲坛特意请专业人士设计讲坛徽标、宣传手册、海报、入场券、会场整体效果图等，如"名家论坛""上图讲座""文澜讲坛"等为自己的公益服务品牌进行了商标注册。2011年3月，为进一步打造"天一讲堂"文化品牌，凸显其独特性和标志性，宁波市图书馆面向全国公开征集"天一讲堂"的主题徽标和主题宣传语。各图书馆讲坛还确立了特点鲜明的服务理念和宗旨，形成了讲坛独特的定位。"上图讲座"将"城市教室""市民课堂"作为品牌理念，把传承文化、传播知识、陶冶情操、指导人生作为使命。"文津讲坛"以弘扬中华民族优秀文化传统，彰显和培育"爱国至上"的人生观、价值观、道德观，增强民族凝聚力为目的。"天一讲堂"以传播先进思想、发扬前沿文化为理念，以服务市民、提升城市文化品位、引领宁波文化发展为目标。各图书馆讲坛讲座的选题、内容、质量、主讲人是讲坛品牌形象的核心。此外，固定的听众群体、举办的周期频率、传播方式等成为各讲坛品牌形象的重要组成部分。

6. 传播的立体化

各讲坛与电视、电台、报纸、网络、期刊等各种媒介建立合作关系，宣传讲座。各讲坛还纷纷建立网页，在网上发布讲座内容及讲师、讲座时间等相关信息，有的还提供讲座视频点播。经主讲人同意后讲坛将精品讲座内容结集正式出版，使讲座的受众面进一步扩大，影响更加深远。各讲坛还对现场讲座录音、录像进行数字化加工，制作成光盘等音像资料，赠送给社区、学校、机关、企事业单位等，并将精品讲座数字视频上传至全国文化信息资源共享工程国家中心，扩大讲座服务范围。

（二）图书馆讲坛的作用

图书馆讲坛是文化与公众之间的桥梁，具有公众的精神家园和公共教室的功能。对于具有一定地域影响力的公益性系列文化讲座，图书馆讲坛正以其不同特色、不同运行模式在社会科学普及和公共文化服务领域发挥着积极的作用，这主要在于图书馆讲坛具有以下作用。

1.教育作用

图书馆讲坛是传播知识、交流思想的有效途径。图书馆是由国家和地方政府财政资金支持、向所有人提供信息知识服务的公共服务机构，具有传道解惑、信息传递、智力开发等作用，发挥着没有围墙的大学的作用，可以开发民智、引领学习，培育公众的好奇心。图书馆讲坛的教育作用最为突出。

2.服务作用

图书馆讲坛因为可以满足人民群众多样性、多层次、多方面的文化需求而受到广泛的关注和欢迎，在传播先进文化、拓展教育功能、实现平等服务和促进社会和谐等方面起到了积极的作用，是图书馆参与构建公共文化服务体系的有效方式。图书馆讲坛为服务社会、服务地方、服务百姓、服务文化提供及时、便捷、有效的信息资源，因此其服务功能不可忽视。

3.交流作用

图书馆讲坛是文化传播和交流的重要阵地，包括学科间、历史间、民族间、国家间的文化、科技的交流与鉴赏，也包括图书馆同行间、师生间、受众群间的交流。公共讲坛的形式与目的都离不开交流。

4.创新作用

图书馆讲坛在对文化、科学知识进行选择、优化、存储、传播的同时也在加工创造，促进文化、科学知识的更新，使公众获得新的认识，促进文化与科技的进步。公共讲坛以其独特的魅力在公共图书馆宣传先进文化、启发公众智力、活跃公众思想、培养公众科学创新思维能力方面发挥了重要的作用。

（三）图书馆讲坛的发展措施

成功的图书馆讲坛活动要呈现给读者的是动态的视觉冲击、源源不断的新内容，这样才能塑造多姿多彩的品牌形象，形成深受读者喜爱的图书馆讲坛品牌。当今时代，若想不断提升讲坛活动的影响力，打造讲坛活动的特色，需要采取以下措施。

1. 紧跟时代，丰富主题

随着大量新学科、新知识的涌现，人们需要不断提高素养以适应社会环境。所以，无论是学术讲坛还是热点讲座，紧扣时代脉搏、关注文化创新的内容，都更能受到读者的青睐。如哈尔滨工业大学教授、中国工程院院士黄文虎在"嫦娥一号"顺利升天后，在"龙江讲坛"讲解了航空航天知识。黄教授在解读"嫦娥一号"实现"嫦娥奔月"的意义时，许多文人墨客都听得热血沸腾，科普类文献在黑龙江省图书馆的借阅量创下了历史新高。

2. 科学管理，资金保障

图书馆讲坛的健康发展，必须有科学的管理做保障。这既要把握机遇乘势而上，不断创新和拓展，又要实事求是，有序理性地发展。图书馆讲坛必须得到各级政府部门在资金上的完全支持，才能保障公益讲坛按基本免费服务的模式运行。各级政府应将图书馆讲坛这种公众喜闻乐见的公共文化服务产品的发展纳入公共文化服务体系构建的范畴，给予专项资金支持，改变从图书馆本来就已捉襟见肘的业务经费中"挤"出讲坛发展资金的现状。经费来源渠道应该主要包括各级政府的专项补助经费、图书馆自身的支持、社会企业的赞助、会员制讲座的会员费收入等。有了科学管理和资金保障，图书馆讲坛才能可持续发展，实现良性循环。

3. 加强互动，全程参与

图书馆讲坛每一次讲座中的互动环节应有效组织读者积极参与。讲坛活动也是一种现场交流活动，现场获得的感受与看电视、听广播、浏览互联网获得的是不同的。每一次讲座都应给读者留出充分的交流互动时间，因为读者是喜欢提问的。例如，在《红楼梦中的政治》讲座中，读者完全沉浸在王蒙先生的感情世界里，全身心地参与现场互动环节，气氛热烈。主讲人的时间是有限的，留给读者思考和再学习的时间却是无限的。主讲人离开后，工作人员可以将互动环节延续，将相关研究资料、原著及主讲人的传记类图书展示在报告厅里，将目录索引放到大屏幕上滚动播出，进一步刺激读者的阅读欲望。

在讲座的整个过程中，为了让读者全程参与，图书馆还可以让读者积极参与前期的选题策划、讲师选择及后期的互动交流。公共图书馆可以在网站、微博、微信公众号中开辟相应的投票与论坛专区，把读者想了解的内容、想见到的讲师、讲座结束后对主题内容及讲师的意见和看法表达出来，使公益讲座的开展更有计划性和针对性，更好地奉行"以人为本、读者至上"的理念。

4.培育队伍，相得益彰

人们把图书馆讲坛的主讲人称为讲师，讲师和听众是图书馆讲坛发展不可或缺的两支队伍，一场精彩的讲座离不开专业的讲师和认真的听众，作为主办者，图书馆需要协调好双方的关系，从而达到平衡。

首先，要整合讲师资源，建立讲师资料库。要想让图书馆成为一个品位高、宣传广的平台，就必须有更多的讲师参与进来。因此，图书馆要把与讲座有关的讲师资料、研究方向、研究成果等整理归档，并从其知名度、著作等方面进行充分的了解并认真筛选，以建立完善的讲师资料库。只有这样，才能使每一场讲座都出彩，并取得良好的社会效益。

其次，要成立讲师协会。为了吸引更多的讲师参与到图书馆讲坛中来，图书馆可成立讲师协会，把大学、科研单位、企事业部门等的优秀讲师集中到讲师协会里，并在图书馆建立一个公共讲座学术交流平台，以方便讲师之间开展一些自主交流活动。图书馆可利用自身优势，为讲师提供一流的服务，如优先为讲师采选需要的图书等相关资料，利用资源共享工程为其提供全国范围内馆际借阅服务等，让更多的讲师利用图书馆做出成绩。

最后，要培育听众队伍。完善讲坛会员制、举办会员沙龙、开展多样活动、推动会员发展、提高听众品位是讲座组织者要认真考虑的问题，这既是图书馆的社会责任，也是讲座发展的必然要求。

5.加强宣传，扩大影响

加大宣传力度、提升图书馆讲坛的社会辐射力和影响力是发挥图书馆讲坛作用的关键。目前，图书馆讲坛在传播和影响上仍逊色于媒体开办的讲坛，因此图书馆应充分利用现代传媒和新的技术手段，借助广播、电视、报纸、网络等"大众"传媒，以及微博、微信公众号等"小众"传媒进一步加强对图书馆讲坛的宣传，通过宣传手册、海报、宣传橱窗等传播载体使更多的民众认识图书馆讲坛，通过设立分坛、流动讲坛及开发图书、光碟等衍生品的方式，使更多的人成为精品讲座的受益者。各类新闻媒体也要加大对公共讲坛的宣传力度，加强与各公共文化服务单位的联系，对公共讲座进行预告宣传和跟踪报道，要根据社会需求，拿出版面、频道开设公共讲坛专栏。图书馆应开办那些涉及多学科、多领域、多视角的以传播知识、交流思想为目的的精品讲座，让广大热爱讲坛的听众受益。

6. 把握细节，打造精品

注重细节，只有把图书馆讲座各环节的工作做细做到位，才能打造出精品。图书馆讲坛由一场场成功的讲座构成，举办一场讲座，有很多工作环节。例如，开讲前的准备工作就有选择讲座主题、挑选演讲者、与演讲者签订讲座协议、讲座预告、布置场地等；讲座开讲过程中要做好主持、摄影摄像、设备调控、现场组织引导、收发调查问卷等工作；讲座结束后要及时进行讲座信息报道，收集和整理讲座过程中形成的文件材料，将剪辑完成的讲座视频上传到图书馆网站，实现资源共享等。在这些环节中，还有很多细节要注意、做到位。例如，在与演讲者签订讲座协议时，除了要明确各自的权利和义务外，还要特别明确演讲者是否授权图书馆对讲座信息资源进行后期开发；在进行讲座预告时，要尽量综合采用网站、新闻媒体报道，LED 电子显示屏宣传栏、海报、宣传手册、门票、横幅、手机短信、微博、微信公众号宣传等手段，以实现最佳的宣传预告效果。

在把握细节的基础上，图书馆更要强化精品意识，打造品牌效应。图书馆讲坛是图书馆履行社会教育职能和传播文化的方式之一，必须立足于本地的地域文化，并满足公众的愿望，为广大市民提供有品质且迫切需要的讲座。图书馆在主讲人的选择、讲座的主题策划和媒体宣传方面都应该做到推陈出新。要打造本土精品文化产品，就要做到满足听众的求知需求，将深奥的知识化解为通俗易懂的内容，保证公益讲座的品牌定位，这样才能让普通的市民接受讲座的内容。

三、读书会

随着图书馆阅读推广工作的开展、公民阅读意识的觉醒，各种类型的民间阅读组织纷纷涌现，以独有的姿态成为推动全民阅读的重要力量。读书会作为一种公众乐于参与的阅读活动，受到了图书馆的青睐，越来越多的图书馆开始举办读书会，以吸引用户参与到阅读中来。读书会是一种基于"共同阅读"的集体阅读形式，最早兴起于瑞典。图书馆组织的读书会以及民间读书会是阅读组织的重要组成部分，它们以创新的服务内容、多元的服务形式推广阅读理念，推动全民阅读。

（一）读书会的类型

在读书会分类方面，学界目前有以下几种划分标准：依照主办单位，可分为社区读书会、班级读书会、图书馆读书会和家庭读书会等；依照服务对象，可分为少儿读书会、老年读书会、残疾人读书会等；依照语种，可分为中文读书会、英文读书会、日文读书会、法文读书会等；依照传播方式，可分为面对面读书会、在线读书会和电视读书会；依照组织者，可分为院校类读书会、公共类读书会和民间读书会。本书采用组织者的分类进行阐述。

1. 院校类读书会

院校类读书会指在中国高等院校内开展的读书会，以阅读相关领域的专业书籍为主，是学术交流、教学实践的重要形式。例如，西北政法大学主办的终南山法学小组读书会，其目的是培养一批潜心学术、视野开阔、知识渊博的法律人才，每期读书会都由本校教师主持，邀请1～2名校外嘉宾，围绕一本法学著作展开，包括主题报告、读书报告、评议、自由讨论、嘉宾点评等部分；再如，浙江大学清源读书会，每期由教师带领学生阅读、分析、交流与提问，旨在"提倡读书之风，分享读书之趣"。

2. 公共类读书会

公共类读书会一般指由图书馆或相关文化事业单位组织开展的读书会，是推动社会阅读最重要的方法。如今，该类读书会正处于起步阶段，越来越受到政府部门的重视。各级文教单位都陆续举办了面向民众的读书会，如株洲市教育局团委主办的"良师益友读书分享会"。此外，还有社区街道组织的读书会，如全国第一个老年读书会——上海黄浦区金陵街道"老年读书会"以及宁波北仑区大碶街道高田王社区组织的残疾人"不倒翁读书会"。这类读书会可以有效地激发民众的阅读兴趣，培养民众的阅读习惯，提升民众的阅读能力，推动全民阅读风气的形成。

3. 民间读书会

民间读书会通常指由3人或3人以上参加的群体性阅读活动，其特征是群体性阅读，且由民间发起、主导和运作。民间读书会的投资、组织与举办主体通常不是院校和政府，而是公司、企业、个人或群体。

根据组织者的不同，民间读书会又可以分为两类：一类是由民营企业或个体举办的，目的是在推广阅读、传播文化的同时，兼顾对自身产品及品牌的营销。民营企业或个体举办的读书会有以互联网为依托、以独立书店为依托、以民营博物馆为依托和以文化、咨询、出版等公司为依托四种方式。这类民间读书会能紧跟社会热点，针对民众的兴趣点，开展内容丰富、形式多样的读书交流活动，由于背后有相对稳定的投资主体以及专业团队进行组织管理，因此在场地、资源、人力以及经费上拥有优势，具有一定的稳定性和可持续性。另一类是由个人或群体自发组织成立的，不带有商业宣传目的，旨在以书会友。这类民间读书会的成立，通常是基于组织者与参与者共同的阅读兴趣，规模较小，却遍布城市的各个角落，聚集着不同的思想和话语，是城市中温暖人心的一股力量。这类民间读书会以相同的阅读趣味为纽带，形成了主题各异、特点鲜明的"朋友圈"，大家注重书籍的阅读、分享、交流和讨论，以此获得归属感与认同感。不管是哪一类民间读书会基本上都是以"线上组织、线下活动"的模式来运营的。例如，书友通过豆瓣网建立独立小站发布信息，共享相关文字、图片、视频等资料，通过参阅网上信息，也能够有选择性地参加线下活动。

（二）图书馆读书会的发展措施

图书馆借助读书会的形式推进阅读推广，需要采取以下几种发展措施。

1. 加强宣传，争取支持

社会公众对读书会的认识与图书馆的宣传是离不开的。因此，图书馆要利用多种渠道宣传读书会，以引起各方面的重视。第一，公共图书馆可引入在国际图书馆界被广泛应用的图书馆营销模式，如顾客满意经营战略来塑造图书馆的形象。第二，公共图书馆可以在图书馆主页或者刊物上开辟读书会专栏，介绍读书会的基本情况，宣传读书会活动，普及读书会知识，展示读书会成果，提高读书会影响力，引起大众的关注。第三，公共图书馆可以结合世界阅读日、中国传统节日以及诺贝尔文学奖等设计读书会宣传日，在馆内展示读书会成果，增强读书会的影响力。第四，公共图书馆可以将读书会延伸到社区，在社区宣传读书会，为读书会招募更多的读者。第五，公共图书馆可把读书会活动预算纳入图书馆的读者活动预算，争取政府部门活动经费的支持。第六，图书馆组织读书会活动时，还要加强与社会各界的密切联系，包括当地企事业单位、政府部门、各大高校等，以争取它们的配合，吸引更多的资金投入，为读书会的可持续发展提供物质支持。

2. 制定规划，组织实施

图书馆应制定读书会的总体战略规划，绘制可持续发展的宏伟蓝图，将读书会作为图书馆阅读推广的重要环节，拟定读书会五年、十年及长期的目标和任务。图书馆还应制订详细的阅读推广计划和实施方案，系统培训阅读推广人，配合世界读书日、读书节等大型读书活动，以"互联网读书会"为手段，全面实现图书馆阅读推广的总体目标。

3. 建立机构，创新服务

建立专门的读书会推广机构，打造读书会专属阅读空间。图书馆可以借助高校、图书馆学会、社会组织等的力量，成立专门的读书会推广机构，负责统筹读书会活动，为读书会的发展提供专业指导。此外，图书馆要为读书会开辟出专门的阅读空间，保证读书会不受到外界的干扰，给读者提供舒适、安全的活动环境。图书馆还要创新服务内容，给读者更加鲜活的体验。如果只是简单地将读书会理解为阅读沙龙，读书会很难取得更大的效益。因此，图书馆要创新读书会的服务内容，在主题挖掘、内容设计和形式安排上推陈出新，积极利用信息技术创新服务手段，线下线上同步进行，把互联网作为读书会之间互动的纽带，为读者提供更好的参与体验，吸引更多的人参与阅读活动。图书馆作为读书会规则的制定者，负责成立与管理读书会，包括制订读书会发展计划、促成读书会成立、培训读书会带领人、奖励优秀读书会等。此外，图书馆还要为读书会提供各种支持和服务，包括推荐读书会书目，为读书会提供阅读讨论所需的文献、活动场地，以及发布信息与发表成果的网络空间，向广大读者推荐相应的读书会等。图书馆还要完善阅读空间，更好地促进读书会的发展。当前，在图书馆内为读书会开辟经过专业设计的读书沙龙空间成为一种趋势。这种沙龙空间不同于报告厅和会议室，规模适中，可容纳 30～40 人，配备计算机、网络、投影、音响、书架和桌椅等必要设施，利用精心设计的书架陈列经典书籍，打造舒适的学习讨论空间。

4. 借鉴经验，促进发展

借鉴国外读书会活动的先进经验可以更好地促进本国读书会的发展。国外一些地区读书会活动的经验十分丰富，有很多值得我们借鉴的地方。例如，美国读书会组织形成了一套成熟的理论体系与培训体系，对读书会的研究非常广泛。此外，很多机构也专门开设了"读书会带领人培训"等专业课程。瑞典的读书会活动起步较早，故其组织系统十分完善，不仅包括学术机构、文教机构，还包括行政机关、企业人士、民间团体等，并成立了各级读书会发展协会；一些读书会甚至注册成为法人社团，其不仅组织架构十分完整，还制定了完善的读书会章程。这些均对读书会的可持续发展起到了积极的促进作用。

体验读书最深刻的方式就是与他人共享阅读感悟。与图书的载体一样，读书会也在演变，不变的是读书会固有的感召力。在"文化强国"的国家战略框架下，图书馆利用读书会的模式来开展阅读推广活动，是提升国民素质、构建书香社会、增强中国文化软实力的有效途径。

四、读书节和读书月

4 月 23 日为"世界读书日"，各国的出版社、图书馆、作家每年都积极组织、参加各种图书宣传活动。1997 年，中央宣传部、文化部、国家教委等 9 个部委共同发出了《关于在全国组织实施"知识工程"的通知》，提出实施"倡导全民读书，建设阅读社会"的"知识工程"。中国图书馆学会为了实施"知识工程"，进一步激发全民读书的热情，推动学习型社会、学习型组织、学习型家庭的建设，在全国范围内多次举办大型活动，使全国公众对"世界读书日"有所了解。在"知识工程"的影响下，全国各地中小学、高校图书馆以及各级市政机关纷纷组织并举办了丰富多彩的读书节、读书月活动。这些活动已成为社会文化系统建设不可或缺的一部分，活动中各项工作的组织和协调将直接影响读书节、读书月活动的举办，以及今后这些活动的继续开展。因此，如何做好读书节、读书月活动的各项工作，使读书活动开展得有条不紊、卓有成效，需要人们努力探索和创建行之有效的工作机制和管理方法。

（一）读书节、读书月活动的作用

读书节、读书月活动是一项社会文化系统工程，需要集合全社会的力量推行。图书馆承担着传承社会文明、传播知识信息的重要职责，尤其是在推动全民阅读、提高人民群众的思想道德素质和科学文化素质、推动社会进步等方面发挥了重要作用。

1. 推进图书馆的阅读推广工作

读书节、读书月活动体现了图书馆作为阅读推广主力的作用。读书节、读书月活动开展的中坚力量是图书馆。图书馆作为社会文化传播的重要机构，在推动读书节、读书月活动的开展上具有绝对优势。与出版机构推广阅读、促进读物销售的目的相比，图书馆的读书节、读书月活动更具中立性、公益性和客观性。作为保存、收藏人类文明成果的社会机构，图书馆为读书节、读书月活动的开展奠定了基础，凭借自身的优势，在引导阅读、满足不同层次人们的阅读需求、保障弱势群体的阅读权利、促进阅读等方面发挥着独特的作用。当前，各级图书馆都定期举行丰富多彩的读书节、读书月活动，开展不同类型的阅读

推广工作，如推荐书目、送书下乡等，有些城市融合新媒体所举办的读书节、读书月活动已成为阅读创新的特色与品牌。

2. 扩大图书馆的社会影响

图书馆具有公共、公益和共享的性质，是国家为保障公民自由、平等地获取信息和知识而进行的制度安排。最大限度地满足每一位公民对信息和知识的追求，是图书馆应尽的职责，也是图书馆义不容辞的责任。图书馆有广大读者和社会的信任，有大量的各种形式的文献资源、先进的网络设施和技术服务手段，能够满足大众多种形式的阅读需求。图书馆举办读书节、读书月活动，可以进一步强化读者的读书意识，营造浓郁的文化氛围，加快精神文明建设的步伐，扩大自身的社会影响。

3. 促进人的全面发展的现实需要

人的能力来自两个方面：一是先天的、与生俱来的；二是后天通过学习、实践获得的。先天的能力是基础，后天的学习和实践可以激活先天的潜在能力。同时，借鉴他人的知识和经验，可以使能力的提高产生加速和累积效应。读书是让自己的能力得到提高和升华的一个良好手段。开展读书节、读书月活动，为每一个有学习意愿的社会成员提供多层次多形式的读书服务，是全面提高国民素质、切实促进人全面发展的重要手段。读书可以提高人的修养和境界，能净化人的思想、纯洁人的心灵，引导和教育人们做一个纯粹的人、高尚的人、脱离了低级趣味的人、有益于人民的人。

在当前新的读书无用论有所抬头的情况下，我们更应该倡导读书，提高全民的文化素质。读书可以提高人的生存能力和生存本领。现代社会各个方面的发展日新月异，人民群众的实践创造丰富多彩，各种新知识新技能层出不穷，人们难免产生知识恐慌和本能恐慌。人们只有通过读书，不断更新知识和技能，才能立于不败之地。

（二）读书节、读书月活动的开展措施

读书节、读书月活动作为大型的节庆式的阅读推广活动，已经成为现代社会的文化景观。它促使人们形成阅读习惯，日益受到图书馆的重视和青睐。图书馆读书节、读书月活动的开展可以采取以下措施。

1. 做好活动编排

读书节、读书月活动是主办方为读者准备的一系列在内容和时间上都安排好的活动，既包括主办方专门策划和设计的节目，也包括其他紧密围绕读书节

主题的项目。读书节、读书月活动的编排，就是对不同活动和项目进行创造性的安排，使各项活动能连贯衔接，反映读书节（读书月）的特色，并呈现出较强的吸引力。节庆活动编排应以最大化增强活动参与者的体验为主要目标。因此，主办方在进行活动编排时，应当具有战略性眼光，并争取形成集聚效应。

影响读书节、读书月活动编排质量的因素包括以下几点。第一，活动在内容和形式上的多样性，特别是馆员与读者之间互动的多样性。读书节、读书月活动只有通过变化和创新，才能拥有更持久的生命力。第二，利益相关者要求的平衡。读书节、读书月活动需要考虑主办方要求的传播效果、赞助机构要求的宣传效果和读者要求的体验效果的平衡，使各利益相关者都能受益，从而形成合力，共同推进读书节、读书月活动的开展。第三，时间上的同步性。由于读书节、读书月活动多种多样，因此主办方需要考虑这些活动是应该交叉举行还是同步举办，相互之间是否会产生影响等。第四，活动安排的递进性。主办方要确定哪些活动作为铺垫，哪些活动作为高潮，收尾活动是否需要揭示下一次读书节、读书月活动的主要内容等，尤其要安排一些能给读者带来惊喜的有奖活动。第五，活动安排的灵活性。体现在活动场地设施安排的灵活协调等方面。第六，读书节、读书月活动和图书馆常规服务的联系。读书节、读书月活动既要宣传图书馆的常规服务，更要推广图书馆的特色服务，二者要连贯衔接，互为补充。这六大因素为读书节、读书月活动的策划和主办方集中资源提升读书节（读书月）活动的编排质量提供了突破口，应当引起主办方的高度关注与重视。例如，主办方需要在读书节、读书月活动的计划和酝酿阶段注意到活动形式和内容的多样性，并进行严格的项目管理。同时，主办方要加强与各利益相关方的合作，恰当地平衡各方利益，以达到互惠互利、各取所需的目标。在促进活动的递进性方面，主办方应多参照文化艺术表演领域内的一些技巧和手法，不断提升读者的体验。在节目编排和图书馆常规服务的结合方面，主办方应该有效利用活动的吸引力来助推图书馆服务，从而产生良好的聚合效应，提升图书馆的形象。另外，对于历时较长的读书节、读书月活动，主办方更应充分做好编排工作，使其常变常新，不断稳固和吸纳读者，从而延长读书节、读书月活动的生命周期。

2. 设计宣传口号

读书节、读书月宣传口号是向读者传递有关图书馆馆藏或服务的、具有纲领性或鼓动性信息的简短语句，是对图书馆核心理念的精辟表达，是向读者传递读书节、读书月主题和图书馆形象的有效工具。宣传口号在读书节、读书月宣传推广过程中发挥着很重要的作用，更是读书节、读书月策划组织过程中的核心。读书节、读书月宣传口号展示了图书馆特有的馆藏优势和服务理念，一个好的读书节、读书月宣传口号能使读者对图书馆举办的读书节、读书月活动产生兴趣和向往，从而吸引更多的读者参与。一般来说，读书节、读书月宣传口号的作用包括两个方面：对图书馆来说，它可以简洁通俗地提炼图书馆形象，提高图书馆读书节、读书月推广的针对性，扩大图书馆的影响；对读者而言，它可以带给读者心灵的撞击，激发读者的参与热情，最终促成阅读行为的实现。首先，读书节、读书月宣传口号要简洁通俗、生动形象，易于识别和记忆。其次，读书节、读书月宣传口号要切合目标读者群体的真实需求，要能足够引起他们的注意和兴趣。再次，读书节、读书月宣传口号要组合多样、易于宣传。最后，读书节、读书月宣传口号要采用恰当的创意模式。读书节、读书月宣传口号因创意角度不同，大致可分为两类：资源诉求型和价值诉求型。前者主要从馆藏资源特色的角度进行设计，着眼于图书馆形象，如"典藏百年守护，文明薪火相传"；后者则主要是吸引潜在读者，体现的是阅读的价值，如"知识改变命运，智慧书写人生""浓郁读书风尚，丰富心灵世界"。总的来说，除馆藏资源极其丰富、极具特色的图书馆选择资源诉求型宣传口号外，多数图书馆会选择更具亲和力的价值诉求型宣传口号。因此，在读书节、读书月宣传口号中，多数为价值诉求型。

3. 树立品牌意识

树立阅读推广中的读书节、读书月品牌意识十分重要。品牌是一个名称、名词、标记、符号、设计或是它们的组合运用，目的是借以辨认某个或某群销售者的产品，并使之同竞争对手的产品和劳务区别开来。将这一销售领域的概念引入读书节、读书月，就是希望利用图书馆本身所具有的文献资源、物理空间、人力资源、文化设施及氛围等方面的优势，打造独具特色的读书节、读书月，从而形成图书馆阅读推广中的品牌效应。图书馆要寻求品牌的支撑点，就要在品牌建设上下功夫，通过个性化的品牌经营，将图书馆活动与读者的素质拓展、能力提升、专业发展结合起来，在参与品牌建设中获得收益，从而形成对品牌的归属。图书馆应增强读书节、读书月的品牌意识，引入商业品牌理念，力求产生品牌聚合效应，使读书节、读书月在阅读推广中成为一枝独秀。构建品牌读书节、读书月要从以下几个方面入手。

第一，充分调研，有的放矢。读书节、读书月活动方案确定之前，图书馆应选派专人对读者的需求、兴趣、图书馆自身的状况及社会热点等进行调研，尤其对活动主题、内容、形式等的可行性进行充分而细致的调查，多方征求读者的意见、建议，使活动贴近实际、贴近读者。

第二，优化资源，有序开展。举办读书节、读书月活动，从活动方案的设计到执行、落实，从对读者的宣传、发动到对参与读者的组织、管理，从与馆外部门的公关协调到馆内人力资源的调配等，涉及方方面面。由于读书节、读书月活动的开展是一个系统工程，因此图书馆应充分优化并利用好校内外各类资源，确保活动顺利举行。此外，图书馆要多方宣传，凸显活动的举办效果。宣传工作是读书节、读书月活动的重中之重，因为只有将活动内容、形式等诸多方面宣传到位才能让读者产生"分享知识、共读好书"的共鸣；调研结果也显示图书馆应采取多元化的方式进行活动宣传。读书节一般持续一个月左右，宣传工作不是一蹴而就的事，要分步骤持续不断地进行；要充分发挥微博、微信公众号、手机等的优势，聚合传统媒体与新媒体之力，开展良性的互动宣传；要通过"媒体总动员"，将传统的纸质媒体与新型的各类电子媒体全都吸纳进来，强化宣传攻势。

第三，不断创新吸引读者。读书节、读书月活动的形式能否吸引读者的眼球，内容能否激发读者参与的兴趣，是活动成功与否的重要影响因素。因此，读书活动的主题一定要切合读者的需要，内容要健康、积极向上，形式要有创新、充满活力，要将务实和求新结合起来，这样才会吸引读者积极参与，并取得良好的效果。图书馆应充分利用自身的优势，研究读者的特点，打破固有的模式及思想禁锢，不断创新活动主题、活动内容、活动形式，从而赢得众多读者的参与，激发读者阅读与求知的欲望。

第四，及时总结，积累经验。每次读书节、读书月活动结束后，都应进行资料的收集、整理，查漏补缺，分析活动成败的原因并最终形成读书节、读书月的长效机制。图书馆要评估各项活动取得的效果，根据读者的需要及时改变活动的内容和方式，并从其他机构举办的活动中借鉴先进的思想和理念，这样才能使下一届活动进一步地创新。图书馆在读书节、读书月各项活动结束后，可以开展一定范围内的读书节、读书月问卷调查，包括活动内容、举办形式、宣传渠道、收获多少、读者建议等诸多方面，形成分析报告存档；针对优秀征文、所荐好书等给予专门的成果展示；将精彩的读书节、读书月活动视频、数字资源学习资料等放在图书馆网站上，以供读者随时浏览、学习。

4.加强理论研究

图书馆想搞好读书节、读书月活动，就要善于总结，逐步探索、理解和掌握活动的规律及其丰富的内涵，把从读书节、读书月活动中总结出来的各种经验、创新和不足上升到理论高度，并加以分析研究。图书馆不仅要加强对读书节、读书月活动规律的探讨，还要充分利用活动所产生的良好效果和经验成果，为构建和谐图书馆服务。对于读书节、读书月活动结束后的研究成果要抓紧论证其可行性，使之直接为下一次读书节、读书月活动的开展和深化服务，从而有力地指导和促进读书节、读书月活动持续、深入、健康地开展下去。

主题明确、内容丰富的读书节、读书月活动可以增长人们的见识，提高人们的文化素质，培养人们的阅读习惯。虽然读书节、读书月活动到底改变了公众生活的哪些方面无从考证，但是其产生的整体社会意义将是巨大而深远的。

第二章　图书馆服务

第一节　服务与服务理念

服务是工业社会因为出现了人口向城市集中的城市化和劳动分工体系的专业化，所以形成的现代化社会机构与制度。服务一般指的是社会成员之间相互提供方便的一类活动。服务理念则指的是人们从事服务活动的主导思想，它反映了人们对服务活动的理性认识，是各种服务活动的核心。

一、服务概述

（一）服务的概念

服务泛指为他人做事，并使他人从中受益的一种有偿或无偿的活动，不以实物形式而以提供劳动的形式满足他人某种特殊需要。由于它是看不到摸不着的东西，而且应用的范围也越来越广泛，难以简单概括，所以直到今天，还没有一个权威的定义能被人们所普遍接受。在古代"服务"是"侍候，服侍"的意思，随着时代的发展，"服务"被不断赋予新意。如今，"服务"已成为整个社会不可或缺的人际关系的基础。社会学意义上的服务指的是为别人、为集体的利益而工作或为某种事业而工作，如"为人民服务"。经济学意义上的服务，指的是以等价交换的形式，为满足企业、公共团体或其他社会公众的需要而提供的劳务活动，它通常与有形的产品联系在一起。

1. 国外学者对"服务"的解释

1960 年，美国市场营销协会最先给服务下的定义为："用于出售或者是同产品连在一起进行出售的活动、利益或满足感。"这一定义在很多年里一直被人们广泛采用。

1974年，斯坦通指出："服务是一种特殊的无形活动。它向顾客或工业用户提供所需的满足感，它与其他产品销售并无必然联系。"

1983年，莱特南认为："服务是与某个中介人或机器设备相互作用并为消费者提供满足的一种或一系列活动。"

1990年，格鲁诺斯给服务下的定义："服务是以无形的方式，在顾客与服务职员、有形资源等产品或服务系统之间发生的，可以解决顾客问题的一种或一系列行为。"

现代市场营销学泰斗菲利普·科特勒给服务下的定义："一方提供给另一方的不可感知且不导致任何所有权转移的活动或利益，它在本质上是无形的，它的生产可能与实际产品有关，也可能无关。"

2. 国内学者对"服务"的解释

我国学者在综合分析国外学者对服务定义的基础上，把服务定义为："服务是一个为解决某种问题，在服务提供者及服务提供系统的帮助下，消费者参与生产并从中获得体验的过程。"服务通常是无形的，并且是在供方和顾客接触之上至少需要完成一项活动的结果。服务的概念至少应该包括四个基本的内容：①服务是一种无形的活动过程，它能给予服务对象以利益和满足感；②服务是与有形资源、商品或实体产品有关或相互联系的商品，具有价值并可以出售；③服务是一种行为或过程，它的产生由需求开始，结果是满足需求；④服务双方有一定交互，服务传递可以通过一定的媒介。

我们也可以这样来理解服务："服务就是本着诚恳的态度，为别人着想，为别人提供方便或帮助。"

（二）服务的特征

服务无处不在，我们可以在社会的不同活动中见到服务的踪迹。服务与有形商品不同，具有以下四个基本特征。

1. 无形性

无形性又称为服务的抽象性和不可触知性。服务是一种现象，是无形的和不可触知的，是无法以质量、形状、大小等标准来衡量。服务的无形性表现在：①服务的很多元素看不见、摸不到，无形无质；②读者在接受服务之前，往往不能肯定他能得到什么样的服务，因为大多数服务都非常抽象，很难描述；③读者在接受服务后难以对服务质量做出客观的评价。因此，为了减少服务的无形性，读者通常会借助有形部分来对服务做出相应的评价。大到图书馆的整体服务环境，小到馆员的服饰仪表，都是读者判断服务优劣的依据。

2. 异质性

异质性又称为可变性，即使同一服务，由于提供者、时间、地点、环境等不同，读者感知的服务质量也会有差异。服务异质性产生的根源：①馆员原因，即馆员的态度、技能、技巧、知识、素质等影响服务的绩效；②读者原因，读者的知识、经验和动机影响着服务的开展；③馆员和读者间相互作用的原因，对读者而言，服务在很大程度上依赖于读者与馆员之间的交互作用，尤其是在接触性较大的服务中，表现更为明显。例如，读者感知图书馆的服务，受许多因素（如馆员、时间、地点、环境，甚至读者心情）的影响，而这些因素的不同，有可能使读者的感受有天壤之别。

3. 同步性

同步性又称为不可分割性，即服务生产过程与消费过程在空间和时间上是同时并存的。一般而言，服务的提供与接受是同时发生的，可以说在时间和空间上它是单向性的不可逆的。这一特征说明，读者只有而且必须加入服务的生产过程之中，才能享受到服务，如读者到图书馆阅览室阅读图书。

4. 易逝性

易逝性又称为不可储存性，即服务不能被储存，容易消失，服务只存在于其被生产出的那个时间点，一经生产，就必须被消费掉，否则就变得毫无用处，如图书馆的空座位、闲置的空间和设施。

二、服务理念

理念原是西方哲学史和西方美学史中的一个概念，包含有广泛的含义，一般可以理解为理性所产生的概念。服务理念则是人类众多理念的一种，指的是人们从事服务活动的主导思想，它反映了人们对服务活动的理性认识，是各种服务活动的核心，是服务组织在创造价值的过程中，对客户或服务对象的服务原则、服务态度、服务方式的集中体现，是服务组织规范服务人员心态和行为的准则，同时，也是服务组织提供给顾客能满足其某一种或某几种需要的服务的功能、效用。顾客购买、体验某种服务，并不是为了"拥有"这种服务，而是利用这种服务来获得这些功能和效用。通俗地讲，服务理念指的是服务组织用语言文字在单位内外公开传播的、一贯的、独特的、顾客导向的服务主张和服务理想。

服务理念主要包括宗旨、使命、目标、方针、政策、原则、精神等。宗旨是服务组织建立的根本目的和意图，使命是服务组织在社会经济发展中担当的任务和责任，目标是服务组织运行和发展预期达到的境地或标准，方针是服务组织在经营管理上总的发展方向或指导思想，政策是服务组织在处理内外关系或配置资源时所提出的有重点、具倾向性的观点及实施方案，原则是服务组织在其行为中恪守的准则或坚持的道理，精神则是服务组织较深刻的思想、较高的理想追求、基本的指导思想。在服务理念中，"宗旨"和"精神"的思想层次较高，但比较抽象，缺少操作性；"目标""方针""政策"较具体，比较容易操作，但思想层次相对较低；而"使命""原则"的思想层次、操作性介于上述两组理念之间。

（一）服务理念在服务活动中的作用

1. 有利于服务的有形化

服务组织的服务理念作为一种思想，一般都以语言文字的形式向顾客公布和传达，而语言文字是"有形"的信息，因此，"有形"的服务理念有利于无形服务的有形化，而且理念本身正是服务有形线索所要提示的主要内容。但如前所述，服务理念的"有形化"本身是不够的，还必须演化成为一种自觉意识。

2. 有利于体现和建立服务特色

服务理念往往是独特的，有个性、有特色的。如深圳南山区图书馆程亚男同志提出的"关爱、无限、完美、超值"的服务理念颇有特色，给社会与读者以深刻的印象。

3. 有利于发挥服务组织人员的工作积极性和创造性

服务理念的一部分是针对服务组织内部员工的，用于激励他们，这就能起到某种程度的政治思想工作的作用。同时，服务理念还能统一全体员工的思想和心态，而服务行为正是来源于员工的思想和心态，因此，思想和心态的统一有利于整个服务组织服务行为的统一。

4. 有利于监督服务组织员工的服务行为

既然服务理念的一部分是针对服务组织员工的，并且是向顾客公布和传达的，因此服务理念一方面能对员工的服务行为起到某种警示作用，另一方面还能引导顾客对员工服务行为的监督。服务理念的核心可以归结为顾客导向的观念，即一切服务主张和服务理念都可以和应当归结为最大限度地满足顾客的期望和要求。既然是顾客导向的，服务理念就没有必要隐瞒，应当向服务组织内外公开，让尽可能多的人了解，以体现服务理念的真诚。服务理念既然是公开的，就离不开公开的手段——传播。好的服务理念是适合传播和有传播效果的理念。服务理念的一贯性体现在相当长时间内是比较成熟的、稳定的，是一贯的主张或追求的理想，不是心血来潮，不是稍纵即逝的思想火花，也不是随意改变的主意。服务理念都是人倡导的，而人是有个性的，这种个性就会融合在他所倡导的理念之中，并通过理念的独特性表现出来。服务理念从根本上讲来源于顾客期望。服务理念必须具备前瞻性，而且服务理念也必须继承传统服务中合理、正确的部分，并在继承的基础上进行理念创新。服务理念是对服务理想水平的一种描述，但理想水平总是高于现实水平的，因而具有挑战性。倡导服务理念的主要目的是指导服务组织在激烈的市场竞争中用更优秀的服务去争夺顾客与用户，服务理念是有竞争意义或战略意义的。服务理念是用以指导服务行为的，但服务理念只有深刻，即抓住人心，才能打动人心并化为员工自觉的服务行为。

（二）现代服务理念

随着社会文明的进步，社会服务事业得到了充分的发展，人们的服务理念也发生了深刻的变化，形成了多层次的现代服务理念。

①服务体现着思想境界，全心全意为人民服务是共产党人最根本的价值观。在我们的传统观念中，服务是侍候人的工作，从事服务的人往往低人一等。在文明社会中，服务活动是社会活动的重要组成部分，服务更多地表现为合作。在社会主义思想观念中，服务更是一种崇高的活动。全心全意为人民服务的思想观念可以归结为一句比较现代的用语就是"以人为本"，这是各种服务活动的根本理念。

②服务在社会生产活动中的表现为劳务，服务业是现代社会经济最具活力的增长点。在社会的生产活动中，服务更多地表现为"劳务"，即不以实物形式而以提供劳动的形式满足他人某种需求。这种"劳务"的不断发展，形成了现代社会规模庞大的新生行业——服务业。服务行业的发展程度成了衡量一个国家社会经济发展程度的重要标志。

③服务就是合作，其已成为社会竞争的焦点。在现代社会活动中，人们对服务的关注已达到相当高的程度。"用户至上""服务第一"已不是一个单纯的口号，而成为社会竞争的准则。在市场活动中，服务与产品质量共同担当着市场竞争的主角。

第二节　图书馆与图书馆服务

一、图书馆概述

（一）图书馆的由来

图书馆的产生和发展是有一个过程的，图书馆的发展和变化与当时社会的经济和生产技术发展有着密切的联系。

"图书馆"英文为"Library"，含义为藏书之所，来源于拉丁文的"Liber"一词。我国的图书馆历史悠久，只是起初并不称作"图书馆"，而是称为"府""阁""观""台""殿""院""堂""斋""楼"。如西周的盟府，两汉的石渠阁、东观和兰台，隋朝的观文殿，宋朝的崇文院，明代的澹生堂，清朝的四库七阁等。现在，我们称为"图书馆"，它是一个外来语。1902 年清政府颁布《钦定学堂章程》时，在官方的文书上采用了"图书馆"一词，100 多年来，一直沿用着此称谓。

（二）图书馆的定义

图书馆的定义有广义和狭义之分，广义的定义是对图书馆这一人类社会现象的总的说明，是一般图书馆的定义。这个定义适用于不同的社会制度，不同的国家，不同的时代。狭义的定义是对一定时期、一定社会制度或某些特殊的图书馆下的定义。

1. 国外图书馆的定义

《英国百科全书》的解释："图书馆意思是很多书收藏在一起，这些书是为了阅读、研究或参考用的。"

法国的《拉鲁斯大百科全书》的解释："图书馆的任务是保存用各种不同文字写成的、用多种方式表达的人类思想资料，图书馆收藏各种类别的、组织起来的图书资料，这些资料用于学习、研究或一般情报。"

日本的《广辞苑》的解释："图书馆是搜集、保管大量书籍，供公众阅览的设施。"

苏联的《苏联大百科全书》的解释："图书馆是组织社会利用出版物的文化教育和科学辅助机关。图书馆系统地从事搜集、保藏、宣传和向读者借阅出版物，以及图书情报工作。"

美国的 J. 贝克在《情报学浅说》中的解释："图书馆是收集各种类型的情报资料、系统地加以整理并根据需要提供使用的地方。"

美国图书馆学家巴特勒提出："图书馆是将人类记忆的东西移植于现在人们意识之中的一个社会装置。"

美国另一名图书馆学家谢拉认为："图书馆是这样的一个社会机关，它用书面记录的形式积累知识，并通过馆员将知识传递给团体和个人，用来进行书面交流。因此，图书馆是社会中文化交流体系的一个重要机关。"

2. 国内图书馆的定义

在我国，20 世纪 30 年代就有一些图书馆学者相继给图书馆下了定义。刘国钧认为，图书馆是以搜罗人类一切思想与活动之记载为目的，用最科学、最经济的方法保存它们、整理它们，以便使社会上一切人使用的机关。

卢震京对图书馆做了如下解释：图书馆是根据其特定需要，搜集一切或一些人类文化在科学、技术、艺术及文学各方面所创造的精华记载，用科学的经济的方法整理保存，以便广大人民使用，进而帮助其接受马克思主义，为完成社会主义建设所必需的知识的文化中心。

黄宗忠、郭玉湘、陈冠忠认为，图书馆是通过收集、整理、保管、流通和宣传图书资料，为一定的阶级利益和一定的政治路线服务的文化教育机关。

21 世纪初，我国图书馆界进行了图书馆新定义的讨论。胡述兆认为，图书馆是用科学方法，采访、整理、保存各种印刷的与非印刷的资料，以便读者利用的机构。王子舟认为，图书馆是对知识进行储存、优控、检索，为公民平等、自由获取知识提供服务的机构。

图书馆对网络技术和信息技术的广泛应用，优化了图书馆的工作流程，丰富了图书馆收藏的资源，提升了图书馆的服务水平，拓展了图书馆的服务范围，使图书馆从传统图书馆向传统图书馆与数字图书馆并存的局面发展。这种变化主要是信息技术和网络技术的发展带来的。要给图书馆下一个科学而确切的定义的确是困难的，我们只能根据人们对图书馆的认识水平和程度，给某一阶段的图书馆下一个比较科学、确切的定义，因为社会是不断发展变化的，图书馆也是不断发展变化的。

二、图书馆服务

服务一直是图书馆讨论的主题，在某种程度上也是永恒的主题。阮冈纳赞提出图书馆学五定律和刘国钧论述图书馆学要旨时，他们都是围绕图书馆的"服务"展开的，因为服务是图书馆的灵魂，服务是核心，服务是基础，服务是一切工作的出发点。

（一）图书馆服务的定义

《中国大百科全书：图书馆学 情报学 档案学》中将图书馆服务定义为："图书馆利用馆藏和设施直接向读者提供文献和情报的一系列活动，有时也称图书馆读者工作。"其外延是"现代图书馆不仅通过阅览和外借的方法为读者提供印刷型书刊资料，还提供缩微复制、参考咨询、编译报道、情报检索、情报服务、定题情报检索以及宣传文献情报知识的专题讲座、展览等服务"。

袁琳认为，图书馆服务指的是图书馆根据读者的文献信息需求，充分利用图书馆资源直接向读者提供文献和信息的一系列活动。他把读者服务、读者工作和图书馆服务三者基本等同起来。

毕九江认为，图书馆服务并不单单指的是为满足读者的信息需求而开展的各项工作，还应包括图书馆的服务理念、服务质量、服务环境以及在图书馆服务过程中工作人员的业务能力、服务态度等。

王世伟认为，图书馆服务是图书馆人以建筑设施、技术设备、文献资源为依托，以真挚的情感、聪明的才智和自觉的行动为代价，提供适合读者对知识、信息需求的劳动活动过程及活动所产生的结晶。

鲁黎明认为，图书馆服务是图书馆为了满足社会和用户的文献信息等多方面的需求，利用自身的资源，运用多种方法所开展的一系列服务活动。

柯平指出，图书馆服务是读者工作或读者服务的发展，是超越传统的读者工作或用户服务范畴的一个概念，是想要达到读者还有社会的标准，借助图书馆馆藏还有另外所有资源，展示图书馆实际价值的所有行为。它涵盖了三个要素：一是对象，也就是读者同社会；二是内容，也就是借助图书馆资料；三是目标，也就是显示图书馆的实际价值。

刘昆雄认为现代图书馆服务具有四个层次：第一是作为休闲场所的图书馆服务；第二是作为学习场所的图书馆服务；第三是作为文化和信息中心的图书馆服务；第四是作为营销机构的图书馆服务。而图书馆每一个服务层次都是由许多具体的服务项目来实现的。

谭祥金认为，图书馆服务是图书馆运用图书馆资源满足读者对文献信息需求的行为和过程。

吴慰慈则把图书馆文献的使用和服务工作以及用户发展、用户研究、用户培训等系列工作称为图书馆服务，并把其作为用户服务工作、图书馆服务工作的同义词。

谢景慧则认为，图书馆将丰富的文献信息资源向社会、读者传递，就形成了图书馆特有的活动内容——读者服务。

从各位学者对图书馆服务的各种界定分析，图书馆服务具有几个共同的结构因素。一是图书馆的服务对象，以读者为主体的社会各种组织和个人组成了图书馆服务的对象，其中某些个人和单位可能还不一定是图书馆文献信息资源的利用者。二是图书馆资源，也可称为图书馆服务资源，它是图书馆开展服务的基础条件，包括文献信息资源、人力资源、设施资源以及其他一切可以为社会和个人所利用的资源。三是为满足社会和用户需要的各种服务手段和方式，它是服务实现的前提条件。因此，图书馆服务就是图书馆为了满足社会和用户的文献信息等多方面需求，利用自身的资源，运用多种方法所开展的一系列服务活动。这样一个定义既符合目前图书馆服务工作的实际，又符合图书馆服务功能开放性发展的趋势，具有一定的前瞻性。

（二）图书馆服务的构成要素

图书馆服务的构成要素通常有四个，这四个要素相互联系、相互作用，从而保证图书馆各项服务工作不断变革、不断发展，不断适应读者日益发展的多元化、多层次的信息需求。

1. 服务对象

读者是图书馆服务的对象，是文献信息资源的使用者，通常也被称为文献信息用户。读者是一个非常广泛的社会概念。对图书馆来说，读者通常指通过一定方式获得授权，从而具有利用图书馆各种资源权力的一切社会成员。个人、集体和单位都可以成为图书馆的读者。读者既是图书馆文献信息的利用者，也是图书馆文献的接受者，离开了读者对文献信息的利用，就不会产生读者服务活动。

2. 服务的基础资源

基础资源是服务工作不可或缺的物质和人力条件保障。除了馆舍，软、硬件，馆员等一般要素外，作为社会特殊行业的图书馆，其服务的根本基础是自身所拥有的信息资源，它是开展一切图书馆服务工作的前提条件。图书馆信息资源的内容丰富而广泛，它是图书馆按照自己的读者群体和服务任务，通过长期的建设而形成的巨大知识宝库。图书馆的信息资源通常具有三个基本特征：一是拥有海量的文献资源，包括传统的印刷型馆藏文献和强大的数据库群；二是拥有的信息资源具有相互支撑、相互关联的科学体系；三是拥有的资源通过各种联盟体系与外界资源构成纵横交错的联合保障体系。图书馆之所以能够拥有规模不等、不断成长的读者群体，就在于读者群体通过图书馆能够获得从其他社会机构和渠道难以得到的信息资源保障。因此，图书馆的文献资源体系是图书馆履行社会职能，并赖以生存和发展的根本条件。

3. 服务方法

图书馆服务方法指的是为满足读者特定的文献需求，所采用的各种文献信息服务方式和手段。它是图书馆服务工作得以实现的基本保障，也是图书馆服务的基本手段。图书馆服务方法的形成既是社会分工发展的产物，也是自身演变的结果。各种服务方法相对独立，同时又相互渗透、相互联系，都具有相对独立的功能、效果和适用范围，有其产生和发展的历史背景。同时，各种服务方法之间又相互补充、共同发展。图书馆服务方法主要包括图书、报刊等文献的外借服务、阅览服务、复制服务、参考咨询服务，以及数字资源的网络信息服务等。随着社会对文献信息广泛的应用，图书馆的服务体系也会不断得到完善。

4. 组织管理

组织管理是图书馆服务工作顺利进行的有效组织保证。图书馆服务的组织管理指的是以先进的服务理念为指导，充分应用现代的科学方法和管理技术，对读者服务活动进行科学计划、组织、指挥、协调、控制的过程。图书馆服务的组织管理既贯穿于整个服务过程，也贯穿于图书馆工作的全部过程，其实质是有效地运用人力、物力、财力等基本因素，对图书馆服务系统的不断发展和变化进行有目的、有意义的控制，以达到最大限度满足读者对社会文献信息需求的总体目标。

（三）图书馆服务的分类

1. 图书馆文献信息服务

图书馆利用文献信息资源直接向用户提供文献和信息的一系列活动，均属于图书馆文献信息服务。对于大多数图书馆，文献信息服务是服务的最主要内容，如文献外借、阅览，文献检索，数据库访问等，都属于文献信息服务。在很长一个时期里，图书馆丰富、独特且经过科学组织的文献信息资源，保证了图书馆在提供文献信息服务方面具有自己的优势。进入网络时代后，图书馆文献信息服务增加了新的内容，即利用网络获取不属于本馆馆藏的信息，为用户提供网络文献信息服务。

2. 图书馆非文献信息服务

图书馆非文献信息服务指的是那些依赖于图书馆馆员及图书馆建筑设备等资源提供的服务，包括由图书馆馆员为读者提供参考咨询、社会教育，以及利用图书馆建筑设备为读者提供娱乐休闲等。图书馆拥有训练有素、长期从事信息服务的馆员，这些馆员除了为用户提供文献信息外，还能利用自己的知识与技能为用户提供参考咨询或社会教育服务。图书馆还拥有一定的场地，对于公共图书馆，图书馆场地是一个市民的公共空间；对于机构图书馆，图书馆场地是机构所服务对象的共有空间。图书馆管理者可以利用这个空间提供多种服务，用户既可以在这个空间中阅读或学习，也可利用它来进行娱乐与休闲活动。

三、图书馆服务理念

服务理念指的是人们从事服务活动的主导思想，即服务主张和服务理想。图书馆服务理念则是图书馆开展服务工作的理论依据和行动准则，它不仅是为建立理想的用户关系、赢得用户信任所确定的基本信念和价值标准，也是馆员从事服务工作时应遵循的基本信念和准则。树立正确的服务理念，为用户提供满意优质的服务，将永远是图书馆的头等大事。从19世纪50年代开始，在多年的发展历程中，图书馆的服务理念随着时代的演变不断深化与完善。

（一）国外图书馆服务理念

1. 杜威的图书馆读者服务"三适当"准则

19世纪下半叶，图书馆学在美国得到巨大发展，卡特和杜威是卓越的图书馆学家。1876年，杜威提出图书馆读者服务"三适当"准则，即"在适当的时间，给适当的读者，提供适当的服务"。这条准则将图书馆资源的选择与图书馆服务结合起来，对确立图书馆的服务理念具有开拓意义。

2. "一切为了读者"的思想

列宁明确指出，图书馆要"方便读者""吸引读者""满足读者对图书的一切要求""帮助人民利用我们的每一本书"。列宁关于图书馆服务"一切为了读者"的思想，是其辩证唯物主义和历史唯物主义思想的具体体现。他认为，在服务方向上，图书馆要高度重视馆藏文献的流通和使用，不仅对学者和教授开放，也对一般群众和市民开放，要尽可能吸引读者，方便读者，迅速满足读者对图书的要求；在服务范围上，要尽可能扩大读者群体，各机关团体图书馆要向社会公开开放；在服务方式上，图书馆要广泛采用馆际互借的方式，提供各馆藏书的免费服务，并采用开架借阅模式；在开放时间上，要尽可能延长开放时间，节假日也不例外；在服务过程中，要注意提高参考书的利用率，从读者的需要和使用效果出发，将执行制度的原则性与灵活性有机地结合起来。

3. 阮冈纳赞的图书馆学"五定律"

印度图书馆学家阮冈纳赞在其所著的《图书馆学五定律》一书中提出了著名的图书馆学"五定律"：①书是为了用的；②每个读者有其书；③每本书有其读者；④节省读者的时间；⑤图书馆是一个生长着的有机体。第一定律"书是为了用的"，这是图书馆开展工作的基本法则，是图书馆开展一切服务工作的前提，也是图书馆存在的价值。它表明图书馆不仅具有收藏和保护图书的职能，更重要的是要使图书充分发挥自身的作用。它彻底改变了传统图书馆以"收藏"为主的服务观念，确立了以利用为根本的服务宗旨，点出了图书馆工作职能的精髓。第二定律"每个读者有其书"，它改变了"书为特定少数人服务"的理念，提出了图书的社会化。阮冈纳赞认为图书馆应一视同仁地向每个人提供图书，所有人都享有看书、学习的机会。这种坚持平等权利原则的主张，鲜明地体现了"以人为本"的服务宗旨，揭示了近现代图书馆服务的本质。这条定律即"书为人人"。第三定律"每本书有其读者"，其基本理念是让每一本书都能得以适用，使每本书都能找到需要它的读者，强调的是图书馆的藏书应具有较强的针对性，能充分发挥效用。为此，图书馆应努力采取一切的手段与方式来"为书找人"。这条定律为图书馆开展读者服务提供了理论基础。可以说，它与第二定律从根本上确立了图书馆服务从"书本位"向"人本位"转变的基本思想认识。第四定律"节省读者的时间"，它强调的是图书馆服务的效率和效益，也就是说图书馆要改革管理方法，节省读者的宝贵时间。第五定律"图书馆是一个生长着的有机体"，它概括了图书馆的发展观，认为图书馆的发展不仅包括图书馆内部的藏书、读者和工作人员的不断发展，也包括由于客观形势的变化而引起的图书馆工作在深度和广度上的发展。这条定律为图书馆事业的可持续发展提供了理论依据。

阮冈纳赞的图书馆学"五定律"是对杜威图书馆服务"三适当"准则的继承和发展，深刻揭示了图书馆的使命、存在价值、发展机理和发展规律，强调了图书馆应以读者为中心、服务至上的理念和图书馆要适应社会需求的发展思想。这五条定律所体现出的"以人为本"的思想，对图书馆学的发展具有深远的影响，为确立现代图书馆服务理念奠定了思想基础，被图书馆界一直尊为经典理论。

4. 米切尔·戈曼的图书馆学新五定律

美国学者米切尔·戈曼在阮冈纳赞的基础上，又提出了图书馆事业的五条新法则，人们称之为"新五律"。其主要内容：第一定律"图书馆服务于人类文化素质"，认为为个人、团体及整个社会服务是图书馆工作最重要的原则，是图书馆工作产生、存在与发展的第一推动力。第二定律"重视各种知识传播的方式"，认为面对电子图书的冲击，应重视各种知识传播方式。因为每一种新的传播方式都是对原有传播方式负载能力的增强与补充。第三定律"明智地采用科学技术，提高服务质量"，认为要明智地将新技术与新方法成功地融入现有活动和服务的过程中，充分利用科学技术的优势来提高服务的质量。第四定律"确保知识的自由存取"，认为图书馆应成为人类文化成果和知识的共同收藏之所，要努力保持向所有人开放，使所有人都有机会使用。第五定律"尊重过去，开创未来"，强调图书馆应在继承和发展传统服务的基础上，调整和变革图书馆服务的功能，通过不断的创新，以发展的眼光看待未来，只有这样才能与时俱进，既保持自己的特色，又争取更美好的前景与未来，在时代发展中立于不败之地。

"新五律"是针对当今图书馆及其未来发展趋势而提出的，具有鲜明的时代特征。它是对阮冈纳赞图书馆学五定律所蕴含真理的重新解释，它强调了服务的目标、质量，而且把服务的内涵提高到了人类文化素质、知识传播和对知识的自由存取的高度，指出随着时代的发展，科技的进步，信息环境、用户的需求都在发生着变化，图书馆工作不断地出现新的内容，但服务仍是图书馆的最根本所在。

5. "3A" 服务理念

所谓"3A"服务理念，就是无论用户在什么时间、什么地方、通过何种方式，都能得到图书馆方便、快捷、高效的文献信息服务。要使这个服务理念变为现实有赖于"虚""实"两个用户服务系统作为依托。所谓"虚"，就是基于网络的虚拟用户服务系统或称虚拟参考咨询服务系统。目前，上海交通大学图书馆等的网站已经基本建成了"网上（虚拟）参考咨询台"，用户可以随时随地与各位参考咨询馆员通过电子邮件或电话取得联系，获得各种与文献信息检索相关的指导和帮助，可以随时随地利用"常见问题解答"得到有关问题的答案，可以随时随地通过"网上参考工具书"查阅网上免费的在线词典、百科全书、

71

地图集，可以随时随地通过"学习中心"，学习、掌握各种电子资源的使用方法。所谓"实"，就是基于流通、阅览、声像等业务部门以及遍布各个部门的实体参考咨询台。"虚""实"结合，使图书馆服务的时间、空间从有限变为无限，服务方式也由比较单一趋向多元化。

（二）国内图书馆服务理念

1. "读者第一、服务至上"理念

我国的图书馆服务理念形成较晚，从李大钊提出"现在图书馆已经不是藏书的地方，而是教育的机关"以及随后各大学图书馆的发展，再到 20 世纪五六十年代的"千方百计为读者服务""一切为了读者""最大限度地满足读者的借阅要求"，以及 20 世纪八九十年代的"读者至上、服务第一"的口号，这样，一个以"读者第一"为最高理念的进步开放的读者服务观念就基本形成了，由此图书馆树立起具有行业特色的服务理念。

2. 柯平的图书馆服务的"新五定律"

柯平结合信息时代图书馆服务的发展要求，对新老图书馆学五定律的服务精神进行了提炼，提出了建立图书馆服务的"新五定律"：第一定律是"全心全意地为每一个读者或用户服务"，强调依然要从思想上树立"以读者或用户为中心"的服务理念。第二定律是"服务是'效率、质量与效用'的统一"，强调了服务过程中要注意"效率""质量""效用"，三者缺一不可，既要保证质量和效用，又要节省读者时间。第三定律是"提高读者和用户的素养"，强调图书馆应采取各种有效措施，努力提高读者和用户的各方面技能与素养，以保证其能自如获取图书馆提供的各种知识与信息。第四定律是"努力保障知识与信息的自由存取"，强调的是图书馆服务的最高境界和目标。第五定律是"传承人类文化"，强调图书馆服务的长远目的是促进生产力的发展和社会的进步，促进人类文化的发展。

3. 范并思的图书馆学 2.0 五定律

范并思提出了图书馆学 2.0 五定律。第一定律是"图书馆提供参与、共享的人性化服务"。它指出图书馆学 2.0 所实现的不仅是要提供人性化的服务，将人文理念自觉地运用于信息技术中，使用户在图书馆服务和利用服务的方式上拥有更多的自主权，能够更好地相互分享，而且要创造条件让用户积极地参与。共享与参与的理念已成为图书馆在网络时代存在的基础。这个原则是阮冈纳赞的"书是为了用的"在新的网络环境下的应用与拓展。第二定律是"图书

馆没有障碍"。它表明人们在使用图书馆时要没有障碍，每个人都可便利地获得他想要的信息。这个原则是与阮冈纳赞的第二定律"每个读者有其书"相对应的。第三定律是"图书馆无处不在"。在信息时代只有实现了图书馆无处不在，才能真正体现"每本书有其读者"的精神。第四定律是"无缝的用户体验"。也就是说对用户而言，图书馆提供的资源与服务是一体的，它是网络环境下节省用户时间的最高境界。它是阮冈纳赞第四定律"节省读者的时间"在新时期的另一种表述。第五定律是"永远的测试版"。它体现为图书馆信息资源与信息系统的永续生长，"永远的测试版"准确地描述了网络时代"图书馆是一个生长着的有机体"的时代特征。

范并思的图书馆学 2.0 五定律同样强调并深化了图书馆服务是人性化、无障碍的服务，强调用户的参与和协作，注重用户的体验。它指出在网络技术的支撑下应以用户为中心，共享、无障碍地获取无缝、高效的服务是图书馆存在的基础，强调了图书馆的服务无处不在。

从以上这些新老五定律的提出可以看出，服务是贯穿图书馆发展始终的原动力，服务的内涵随着时代的需求不断变更和升华。但无论图书馆如何发展，发展形态如何改变，唯一不变的是图书馆的服务宗旨，服务始终都是第一位的。"以人为本""服务第一"的理念是图书馆改革和发展的出发点和归宿，也是现代图书馆服务的最高理念。

四、图书馆服务体系的构建

（一）图书馆服务机构的设置

合理地设置图书馆服务机构，是图书馆服务工作体系中保证管理信息传递畅通无阻、系统功能不断提高的重要条件。一般来说，图书馆服务机构的设置，应充分体现三个原则：一是适应性原则，图书馆服务机构的设置要与图书馆的性质、任务、藏书条件及所处的社会环境、自然环境相适应；二是方便性原则，图书馆服务机构的设置，既要便于读者充分地利用图书馆资源，又要便于科学管理；三是效益性原则，图书馆服务机构的设置要能够最大限度地发挥图书馆藏书资源、设备资源、人力资源等各种资源的效益。设置图书馆服务机构的主要目的是限定机构的职责和权限。

1.流通阅览部的职责与任务

流通阅览部是图书馆服务工作的第一线，其主要任务是提供外借、阅览服务，为读者广泛深入地利用文献资料而进行各种形式的宣传和报道，并且指导和吸收读者利用图书馆，最大限度地提高服务质量和效率。因此，流通阅览部的主要职责主要包括以下八个方面。

①不断收集、整理、分析、研究读者的文献需求信息以及读者的反馈信息，改进服务工作，并积极地、及时地向上级反映情况，是读者需求信息反馈渠道的枢纽。

②负责起草和修订有关外借、阅览工作的规章制度，办理读者借阅证件等。

③管理外借书库和辅助书库，并根据图书流通情况，不断改善藏书结构。

④管理所属的各个阅览室、目录室，负责目录咨询工作，并经常保持外借厅和阅览室的舒适、整洁和安静，为读者学习和阅读创造最佳的环境条件。

⑤负责馆际互借、预约借书、邮寄借书、流动借书等各项工作。

⑥协同有关部门组织书刊展览、学术报告、读书座谈、图书推荐、新书报道等活动。

⑦建立和健全有关图书流通、读者需求情况的各种记录和统计制度，开展读者统计工作。

⑧保证借阅时间和阅览室的开放时间准确无误。

图书馆服务工作是图书馆工作的重心，而流通阅览工作则是其重心工作的窗口，它直接体现图书馆两个文明建设的风貌，因而图书馆必须加强图书流通机构的组织与管理工作，合理调整流通阅览部的人力和智力结构，并制定相应的服务规范，使图书流通服务工作更上一层楼。

2. 参考咨询部的职责与任务

参考咨询部是图书馆服务工作组织与管理的一个重要部门。在我国，大部分图书馆都设置了这一部门。参考咨询部的主要任务和职责包括以下六个方面。

①接收读者咨询问题。凡属读者文献咨询、文献知识咨询、文献线索咨询的问题，无论是某一事实或事件，还是某一专题或知识单元的咨询问题，均属于参考咨询部工作的范围之内。同时应相应建立读者咨询工作台，做好咨询档案记录，为解决读者各项咨询问题创造一切条件。

②分析咨询问题的性质，了解读者意图，判别咨询问题的实质，有效地解决读者的各种困难和问题。

③解答咨询问题。根据咨询问题的性质，确定咨询途径，正确地使用各种工具书，记录查找过程，并利用口头、书面等方式提供咨询答案。

④建立咨询档案。根据问题的不同性质，建立相应读者咨询卡，记录咨询过程并妥善保存咨询档案。

⑤组织和管理必备的工具书，设置参考室，密切注意科学技术的发展，分析科学研究的发展动态，并根据读者及社会的需要编制各种书目索引，提供二次文献服务。

⑥建立文献咨询部门与教育辅导部门联系新机制，在其他各部门的协助下，对读者进行文献检索基本知识的教育和训练。

参考咨询部门的人员配备要求较高，具备相应的专业知识水平、阅读翻译能力和工具书使用能力的工作人员方能胜任。

3. 情报服务部的职责与任务

情报服务工作是现代图书馆工作的一项突出任务，它讲求服务的时效性和新颖性，更具有时代性，对图书馆工作人员的要求更高，图书馆工作人员应具备一定的外语能力、现代技术和专业知识水平、分析与洞察问题的能力。该部门的职责与任务主要包括以下五个方面。

①根据本系统科学研究与教学的需要，配合采访部门及时收集各种最新的文献信息。

②建立情报分析小组，广泛吸收各学科的专家参加情报服务部的活动，形成情报调研网络。

③采用各种形式进行科研信息调查和查新工作，制订各种专题服务计划和实施方案。

④广泛开展书目服务、定题服务、编译服务、情报调研工作，向读者提供最新的情报信息资料，广、快、精、准地提供情报服务。

⑤研究现代技术在图书馆系统中的应用，建立计算机检索网络系统和终端数据库系统，运用先进的科学技术为读者提供服务。

4. 现代技术应用与服务部门的职责和任务

现代技术应用与服务部门是随着科学技术的发展，为适应社会需求而设置的组织机构。其主要职责与任务是根据读者需要提供与计算机技术、缩微技术、复制技术、声像技术、通信技术相关的服务，开展现代技术的管理与利用工作，从深度和广度上开发文献资源。目前，我国绝大多数的图书馆，都能根据自身发展的实际情况，组建各种现代技术应用与服务部门。

（二）图书馆服务借阅体制的确定

借阅体制是图书馆服务工作开展的一个重要前提条件，也是读者利用图书馆资源的环境条件。长期以来，我国图书馆界对图书馆是否开架进行了很多探讨，这一直是个争论不休的问题。现在看来，图书馆完全采取封闭式的方法，闭架借阅，很难适应时代的发展，不能满足社会的需求。盲目地开架，也势必出现图书严重乱架和丢失的状况，造成图书馆的严重损失。因此，各图书馆必须根据各自的具体情况，确定以开架为主、开闭结合的借阅体制，从而满足社会的需要。

1. 各种借阅体制的含义

所谓"开架借阅"，就是图书馆允许读者进入流通书库，并直接在书架上挑选书刊的借阅体制。开架借阅的关键有两条：第一，允许读者入库；第二，允许读者在书架上选书。

所谓"闭架借阅"，就是图书馆不允许读者入库或在书架上选书，必须通过馆里的工作人员提取才能借阅书刊的借阅体制。闭架借阅的关键也有两条：第一，读者不能进入书库；第二，读者只有以馆员作为传递媒介，才能借阅书刊。一般情况下，读者还需查目录，填写借书单，馆员凭单到书库取书后将书交读者。

所谓"半开架借阅"，就是图书馆利用陈列展览的形式，将部分流通量大的书或新刊陈放在安有玻璃的书架里，读者能看到书脊或书面等外貌，并可浏览挑选，但不能自取，借阅时必须通过馆员提取。这种借阅体制，也称"亮架"制。半开架借阅比起闭架借阅，对读者放宽了开放尺度：读者可以浏览书架上的书，减少了查目录、填书单的环节；比起开架借阅，对读者又限制了一层：读者不能自己取阅，必须通过馆员传递。半开架借阅可供陈列亮架的藏书只是流通馆藏的一小部分，图书在外借处、阅览室、辅助书库内一部分地方展出，会占用有限的空间，大部分流通书不能采用这种体制。因此，半开架借阅体制是介于开架借阅和闭架借阅之间的一种辅助借阅体制。国外将半开架借阅体制称为"准开架式"，这种体制有它独特的作用——便于宣传推荐。组织管理半开架部分馆藏，协调开架和闭架书库中需要特殊处理的部分藏书，是很有必要的，其能在一定程度上方便读者直观地选择书刊。

所谓"部分开架制"，就是图书馆的流通书库在对大多数读者适用闭架借阅方式的情况下，允许一部分具有高级职称或特殊研究需要的读者，对一部分书库藏书适用有限制的开架借阅方式。这是许多闭架图书馆普遍采用的办法，称为闭中有开的部分开架制，属于开架制范畴。

所谓"部分闭架制"，就是图书馆的流通书库在对大多数读者适用开架借阅方式的情况下，对于其中部分藏书和部分读者适用闭架借阅方式。这样既有利于部分藏书的安全保管、长期利用，又有利于有区分地为读者服务。这也是许多开架图书馆普遍采用的办法，称为开中有闭的部分闭架制，属于闭架制范畴。

在开架阅览室体系中，有两种开架形式：自由开架式和安全开架式。

所谓"自由开架式"，指的是辅助藏书与阅览座位处于同一空间，读者可自由出入，直接在书架上随意挑选并提取所需书刊，就室阅览，不必办理任何借阅手续。这种形式对于读者最为方便自由，但藏书保护条件差。此种方式在美国比较流行，因此也称为"美国式"。

所谓"安全开架式"，指的是辅助藏书单独设库，流通藏书与阅览座位处于两个相互连接的空间，读者可直接进库挑选并提取所需书刊，但要到阅览室阅读，需办理登记手续，阅毕后需归还给工作人员。这种方式对于读者稍费点时间，但对于藏书的保护则比较好，并能保持阅览环境的安静。此种方式在英国比较流行，因此也称为"英国式"。

国外的学校和专业图书馆多采用自由开架式阅览体制，公共图书馆则多采用安全开架式阅览体制。我国也大体如此。

2. 开架借阅体制的优缺点

开架借阅最根本的特点也是最根本的优点，就是让读者有机会直接接触馆藏的大量图书，并且通过浏览读者可自行选借所需要的文献资料。北加利福尼亚大学进行的研究表明，读者从开架系统转向闭架系统，潜在的困难就会增多。他们对 80% 进库的教师、研究生进行了抽查，被抽查者普遍反映在查阅文献时，不能将查阅目录和书目作为取代浏览图书的手段。

由此可见，开架借阅确实为读者提供了很大的方便，它能让读者接触大量的文献资料，它的各种优越性都源于这一根本的特点和优点，同时它的缺点也是来源于这个特点，开架借阅的主要优越性具体表现为：一是提供文献的充分性。读者直接接触丰富的藏书，能自由挑选适合自己的书刊。二是选取图书的直观性。读者与藏书直接接触，能开阔自己的知识视野，提高阅读的积极性。三是借阅过程的简便性。读者可以直接参与借取过程，既方便又节省了时间，获取图书文献的过程缩短了。四是图书流通的扩大性。这种方式扩大了图书流通范围，降低了图书拒绝率，减少了部分藏书不必要的外流。五是指导阅读的有效性。这种方式把馆员从繁忙的跑库工作中解脱出来，使其有较多的时间了解读者，开展咨询解答和指导阅读工作。

开架借阅的缺点是容易出现乱架、书籍破损得快、书籍容易丢失。从图书馆的角度来看，藏书的安全、完整、有序、方便管理，是图书馆内部工作的一个基本要求，也是闭架借阅的长处。要想有效地发挥开架借阅的优点，克服其缺点，就要加强管理，采取必要的措施，将丢书、破损和乱架现象降到最低限度，使藏书得到最充分的利用。

3.确立以开架为主、开架与闭架相结合的借阅体制

在图书馆为读者服务的借阅体制中，无论是开架借阅还是闭架借阅，它们的共同宗旨是要方便读者，满足读者的阅读需要，提高服务效率、服务质量，保证读者和图书馆的根本利益。因此，在实际工作中，图书馆就要根据本馆藏书和读者的具体情况来确定本馆的借阅体制，而不能盲目地开架和全闭架。目前，我国图书馆在有条件的情况下，可以针对不同的读者和藏书，实行有条件的、局部范围的开架，这实质上也是遵循图书馆藏用结合的规律，实行开架与闭架相结合的借阅体制。图书馆应当根据藏书在读者中的流通情况，以及藏书的使用价值来确定是否开架。在大多数读者中流通的藏书，应当对广大读者开架；只适合少数读者查阅的书刊，就不宜对大多数读者开架。一般性书刊，利用率高的，复本量大的，可以开架；珍贵书刊、单本书刊、利用率低的书刊，以及内容不便公开的书刊，就应该对一般读者实行闭架，对科研读者实行开架。绝对的开架和闭架实际上是不可能存在的。一般图书馆对自己的部分特藏书刊和保存本都是采用闭架借阅的方式。图书馆在确定借阅体制时既要考虑读者的阅读需要，也要考虑图书文献的状况，不可一概而论。总之，以开架为主，开架与闭架相结合的借阅体制是方便读者，保证藏书安全、有序，能够长期使用的行之有效的借阅体制。

（三）图书馆服务设施的设置

图书馆要很好地组织读者进行阅读，不仅要具备丰富的藏书和高水平的业务人员，还应当为读者提供良好的活动场所、舒适的阅读环境和方便使用的各种设备。这些为开展读者阅读活动所必需的物质条件，统称为图书馆的服务设施。服务设施的管理主要指的是服务设施的合理设置和布局。图书馆要使服务设施既能适应读者利用文献的各种需要，又能方便图书馆工作人员开展各项业务活动。

1.设置图书馆服务设施的依据

（1）适应本馆主要读者队伍的需要

读者对提供文献的方式的需求具有不同的特点，因而对服务设施的要求也

各不相同。如科研人员和高校教师，除了需要外借图书外，还需要查阅工具书和样本书，因此，图书馆有必要设置工具书阅览室和保存本阅览室，以提供更多的文献资料。

（2）适应各类文献使用与保管的特点

不同类型的文献在使用与保管上各有特点，为使各种文献充分发挥作用，图书馆可以设置以各种文献载体为特征的分科阅览室，这样既满足了读者对某些特殊文献的需要，又便于各类特殊文献的管理与利用。如古籍阅览室、中外文期刊阅览室、视听资料室、电子阅览室等。

（3）适应馆舍现有条件

服务设施的设置不仅要适应读者需求与文献特点，还必须根据各图书馆现有的馆舍条件。图书馆要合理设置读者最需要、最能有效利用文献的设施，以充分发挥现有藏书、设备和人员的作用，最大限度地满足读者需求。

2. 图书馆服务设施的布局

每个图书馆都有各自不同的服务设施，这些设施的合理布局，是现代图书馆十分重视的问题，它与提高服务效率有着密切的关系。图书馆服务设施的布局要求：一是缩短读者与特定文献的距离，加快流通的速度；二是能充分发挥各种服务方式与服务设施的作用；三是读者活动路线与图书馆馆员的工作路线互不干扰，方便读者阅读和书刊管理。

设置服务设施时，思想上要注重开放性，结构上要注重层次性。

图书馆服务设施的层次性，体现为以下三个区域的设置：一是群众活动区。群众活动区一般应设在图书馆的入口处，有单独的出入口，以保证不影响图书馆内部的工作和读者阅读。二是流通阅览区。流通阅览区应距离书库较近，外借处与目录室应设置在图书馆的入口处；还应设置咨询处，以解答读者提出的问题；阅览室应设在光线、通风均较好之处，应离群众活动区较远。三是情报服务区。情报服务区可设在馆舍的高层，接近基本书库，应尽量避免与读者活动场所相交叉，应体现小而精的风格。

阅览室是由阅览空间、阅览桌椅、辅助藏书、读者目录及其他阅读设备构成的。工作人员是阅览室的管理者、指导者和咨询者，读者是阅览室的查询者和使用者。阅览室的空间设计应从实际出发。一是要考虑读者阅读藏书的需要，设置出光线明亮、空气清新、安静舒适的学习和研究环境；二是要考虑设置适合读者阅读和学习的阅览桌椅；三是要考虑配备合理数量的阅览座位；四是辅助书库和藏书结构的设计，要与读者需要相结合，与读者查找和利用相结合；

五是读者目录及检索工具应作为阅览室辅助藏书的有机组成部分，充分发挥其检索与参考作用；六是配备适当的视听设备和阅读设备，使读者可以任意选择文献的载体形式，开展多种多样的阅览活动，增强阅览室的综合使用功能。

（四）图书馆服务工作的开展

1. 读者登记工作的组织

图书馆采用登记卡或登记簿的形式对读者的有关情况进行登记，并发给读者借阅证（卡）以供读者进行文献的选择与借阅。计算机技术的应用，极大地方便了这一工作。读者只要把借阅证在扫描仪上扫一下就可以完成登记手续。

读者登记工作是图书馆与读者建立联系的第一步，也是读者组织与管理的主要内容。读者登记的范围通常根据图书馆的性质和类型来确定。

（1）读者登记的范围

图书馆有多种类型，区分图书馆的类型有多种方法。就发展图书馆读者队伍而言，以有无固定服务对象作为正式读者为标志，可将图书馆划分为两种类型：一种是单位图书馆。本单位的固定成员，原则上都是单位图书馆的正式读者，只要做好这些人的读者证登记工作，一般就不会出现选择发展的问题。另一种是公共图书馆。公共图书馆没有固定的服务对象，需要从本馆所属地区范围内，选择部分社会成员作为本馆的正式读者。

单位图书馆的正式读者范围比较明确固定，凡是本单位的固定成员，都可以在本单位图书馆办理登记手续，领取借书证，成为图书馆的读者，享受借阅权利，经常固定地利用本单位图书馆。

公共图书馆的服务对象广泛、分散，数量很大。公共图书馆必须根据本馆和读者的实际情况，制订发展计划，将符合本馆条件的社会成员，有选择地发展成为正式读者，经过登记发证，开展各种形式的借阅活动。

（2）读者登记的内容

读者登记的内容，因读者所在图书馆的组织形式的不同而不同，个人读者与集体读者的登记内容有所不同。个人读者登记的内容包括读者基本情况，即读者姓名、性别、出生年月、职业、职务、职称、文化程度、工作单位，以及所属系统、联系地址、邮政编码和电话号码；读者业务工作的主要经历和工作成就；读者的文献需求与所需要服务的方式；读者的文献信息能力及外语水平；读者查找、利用文献的方式；读者对文献信息服务的期望或建议等。

集体读者登记的主要内容有集体读者的名称、人员组成情况和负责人姓名，集体读者的主要活动及工作成果，集体读者获取和利用文献信息的能力和情况，集体读者所指定的经办人的姓名、邮政编码、电话号码等。

读者填好登记卡后交给工作人员由工作人员照录在读者登记簿上，按序号排列，以作为掌握读者基本情况，做各种分析统计的依据。

（3）读者借阅证的发放

读者登记之后，应发给读者借阅证。借阅证的种类很多，按其用途分为外借证、阅览证、外借阅览证。外借证是仅供读者外借文献的证件，读者不能凭此证进入阅览室；阅览证是仅供读者入室阅览的证件，不能用于外借；外借阅览证既可用于外借，又可用于阅览。

借阅证应标明编号，读者的姓名、性别、工作单位、职务或职称、通信地址，发证日期，有效期限，借阅规则等，并贴上读者的照片。按借阅证的形态分，借阅证有两种：一种是册式借阅证，此证能够证明读者的身份，除此之外工作人员可将读者外借的文献记录在借阅证的"外借文献记录"栏内；另一种是卡式借阅证，采用电子计算机进行图书流通管理的图书馆，须发给读者卡式借阅证，并在借阅证上加条形码或磁条，以便计算机识别和记录。

（4）读者的重新登记

读者的情况经常发生变化，如个人读者工作调动、地址变更，集体读者的单位变更、经办人更换等，致使原有的读者登记卡失去准确性；有些读者办证后长期不借书，空占名额，影响图书馆发展新的读者；有的读者丢失借阅证，借阅证被别人顶替冒用；有的借书长期不还，影响图书正常流通；等等。针对上述问题，图书馆每隔2～3年对借阅证进行一次核查清理，重新办理登记手续，以保证读者登记卡的准确性，保证借阅证的正常使用。读者重新登记的办法有三种：一是在借阅证上标明有效期限，到期后，读者自觉重新登记和验证；二是事先写出通告或通知，要求读者在一定时间内，重新登记和验证；三是请读者所在单位汇总，统一重新登记和验证。

2. 读者发展工作的组织

发展读者是一项复杂而细致的工作，需要制订发展计划，确定发展方法。读者发展计划需依据社会的客观需要与本馆的任务、藏书、人员能力、馆舍条件等，明确发展的范围、重点，发展读者的总数量，各种成分、各个单位、各种类型读者的具体情况比例，发展读者的资格条件，发展读者的时间、步骤及具体措施，做到有计划、有目的地发展读者。发展读者的方法有两种：一种是按照计划分配发展，即由图书馆按系统、按单位分配名额，再由单位按条件将名额分配到个人，个人凭证明到图书馆办理登记领证手续；另一种是读者个人申请登记自由发展，即由图书馆直接公布发展读者条件与办法，读者个人到图书馆申请登记，经馆方了解、研究，符合条件者发给登记卡，然后办理领证手续。两种方法，各有利弊。一般图书馆发展读者是将两种方法结合起来，以便互相补充，扬长避短。图书馆除定期发展读者和调整读者队伍外，根据需要，还可以进行经常性的读者发展工作。

3.读者规则的制定与执行

读者规则是读者在利用图书馆资源时应遵守的规章制度和守则，制定和执行读者规则是读者管理的重要内容。

（1）读者规则的种类

①读者借阅规则。读者借阅规则是对读者在借阅文献过程中应承担的职责和义务，以及应注意的事项所做出的规定。它对保证文献借阅工作的顺利进行，保护文献不受损失，加快文献的流通速度有很大的作用。其主要内容有以下几点：对读者借阅文献权利的规定；对读者借阅册数和期限的规定；对读者借阅秩序和借阅手续的规定；对读者保护文献义务的规定；对读者破坏或遗失文献后赔偿和罚款的规定；对读者所借文献逾期不还处理的规定等。

②读者入馆（室）规则。读者入馆（室）规则是对读者进入图书馆某空间设施的条件、手续和其他有关事项所做的规定。其主要内容有对读者入馆（室）的资格、读者入馆（室）的衣着、读者入馆（室）的手续、读者维护馆（室）内秩序的规定，以及对读者损坏馆（室）内设备或文献处理的规定等。

③读者利用图书馆各项服务的规则。主要是对读者利用咨询服务、检索服务、定题服务等高层次服务所做的规定，包括对读者利用这些服务资格与条件的规定，对读者申请利用这些服务手续的规定，对读者与图书馆工作人员相互配合的规定，对读者利用这些服务后信息反馈的规定等。

（2）读者规则的制定与宣传

读者规则的制定要考虑图书馆的性质、任务，以及服务设施、服务项目的特点，要考虑读者的心理承受能力，行文要适宜，所用语言要精练准确。

读者规则制定出来之后，要对读者进行宣传，让读者了解其中内容并自觉遵守。读者规则可采取口头宣传和解释的方式进行宣传，也可以采用印刷成小册子或在馆内张贴等形式对读者进行宣传。

（3）读者规则的执行

读者规则制定出来之后，除加强宣传外，还应严格执行，并发挥读者规则的作用，否则，就达不到读者管理的目的。执行读者规则，除要求读者自觉遵守规则外，图书馆工作人员应对各类型读者一视同仁。对违反读者规则的行为，要按条文严格处理，不讲私情。

第三节　图书馆服务的特点与内容

一、图书馆服务的特点

随着社会与科技水平的发展及计算机和网络的快速普及，图书馆的服务呈现出新的特点，主要包括以下六个方面。

（一）服务虚拟化

随着现代信息网络技术的广泛应用，建立在虚拟馆藏资源和虚拟信息系统机制上的新型信息服务模式逐渐形成。这种虚拟化的服务彻底改变了以文献信息资源为主线的传统图书馆服务模式。图书馆的服务始终处于一个动态和虚拟的信息环境中。通过网络传输，图书馆既可以利用自有或自建的数字化馆藏资源，又可以利用电子邮件资源、网络新闻资源等多种互联网资源，这种无形的、即时的虚拟化信息服务突破了时空限制，使得图书馆为读者提供无所不在的信息服务成为可能。因此，服务虚拟化包括服务资源的虚拟化（信息资源的数字化、虚拟化）和服务方式的虚拟化（由面对面的阵地服务转变为面向虚拟读者、虚拟环境的服务）。其实质是图书馆由向具体人群提供实体文献服务，转变为向非具体化读者提供虚拟的数字服务。

（二）文献多样化

随着数字资源的急剧增长，图书馆为读者服务的文献信息资源已呈现出印刷型文献与联机数据库、电子出版物、网络化信息资源并重的格局。信息载体多样化的发展打破了纸质文献一统天下的格局，也改变了读者利用文献的习惯与观念。读者对信息载体的需求已不再局限于印刷型文献，单一的纸质文献及其传递方式已不能满足读者多元化的信息需求，读者的信息需求越来越多地转向各种类型的数字资源。同时，以现代视频技术为手段而大量涌现的数字视频信息资源，也为人们获取丰富的多媒体信息创造了条件。因此，文献多样化使得图书馆在文献保存、信息交流和教育的基础上，极大地拓展了服务空间，信息服务保障能力得到极大提升。

（三）信息共享化

由于网络及各种信息技术的广泛应用，图书馆信息服务的观念发生了巨大变化，人们逐渐从习惯于依靠自己所熟悉的一个图书馆获取信息资源，走向依靠图书馆联盟乃至基于共享技术整合在一起的泛在云图书馆获取信息资源。现代图书馆不再是一个个孤立存在的信息实体，而是整个社会信息网络的一个个节点。图书馆之间的信息共享服务有了越来越大的空间和自由，其交互需求与作用也越来越大。共享思想与共享技术使信息资源共享服务从来没有像现在这样成为现代图书馆服务不可或缺的有机组成部分，从而使真正意义上的信息资源共享成为图书馆服务的重要特征。

（四）需求个性化

随着经济社会发展对信息需求的深度和广度日益提高，读者对信息的个性化服务需求越来越突出。图书馆通过专业馆员队伍素质的提升、现代信息技术的广泛应用，以及信息综合保障能力的快速提高，为读者提供定制化、自助性、全天候的个性化服务，已成为现代图书馆服务工作发展的主要方向。在这样的服务过程中，读者的自主性得到张扬，个性需求得到满足。这种个性化的服务正逐渐成为图书馆界追求的服务新理念。

（五）交流互动化

图书馆借助网络与通信技术与读者建立起了有效的交流关系。一方面，图书馆可以及时、准确地掌握读者的信息需求；另一方面，读者也可以自由地向图书馆表达具体的信息需求。图书馆根据读者的信息需求通过有目的地搜索、过滤、加工、整理，形成信息集合，以多种途径与形式主动发送到用户终端，满足读者的信息需求。读者则足不出户就可直接、快捷地从图书馆获取自己所需的信息，减少了操作的盲目性；同时，读者还可以把个人的文献资源通过信息共享空间等渠道上传后提供给图书馆和其他读者，这样图书馆与读者双方就建立起通畅的互动交流机制。

（六）服务多元化

图书馆通过计算机技术、远程通信技术和网络信息处理技术有机结合建立的网络服务平台，从根本上改变了图书馆的信息资源开发、组织和控制调度现状，使读者可以方便地按主体客观需求在网络环境下集中获取所需信息，即图书馆将各类信息获取方式融为一体，实现了信息交流、查询、获取、阅读和发布的一站式集成化服务。在空间上，用户可以到图书馆享受比以往任何时候都优越的读者服务，更可以不用亲自到图书馆，在家里或其他任何有网络的地方进入图书馆网页，查阅信息资源；在时间上，读者可以在任何时间通过有线或无线网络访问图书馆，也可以在同一个时间段内同时检索和借阅多家图书馆的资源，通过搜索、筛选，获得他认为最需要、最合适的信息资源。图书馆服务呈现出多元化、立体化、全天候的特征。

二、图书馆服务的内容

在图书馆的各项业务工作中，围绕"服务"形成了一个内容丰富的完整工作体系，主要包括以下五个方面。

（一）研究读者

研究读者是开展图书馆服务工作的重要内容和前提条件，它包括研究读者的文献需求和阅读规律两个主要方面。读者是图书馆这个社会组织的基本组成要素之一，是图书馆得以存在的根本。读者对图书馆的文献信息需求和利用规律，最直接、最具体地体现了社会的需要，是图书馆赖以生存的土壤，也是图书馆一切工作的出发点和归宿。

开展读者研究有利于从总体上把握读者需求的特点和规律，提高图书馆服务的针对性，不断改进读者服务方式和拓宽服务领域，提高图书馆服务工作的质量与水平。

1. 读者的文献需求研究

研究读者的文献需求就是对不同层次的读者在阅读需要、阅读目的、阅读过程中的特点及其规律进行研究。一般来说，不同层次的读者对信息资源的需求不同，读者在不同时期所需要的信息资源不同，其阅读的目的也不完全相同。此外，现代图书馆还需要特别关注读者对不同类型文献的需求差异、从不同渠道获取信息的差异，以及对不同信息环境下的文献需求差异。

2. 读者的阅读规律研究

这方面的研究可以从两方面着手：一方面，对读者心理及行为规律进行研究，即对读者在鉴别、提取、利用信息过程中的行为习惯和阅读规律进行研究，既包括对阅读动机、阅读兴趣、阅读能力和阅读习惯的研究，也包括对读者的文献选择行为和文献获取行为的分析、对读者使用各类型信息资源特点的研究、对读者阅读效果的评估等；另一方面，要对读者信息素养及信息意识进行研究，包括社会的发展与变化对读者文献需求意识的影响、社会环境与读者需求结构的关系等方面的研究。

（二）组织读者

组织读者是图书馆为实现服务和管理目标而围绕服务工作实施的管理措施。它的主要任务是读者队伍的组织与发展，包括确定读者服务范围与服务重点、制订读者发展规划与计划、定期发展与登记读者、划分读者类型、掌握读者动态、组织与调整读者队伍等。

组织读者应根据图书馆的任务变化和环境变化，不断研究和掌握读者变化而展开。只有把握住读者的阅读规律，掌握读者的阅读需求，才能使图书馆服务不断与读者的需求相适应，使图书馆服务管理方式的变革与读者需求的变化同步，才能找出提高图书馆服务工作水平和管理工作水平的方法和途径。

发展读者队伍是组织读者工作的一项重要内容。拥有规模化的读者群体是图书馆一切工作的前提，只有拥有了广泛而确定的大量读者，图书馆的资源建设、服务管理才有了明确的目标，图书馆才能通过大量的高水平服务实现自身的社会价值。

不同类型的图书馆发展读者的重点和发展方式有很大差别。高校图书馆是为本校服务的信息机构，因此，高校图书馆的读者成分比较单一，主体是本校的师生，其读者的确定和发展通常可通过读者账户注册实现。学校的教职员工只要进行简单的读者登记，由图书馆发放标明其基本身份信息的借阅证就可以成为图书馆的正式读者。研究单位、机构等的图书馆的读者发展方式大体与高校图书馆的类似。而公共图书馆是面向某个行政区域内所有公众的，因此，公共图书馆的服务对象十分广泛，读者的构成也比较复杂，公共图书馆需要在有服务需求的个人或团体向图书馆提出注册请求的基础上，根据办馆的方针、任务、规模和条件以及读者的阅读需求特点等确定是否授予申请者享受本图书馆资源的权限。只有符合图书馆读者发展条件的申请者才能通过注册成为正式读者。

受读者文化层次、信息需求、年龄、职业、工作任务等各种因素的影响，不同类型的读者对图书馆服务的期望和要求存在很大差别。并且由于图书馆的主要任务不同，资源、环境也不同，图书馆需要在研究读者的基础上，通过制定不同类别读者使用图书馆的权限规则，以及读者管理系统的身份认证与权限管理，将庞大的读者群划分为在某些方面具有需求共性、使用行为共性的读者群体，从而在普遍服务的基础上实现针对不同需求的差别化服务。

读者发展、细分、管理的成果一般都通过图书馆的读者注册与身份认证管理系统固化下来。这既是了解读者、研究读者的重要资料，也是图书馆开展一切工作的基础数据。

（三）组织服务

充分利用图书馆的各种资源，在深入研究和准确掌握读者需求的基础上，通过提供多层次、多角度的全方位服务，最大限度地满足读者的文献信息需求，是图书馆服务工作的中心环节，也是图书馆实现社会价值和最终服务目标的重要手段和方式。

图书馆服务是图书馆各项工作的外在表现形式，也是图书馆最具活力、最富创造性的工作。组织服务工作的主要内容包括优化读者服务方式、扩大读者服务范围、增加读者服务内容和提高读者服务水平等几个方面。一个图书馆以何种方式服务于读者，主要取决于图书馆的性质、规模和读者需求，还要随着图书馆的发展和读者需求的变化而不断变化。

图书馆的传统服务方式是根据读者的实际需求，利用馆藏资源、馆舍设备以及环境条件，有区分地开展各项服务活动，包括文献查询、外借服务、阅览服务、复制服务、咨询服务、检索服务、定题服务、编译服务、报道服务、展览服务、情报服务等。由于读者需求具有广泛性、多样性和复杂性，几乎所有图书馆都根据自身特点，以这些服务方式为基础，组织建立起多类型、多级别的综合服务体系，以有效地满足各类读者对文献的不同层次的需求，帮助读者解决其在学习、研究、工作中获取知识信息方面的各种具体问题。

随着网络的普及和计算机技术在图书馆中的广泛应用，传统的图书馆服务方式逐渐转变为现代化数字图书馆服务方式。因此，充分利用网络为读者提供服务已经成为现代图书馆的服务方向。这方面的服务包括资源检索、全文浏览、文献下载、自助借阅、虚拟参考咨询、用户文件上传与共享等。

总之，图书馆服务的组织应根据图书馆各自的具体情况和社会发展水平来进行。总的要求是用最少的投入，在最短的时间内，为最多的读者提供最好的信息服务。

（四）宣传辅导

读者宣传辅导工作是图书馆教育职能的体现。它包括读者宣传、读者辅导以及读者培训三个方面的内容。

1. 读者宣传

读者宣传是图书馆对读者进行科学管理的基本手段之一。宣传的目的是在了解和研究读者阅读需要的基础上，主动向读者推荐信息资源，宣传先进思想、科学知识、职业技术以及广泛的文化信息，通过多种形式，把读者最关切和最需要的信息及时展现在读者的面前，吸引读者利用图书馆的各种资源和服务，使图书馆的资源得到最大限度的利用。

2.读者辅导

读者辅导指的是针对不同读者的具体情况，有区别地为读者答疑解惑、排忧解难。读者辅导需要图书馆馆员充分掌握信息资源的特点，熟悉图书馆各项服务流程，了解读者行为习惯和信息需求心理，积极影响读者选择阅读范围，引导他们正确地选择信息资源，帮助他们学会利用信息资源，有针对性地为每位读者提供帮助和信息技能指导，以促进读者更好地获得知识。

3.读者培训

读者培训指的是根据不同读者群体的共性需求，通过开展讲座、参观、课堂教学等多种方式，帮助某一读者群体提高使用图书馆及其资源的技能，从而提高图书馆资源的利用率。读者培训主要从两个方面入手：一是培养读者的情报意识，激发他们利用图书馆的欲望，使他们自觉地认识到图书馆是自己的良师益友，是终身学习的场所；二是提高读者利用图书馆的技能，帮助他们学会利用图书馆及其资源，充分发挥图书馆的教育职能和情报职能，吸引更多的读者开发和利用图书馆资源。

（五）服务管理

服务管理指的是对图书馆读者工作部门的业务活动进行科学的组织管理，包括读者服务对象管理、读者服务人员管理、图书馆服务设施管理三个方面。它具体包括制订读者发展计划、服务机构设置、岗位设置、人员配置、明确岗位责任、建立健全各种规章制度、人员分工与业务流程设计优化、合理组织藏书、改进服务手段、完善服务体制等工作。服务管理可为读者创造良好的环境和条件，方便读者有效利用图书馆资源，保证图书馆服务工作健康地向前发展。

这五个方面的内容相互制约、相互作用，缺一不可。其中，组织与研究读者是开展一切图书馆服务工作的前提条件和基础；科学组织各项服务工作，构建层次分明、体系完整、灵活多样、富有生机的图书馆服务体系，是实现图书馆服务目标和图书馆社会价值的根本保障；组织各项宣传辅导活动，开展卓有成效的读者教育工作是提高读者素质、增强读者信息能力，从而提高图书馆服务工作成效，充分发挥图书馆效能的有效途径；加强图书馆服务管理，是顺利开展图书馆服务工作，有效实现上述任务的制度和组织保障。

第四节　图书馆服务的原则和发展趋势

一、图书馆服务的原则

图书馆服务有着特定的原则。最大限度地满足读者的信息需求是图书馆一切工作的出发点和归宿，图书馆应始终把"读者第一、服务至上"作为图书馆服务工作的宗旨，并遵循以下原则。

（一）以人为本的原则

以人为本是图书馆服务的首要原则，也是图书馆精神的精髓。以人为本指的是在图书馆服务中，图书馆应坚持以满足读者需求为核心，以积极的服务态度和认真的服务精神，通过各种措施，调动一切力量，为读者充分获取和利用图书馆各种信息资源提供一切方便。以人为本的原则体现了"一切为了读者"的服务思想和全局性的要求，即图书馆的所有工作都要以"为读者服务"为出发点和归宿。以人为本主要体现在以下几个方面。

1. 从方便读者出发

从本质上说，千方百计地减少对读者的限制，是方便读者不可或缺的重要方面。围绕图书馆服务所建立的一系列规章制度和管理办法都是为了维护大多数读者的利益，其不应成为读者利用图书馆的障碍。但是，在实际工作过程中，图书馆往往会有意无意地以方便管理为出发点，制定一些限制读者、限制使用、忽视读者方便性的管理措施，这样就必然会给读者造成种种不便。图书馆应当根据客观情况的变化及时地调整和完善规章制度，协调好图书馆、工作人员、读者三方面的关系，既要方便读者，又要建立在科学管理的基础上，真正使图书馆的服务与管理体系以保护大多数读者的利益为出发点，保证图书馆的服务健康有序地发展。

2. 建立科学合理的馆藏组织与揭示体系

经过日积月累，图书馆的馆藏越来越多，内容和形式都较复杂，只有对馆藏进行科学的组织与布局，并通过多功能的目录检索体系指引读者查找文献，才能够使各种类型的读者方便及时地获得所需文献资源，从而提高图书馆的服务效率和服务质量。图书馆在资源组织过程中，一方面要全面收集文献信息资源，另一方面要按照读者需求组织资源。为了使读者能够快、精、准地检索和获得所需要的文献，图书馆应按照科学方法将馆藏文献、网络文献以及其他可以共享的一切文献组织成一个有序化的资源体系，建立合理的布局，并通过一站式的统一目录体系对读者查找文献加以引导。

3. 建立协调统一的服务体系

在现代图书馆中，服务与管理都已广泛实现了网络化、自动化，这大大缩短了读者查找获得信息资源的时间，为读者利用图书馆资源提供了方便。图书馆应充分利用现代管理手段，建立科学合理的服务体系，主动采取多种服务方式为读者服务，体现以人为本的服务原则。

（二）平等原则

平等原则是图书馆信息服务最基本的原则，是现代图书馆服务的基本方向，它主要体现在以下两个方面。

1. 平等享有权利

平等意味着无贵贱之分，无高低（身份）之别，无特权之规定。"图书馆面前人人平等"是图书馆界的"人权宣言"。平等原则强调的是图书馆要尊重、关爱每一个用户，坚决维护用户的合法权利。用户的这些合法权利包括平等享有取得用户资格的权利，平等享有阅读的权利，平等享有个人人格和隐私不受侵犯的权利，平等享有提出咨询问题的权利，平等享有参与和监督图书馆管理的权利，平等享有遵守图书馆规章制度的权利，平等享有提出合理化建议的权利，平等享有接受安全、卫生等辅助性服务的权利，平等享有对图书馆工作进行评价的权利，平等享有自己的合法权益受到侵害时提出改进、赔礼或诉讼的权利。图书馆是通过文献信息资源的传播来保障公众"认识权利"实现的机构，"读者的权利不可侵犯"应成为所有图书馆人铭记的职业信念。

2. 平等享有机会

平等享有机会也就是说图书馆除了应该保障用户平等享有图书馆的权利外，还应该为所有图书馆用户提供平等利用图书馆资源的机会，不应有任何用户歧视行为。图书馆服务的平等不仅要求形式上的平等，更要求实质上的平等，要为弱势群体，如阅读能力较低的人、残疾人或不会利用现代化信息技术获取信息的用户，给予特别关注和提供特种服务，弥补用户自身能力的客观差异，维护和保障社会弱势群体利用图书馆和享用信息资源的权利。

可以说，没有平等就没有人文关怀可言。贯彻平等的原则就要做到使信息资源尽量接近用户，方便用户使用；为用户提供相对宽松和自由的利用环境，消除用户利用图书馆的各种障碍，做到信息资源占有和利用的平等；尊重用户自主查询和利用各种信息资源的权利，坚持守密原则，不窥探用户的个人隐私，尽量为他们个性化的信息需求提供帮助。

（三）开放原则

开放原则是图书馆服务的基本原则。开放是服务的前提，没有开放便没有服务。开放服务是图书馆适应时代发展的必然趋势，是现代图书馆服务的重要特征。它包括资源开放、时间开放、人员开放和管理开放，是一种全方位的开放。首先，图书馆要将所有馆藏资源、设施资源和人力资源对用户开放。图书馆应通过实施开架借阅、加强图书宣传、健全检索体系等手段来全面揭示馆藏，使所有馆藏能够被充分利用。要争取馆与馆之间相互开放资源，实现资源共享。其次，图书馆要最大限度延长读者利用图书馆的时间，尽量做到节假日不闭馆，从而保证开馆时间的完整性和连续性。而对于虚拟图书馆，则要求其提供 7×24 小时的服务。再次，图书馆要向所有人开放，无论其国籍、种族、年龄、地位等，图书馆不仅是社会文化教育中心，也是一个人们相互交流、休闲、娱乐的场所，是具有综合功能的社会文化中心，每个人都应享有利用图书馆的权利。最后，图书馆应建立用户参与管理、参与决策的机制，如设立"用户监督委员会"之类的非常设机构，公布"馆长信箱"、设立"读者意见箱"等，认真听取用户对图书馆服务的意见、建议，接受他们对图书馆服务工作的监督，并在可能的情况下让读者直接参与决策过程，将反馈结果向全部用户开放。图书馆要重视用户的评价，查找差距，改进工作，以此促进图书馆服务工作的开展。

（四）方便原则

为服务对象提供方便，是任何一种服务都要追求的目标，图书馆也是通过服务来发挥其功能的。方便原则体现的是现代图书馆服务的内在品质，是图书馆的业务目标和工作努力方向。实践表明，用户在决定是否选择和利用信息时，可获得性和易用性往往超过信息本身的价值。因此，图书馆在开展信息服务时，应为用户的信息获取和信息使用提供最大的便利，创造文献与人的和谐关系。如实行开架借阅，最大限度地拉近读者与资源之间的距离；文献标引准确、规范，排架合理，为读者方便快捷地接近、利用实体馆藏创造条件；资源检索一站式，力争一索即得；建筑格局采用大开间、灵活隔断的开放式模式；导引标识简明易认，一目了然；人机交互界面友好，操作"傻瓜"化；尽量减少读者排队等候、往返楼层等无效劳动，提高效率；信息检索与参考咨询网络化；服务设施无障碍、人性化；服务方式灵活多样；简化办证手续、扩大读者范围；保证开馆时间；

提供自助借还、送书上门服务等。总之，图书馆要千方百计地从细微处方便用户，一切以方便用户为目标，让用户感到方便无处不在。

（五）满意服务原则

满意服务原则是图书馆服务诸多原则中的核心原则。用户是否满意及其程度如何，是衡量图书馆服务质量的最终标准。用户对图书馆服务是否满意，实际上就是用户对图书馆的文献资源、工作人员、服务方式和环境设施等要素的预先期望与其实际感受的对比。按照现代企业管理的顾客满意度理论，图书馆服务的满意原则将包括服务理念的满意、服务行为的满意和服务视觉的满意三个方面。服务理念的满意，是图书馆的办馆宗旨、管理策略等带给用户的心理满足感。服务行为的满意，是图书馆的行为状况带给用户的心理满足感，图书馆的各项业务建设、制度规章、服务项目、服务态度、服务能力、服务效果等，是图书馆理念满意思想的外部表现形式。服务视觉的满意，是图书馆所具有的各种可视性的外在形象带给用户的心理满足感，是图书馆理念满意思想的视觉化形式。它不仅包括对图书馆的环境、氛围、设施设备的性能的满意，也包括对图书馆及其相关工作人员职业与业务形象的满意。坚持满意服务原则，除了要坚持"一切为了读者"，积极采取多种措施、开辟多种渠道，多层次、多形式满足用户需求外，还要建立起不同层次的评价指标，分别从不同的角度进行评价以准确反映用户的满意程度，不断改进图书馆的服务工作。

（六）特色服务原则

图书馆由于工作性质、任务、服务对象和地域的不同，在信息资源的搜集、服务的方式、管理等方面，呈现出各自独特的风格，显示出不同的特色。特色服务主要以特色信息资源为基础，是专业性、专题性或专指性的服务，是有针对性地满足特定用户的特殊需要的重要手段。在网络信息资源极为丰富的今天，用户的信息需求更加趋向微观化和个性化，他们需要的是个性化的、特色化的、专业化的文献信息。因此，信息服务要有针对性和特色性，多层次、多角度地满足用户的需求。没有特色，图书馆就难以在信息机构中生存和发展。图书馆只有独树一帜，推出品牌特色服务，才能吸引更多的用户，得到更好的发展。

（七）创新服务原则

阮冈纳赞提出"图书馆是一个生长着的有机体"，这就意味着图书馆所收藏的文献信息、用户的信息需求、服务技术以及馆员的业务能力和业务水平都是在不断变化着的，而图书馆正是在这种不断变化中发展起来的。首先，图书馆要树立创新意识，确立主动化、优质化、品牌化、专业化的服务理念。具体体现在：服务中要主动想方设法贴近用户，处处为用户着想，为他们提供尽可能的方便；讲究"精、快、广、准"的服务质量，满足用户求新、求快、求便捷的心理需求；通过特色馆藏、特色服务、特色活动、特色环境等突出本馆服务特色，建立图书馆特有的品牌服务；建立一系列严格的业务规范与规则，凸显图书馆服务的专业化。其次，图书馆要创新服务内容。如在信息服务方面，要努力从提供文献服务向提供知识服务转变，加大参考咨询特别是网上虚拟参考服务的力度；提高网上信息导航精度，开展个性化信息服务；充分利用各种资源，开展形式多样的读者活动等。最后，图书馆要创新服务方法。如改变以往单一的馆藏文献借阅服务模式，利用现代网络平台，提供多种数据库服务、知识库服务、各种在线或离线信息服务、主动推送服务、虚拟参考咨询服务、智能代理服务等。

（八）资源共享原则

随着社会的进步和科学技术的飞速发展，文献出版数量剧增，各种信息大量涌现。图书馆没有必要，也没有经费去全面搜集、存储各种信息资源。但面对用户日益增长和不断扩大的信息需求，图书馆只有树立资源共享的观念，走资源共享的道路，变"一馆之藏"为"多馆之藏"，才能减轻单个图书馆的负担，这样既能最大限度地满足用户对知识、信息的需求，又能充分发挥馆藏文献信息资源的作用。资源共享将有力地促进人类对知识的继承和发扬，实现人类的共同进步和发展。为此，不同系统、不同级次的图书馆要积极地加强图书馆之间的联系和合作，加强信息资源的共知、共建、共享，从而极大地提高图书馆在社会中的地位和发挥其知识宝库的重要作用。

二、图书馆服务的发展趋势

（一）图书馆服务的发展

图书馆服务的发展是读者工作或读者服务的发展。图书馆服务是为满足读者和社会需求，利用图书馆的文献信息及其他各种资源实现图书馆使用价值的全部活动。这一概念包括了三个要素：首先是对象，即读者与社会；其次是内容，即利用图书馆资源；最后是目标，即实现图书馆的使用价值。图书馆服务的外延是基于其内涵形成的，是不断发展变化的，可以从多个角度来分析。

①从服务对象看，图书馆服务有读者服务、用户服务和社会服务。读者服务确立的读者概念与阅读行为有关，读者服务离不开文献、阅读设备和阅读空间。用户服务突破了图书馆以借阅证判别读者的限制。特别是网络环境下的图书馆服务，点击图书馆网站，利用图书馆网上资源，对用户具有现实的意义。社会服务就是拓展图书馆的社会教育功能，提高公民素质，以满足社会的需求。

②从服务资源的层次看，图书馆服务有文献服务、信息服务和知识服务。文献服务就是图书馆利用自身的基本资源开展多种服务，如期刊服务、专利服务、学位论文服务等。信息服务比文献服务上了一个层次，主要体现在运用信息技术和信息资源层面上，如数据库检索、信息咨询等。知识服务是更高水平的服务，是运用知识和智慧开展的服务，如学科馆员服务、查新服务等。

③从服务手段看，图书馆服务有手工服务、计算机辅助服务、数字图书馆服务等。随着个人图书馆服务的产生，自助服务和自我服务成为一种趋势。技术的发展推动服务形式和功能的发展，新的服务不断出现，以紧跟时代的发展步伐。

④从服务历史看，图书馆服务有传统图书馆服务和现代图书馆服务。传统图书馆服务是以馆藏文献为依托，以借阅活动为核心，面向有限读者的服务。现代图书馆服务则是以图书馆资源为依托，以文献信息服务为核心，面向所有用户的服务。如果说，传统图书馆服务主要是以图书馆建筑为坐标的有形化服务，那么现代图书馆服务则是以知识资源为坐标的图书馆物理空间和虚拟空间的复合型服务。

（二）图书馆服务的发展规律

根据图书馆服务的构成要素和图书馆的历史演变可知，图书馆服务具有以下发展规律。

1. 服务对象扩展

图书馆的服务对象经历了一个从严禁到限制到部分开放，再到全面开放的过程。新中国成立前因为能够对外开放的图书馆数量和藏书极其有限，加上广大工农群众中文盲占大多数，图书馆实际上只能为少数达官贵人和有文化者服务，是完完全全的"精英服务"。新中国成立后一直到20世纪80年代后期，国家虽然通过开展扫盲运动、普及教育等，使得广大人民群众的科学文化水平逐步提高，图书馆服务对象扩展到了全民族各个阶层，但服务对象还是受地域、身份等方面的限制，读者必须持有关证件进馆，办理借书证需要提供单位证明和本地户口。到了20世纪90年代，由于人们对文献信息需求的增加，图书馆事业的发展，特别是公共图书馆事业的发展，公共图书馆已面向全社会开放，社会成员可以不受地域、身份等方面的限制就近享受图书馆服务。目前许多图书馆都免费向所有居民开放，无论是本地居民还是外来劳务工，只要持本人身份证就可以办理借书证免费借阅图书馆的书刊资料。

2. 服务内容增加

由于人类信息需求的扩大，图书馆的服务内容也在相应增加。古代图书馆只是为皇朝政事提供参考、为公私著述提供资料，近代图书馆主要是阅览服务。现代图书馆除了为用户提供借阅、参考咨询、文献情报检索等服务外，还同时提供网络服务，包括全文检索服务、多媒体检索服务、网络检索服务、网络咨询服务，以及查新咨询服务、休闲娱乐服务等；不仅提供传统印刷型文献资料，还同时提供数字化的文献信息。服务功能的多样化已使图书馆不再是单纯的文献收藏中心，而且还是社会教育的基地、信息传播的中心和民众休闲娱乐的重要场所。

3. 服务手段提高

20世纪60年代以前，图书馆各项工作都处于手工操作阶段，图书馆服务效率低下。20世纪70年代以来，随着计算机技术在图书馆的应用，图书馆内部管理逐渐实现了自动化，图书馆服务效率有了显著提高，机读目录的出现为用户提供了更多的检索途径，流通自动化简化了用户的借、还手续。20世纪90年代以后，随着互联网技术的发展，图书馆服务实现了网络化。通过互联网，用户可以端坐家里轻松享受图书馆服务，阅读图书馆数字化的文献资料，并下载自己所需要的信息。图书馆则可以利用互联网建立虚拟馆藏，共享他馆及其他信息机构的信息资源，为用户提供信息服务。

4. 服务方式进化

随着社会的进步和发展，人类的信息需求日趋增加，图书馆的服务方式也有了巨大变化。古代图书馆，由于受馆藏信息资源数量、管理手段及信息需求等方面的限制，图书馆一般仅提供室内阅览服务。至近代，图书馆馆藏文献数量有了显著增长，人类文献需求趋于大众化，图书馆除了提供馆内阅览服务外，也向读者提供文献闭架式外借服务。到了现代，随着科学技术的飞速发展，文献信息资源急剧增长，人类的信息需求日趋多样化，封闭式服务已不能满足他们的需要，图书馆逐步实现了开放式服务，实现了借、藏、阅一体化，这极大地方便了用户利用文献信息资源，也提高了文献信息资源的利用率，最大限度地发挥了资源的效用。随着互联网的发展，图书馆服务已不再局限于图书馆内服务。通过互联网图书馆可以提供网上阅读、全文信息传输等服务，能够及时快捷地满足社会大众的文献信息需求。同时，图书馆服务已不再局限于提供文献信息，而是提供多种功能、多种形式的社会化服务。

第三章　高校图书馆阅读推广

第一节　高校图书馆阅读推广活动

一、高校图书馆阅读推广内容

（一）高校图书馆阅读推广的概念

高校图书馆是高等学校教育的重要组成部分，是培养国家人才的根据地，是学生开启知识财富的钥匙。高校图书馆阅读推广是全民阅读推广的重要组成部分，高校图书馆开展阅读推广活动，不仅可以充分发挥图书馆育德、育才的作用，还可以培养学生的信息素养。

此外，高校图书馆作为高校师生学习知识的主要场所，担负着阅读推广的主要责任。高校图书馆要以"培养人才、提高素质"为宗旨，广泛开展阅读推广活动，倡导"多读书、读好书、读书好"，促进学生文化素质的全面提高。

总的来说，高校图书馆阅读推广指的是高校图书馆采取有效的措施引导学生重视阅读，有针对性地开展阅读推广活动，根据高校学生的类型和需求特点，培养其坚持读书、用心读书的阅读习惯，提高其阅读的质量、数量和阅读能力，这对学生的成长和成才具有重要的意义。

（二）高校图书馆阅读推广的类型

高校图书馆阅读推广活动类型丰富，按照不同划分标准可以分成不同类型。

1. 按照开展频率划分

按照阅读推广活动的开展频率，高校图书馆阅读推广活动分为定期活动、不定期活动和临时活动。

97

（1）定期活动

定期活动指的是高校图书馆以周或月为周期定期开展的活动。此类活动有固定的举办时间和活动名称，对大学生阅读习惯的养成有深远的意义。例如，每月图书借阅排行榜，可以为大学生阅读图书提供有价值的信息；每周数字资源培训课，可以让大学生学习如何获取利用资源。此外，还有每周好书推荐、每周影视欣赏等定期开展的活动。

（2）不定期活动

不定期活动指的是为丰富大学生阅读生活而策划的一系列活动。此类活动新颖丰富、注重创新，活动主题与图书馆或阅读紧密结合，对培养大学生阅读兴趣有重要意义。如演讲比赛、征文比赛等。

（3）临时活动

临时活动指的是未经策划临时举办的活动，但对指导大学生阅读也有重要作用的一系列活动。如转发的名人或名校的书目推荐、热门话题的书展与画展等。

2. 按照媒介形式划分

按照阅读推广活动的媒介形式，高校图书馆阅读推广活动分为人媒式活动、物媒式活动、纸媒式活动、视媒式活动、数媒式活动和多媒式活动。

（1）人媒式活动

人媒式活动以人作为阅读推广活动的传播媒介，如真人图书、读书沙龙。人媒式推广交流更便捷。

（2）物媒式活动

物媒式活动以某种事物作为阅读推广活动的传播媒介，可使阅读更具体。

（3）纸媒式活动

纸媒式活动以传统纸张作为阅读推广活动的传播媒介。在高校图书馆阅读推广活动中，纸媒式活动较常见。

（4）视媒式活动

视媒式活动，如现场购荐、书展，是一种看得见的阅读推广形式。

（5）数媒式活动

数媒式活动，如数字资源培训，是数字化的阅读推广形式。

（6）多媒式活动

多媒式活动是一种采用多媒体技术的阅读推广形式。

（三）高校图书馆阅读推广的构成要素

高校图书馆阅读推广的构成要素大致包括四种：阅读推广活动的对象、阅读推广活动的内容、阅读推广活动的开展时间以及阅读推广活动的传播渠道。

1. 高校图书馆阅读推广活动的对象

高校图书馆阅读推广活动的对象主要为高校的师生，了解阅读推广活动对象的需求，可以有针对性地开展阅读推广活动。首先，高校学生在接受高等教育，有较强的自学能力，知识水平认知度高，是信息获取的高端人群。其次，高校师生作为课题的学习研究人员，需要大量专业知识。因此，阅读推广应提供高校师生最新、最前沿的信息，帮助他们掌握快速全面地、准确地获取信息的技能。

2. 高校图书馆阅读推广活动的内容

高校图书馆阅读推广活动的内容是高校图书馆阅读推广活动的核心部分，只有开展适合高校的图书馆阅读推广活动，才能真正实现高校图书馆阅读推广的目的。高校图书馆阅读推广活动的内容主要包括以下四个部分。

（1）馆藏文献的推广

高校图书馆拥有大量的馆藏文献，是高校师生获取信息的优选场所。高校图书馆以专题书展、专业书展的方式推广馆藏文献，在采购图书时，可以与书商合作开展"你荐我购"等活动。

（2）数字文献的推广

如今高校师生利用数字资源的概率越来越大，海量的数字资源让高校师生在获取、利用信息时费时又费力。高校图书馆可以与数据库开发商合作开展数字资源培训和丰富有趣的检索大赛，提高高校师生信息检索能力。

（3）检索工具的推广

无论是纸质资源还是数字资源，高校师生都更希望图书馆可以指引阅读，从而获取更新、更有价值的资源。高校图书馆可以开展书目推荐、借阅排行榜、好书排行榜等活动。

（4）阅读理念的推广

高校图书馆重视并积极开展阅读推广活动，都要通过高校师生对阅读的自发高度重视起作用，所以传播阅读推广的理念，提高阅读在高校师生心中的重要性显得十分重要。

3.高校图书馆阅读推广活动的开展时间

高校图书馆阅读推广活动的开展时间的选择是相当自由的。由于学生有寒暑假和期末考试，这两个阶段一个是学生最放松的时期，另一个是学生最紧张的时期，高校图书馆只有根据不同时间段开展不同的阅读推广活动，才能达到更好的阅读推广效果。刚开学期间是学生积极性最高的时期，高校图书馆可以开展丰富多彩的比赛活动，调动大家阅读的积极性；在每学期考试复习期间，高校图书馆可以开展专业讲座或书展活动；在放假期间，高校图书馆可以开展线上网络活动、好书荐读活动。此外，4月23日是世界读书日，各个高校图书馆可以根据这一节日开展相应的读书日或读书节活动。

4.高校图书馆阅读推广活动的传播渠道

拓宽高校图书馆阅读推广活动的传播渠道可以扩大阅读推广的影响力，让更多的读者参与其中。高校师生接受新事物快，目前高校图书馆阅读推广活动的传播渠道有两种：一种是传统的传播渠道，也称线下传播，如粘贴海报、校广播站通知等；另一种是新媒体的传播渠道，也称线上传播，如利用微博、微信公众号、图书馆主页、高校主页等进行传播。许多高校图书馆阅读推广活动的前期宣传、开展、评选等都在网络平台上进行。在活动的前期宣传阶段，图书馆通过微博、微信公众号等新媒体平台发布图书馆阅读推广活动信息，以点赞、投票等形式选出获奖者。高校图书馆通过网络能及时了解高校师生的需求，网络拉近了高校图书馆与高校师生之间的距离。

二、高校图书馆推行阅读推广活动的意义

（一）有利于学生阅读习惯的养成

高校是培养学生、教授人才的主要阵地，学生在高校开展学习活动，主要依靠的不再是家长和教师的耳提面命，而是学生自己的自主学习意识。大学生要充分发挥自己的主观能动性，自主制订学习计划和建立学习通道。高校图书馆就是提供相应服务的主要机构，学生要在图书馆内进行必要的阅读和学习，这样能够有效提升学生自己的知识储备量。学生在进入高校前有效的阅读时间比较少，学生对于阅读没有形成清晰的认识，多数学生对阅读架构没有基本的关注，这就导致部分学生进入大学后，没有建立起很好的阅读习惯。虽然高校设有综合性的图书馆，但是部分学生也只是在学期考试时才会使用。高校图书馆应加大在基础阅读推广方面的监管力度，以促进学生良好阅读习惯的养成。

（二）有利于提高大学生综合素质

高校图书馆是大学生学习的第二课堂，也是相当重要的一个课堂。高校图书馆开展阅读推广工作对提高大学生综合素质具有重要意义。高校图书馆在为大学生专业学习和科学研究提供文献资料和咨询服务的同时，也为大学生准备了内容丰富的阅读材料。

许多大学生的阅读存在着随意性、盲目性、片段性以及功利性等特点，图书馆开展有效的阅读推广工作，可以促使大学生的阅读更有针对性。高校图书馆开展阅读推广活动，可以引导大学生有兴趣地深入阅读，有利于大学生养成良好的阅读思考习惯，有利于大学生开阔视野、丰富知识储备，从而提高大学生的综合素质。

（三）有利于传承传统文化

高校具有为社会培养和输送人才的作用和职能，大学生肩负着传承优秀传统文化的使命。高校图书馆在为教学和科研工作提供信息支持的同时，也是传承优秀传统文化的重要基地。大学生对未知世界充满好奇，却忽略了对传统文化的认知和感悟。高校图书馆可以通过多种形式的活动吸引大学生走进传统文化、认识传统文化、体会传统文化，让大学生真正认识到文化传承与创新同等重要，都是时代赋予他们的使命。

第二节　高校图书馆阅读推广中存在的问题及其解决方案

一、高校图书馆阅读推广存在的问题

（一）认识方面

1.认识不足，只重表面指标

有些高校图书馆没有从本质上认识到阅读推广活动的重要性，更没有认识到图书馆阅读推广的责任，馆员从心里抵制开展各种活动，这样的态度必然不会创办出受广大师生欢迎的阅读推广活动。为了应付国家和学校的政策，迫于行政上的压力而开展的阅读推广活动，只重视场次、规模、人数等表面指标，对于活动内容和形式缺乏深入思考和科学指导。阅读推广活动办得好坏经常与行政业绩挂钩，因此，阅读推广活动通常被定性为亮点工程、节日工程，而不是定性为常规的图书馆基础服务。平时高校图书馆没有专门的人员负责阅读推广，一旦接到检查通知，往往是临时调度人员来突击应付。

2. 缺乏调查，忽视读者感受

由于组织者平时很少对大学生的阅读需求和阅读兴趣进行调查，在不了解大学生需求和阅读行为的情况下，完全凭借主观臆断来开展活动，这样的活动脱离了大学生的实际阅读需求，很难受到大学生的欢迎。由于组织者和参与者之间缺少沟通，就使阅读推广活动形式化现象严重，长此以往，不但影响了阅读推广活动的效果，甚至会阻碍阅读推广活动的进一步开展。

调查读者阅读行为，细分读者类型，确定阅读推广目标对象，是开展阅读推广活动前的必要工作。但相关调研结果显示：一方面，当前还是有部分高校图书馆在开展阅读推广活动前，并未对本校学生的阅读行为进行相应的调研，并未分析大学生的需求，进而"对症下药"进行阅读推广工作，导致阅读推广工作具有一定的盲目性；另一方面，尽管有部分高校图书馆对读者的阅读行为进行了相应的调研，但对调查结果的管理并不理想。撰写调研报告是当前大部分高校图书馆选用的对阅读行为调研结果管理的方式，建立读者关系管理系统的图书馆却很少，部分图书馆甚至没有对其进行任何管理。

图书馆是阅读推广活动的组织者、引导者，是知识的传播者；学生则是学习活动的主体。目前，部分高校图书馆开展阅读推广活动，只是在国家全民阅读背景下的一种被动行为，忽略了高校读者参与的主观能动性，这直接影响了高校阅读推广活动的效果。

（二）管理方面

1. 图书馆队伍混乱

部分高校对图书馆队伍建设的重视不够，尤其是对图书馆专门人才的认识不足，许多人把图书馆的工作想象得过于简单，认为图书馆管理员是份闲差，只要不丢书，摆摆书就行，什么人都能做。从管理制度上说，目前我国还没有专业的图书馆工作人员认证制度，进入图书馆的门槛较低，于是许多不具备图书管理专业素养的人被安排在了图书馆管理员的岗位上。这样就造成了图书馆人才队伍混乱、阅读推广活动无法顺利开展等问题。

2. 图书馆阅读推广主体机构缺失

通过对高校图书馆工作人员的访问，笔者了解到目前我国部分高校图书馆并没有成立专门负责阅读推广活动的主体机构，这已经成为影响高校阅读推广活动开展的主要原因。部分高校的阅读推广活动都是依靠学生社团等组织开展的，还有些是个别学院自主组织的，活动缺乏条理性，更没有专业的指导，活动只停留在形式上，这样的活动不但没有起到阅读推广的作用，而且会使大学生对阅读推广活动产生排斥心理，从而阻碍高校图书馆阅读推广活动的开展。阅读推广主体机构可以全面规划、统筹高校阅读推广活动。高校图书馆可以进一步设立阅读推广指导委员会，并设立专门的阅读推广岗位，派专人开展阅读推广工作。高校图书馆要研究大学生的阅读心理和阅读习惯，针对大学生的阅读现状和阅读特点进行深入的研究，从而制定适合本校大学生的阅读推广活动方案，开展高效的、有针对性的阅读推广活动。

3. 图书馆内部各部门沟通不畅

目前，部分高校图书馆的阅读推广部门与图书馆其他部门工作衔接不畅、合作不充分，图书馆内部的流通部、采购部、宣传部、学科服务部等部门没有良好的沟通机制，图书馆员无法很好地利用流通数据分析不同学科读者的阅读需求。由于采购图书的流程漫长，新书来得太慢，图书到馆、上架周期又太长，这样大学生就错过了阅读新书的最佳时期，阅读推广效果自然不佳。另外，阅读推广活动审核周期过长、效率低，造成了馆员推广热情不高。

4. 图书馆与院系、名师缺乏沟通

高校图书馆在开展阅读推广活动时，很多都没有与各院系建立联系。由于开展各项活动没有得到院系的支持，宣传效果自然不佳。而且高校图书馆很少与各院系名师之间建立联系，没有充分利用各院系名师资源做阅读推广专题讲座，邀请各学院教师推荐书单的活动也很少。

5. 专门的阅读推广机构仍未建立

从很多高校图书馆内部机构设置来看，目前还没有图书馆专门设置负责阅读推广的机构，很多高校图书馆都设立了相应的学生组织，或类似的相关组织机构，但它们都是代行组织策划图书馆阅读推广活动，并非图书馆内部直属机构，其权限、职责都受到诸多限制，因而很难全面地开展阅读推广活动。有些高校图书馆甚至没有设立相关的组织机构，在组织阅读推广活动时，任务会分配到图书馆各部门，各部门各行其是，因而整个阅读推广活动缺少整体规划，难以统筹。

（三）人才方面

1. 缺乏图书馆专业人才

目前我国高校图书馆专业人才匮乏，图书管理人员素质普遍不高，缺乏专业的管理知识。一方面，由于学校对高校图书馆管理人员工作的重视不足，图书馆管理员的待遇普遍不高，这也是高校图书馆吸引不到高素质人才的直接因素。缺少专业的项目管理型领导，造成了图书馆管理方式陈旧，图书资源利用不充分，阅读推广活动效果不佳等问题。另一方面，学校对图书馆的不重视，部分高校图书馆没有足够的人手开展阅读推广活动，为阅读推广活动带来了巨大的困难，甚至有些图书馆干脆就不组织阅读推广活动。

2. 缺乏专业学科图书馆员

据了解，目前我国高校图书馆很少配备学科图书馆员和有专业背景的馆员，这样就使高校阅读推广活动缺乏针对性，无法满足不同专业、不同年级、不同兴趣大学生的阅读需求。没有专业背景的图书馆员在开展阅读推广活动时，只能推荐一般的大众休闲类读物，即使是推荐了专业图书，有时也会因为自身专业知识限制而导致推荐的图书质量不高，甚至会让部分大学生对阅读推广活动失去信心。

3. 阅读推广队伍质量有待提升

阅读推广工作的成败关键在人，即阅读推广馆员或阅读推广人。当前国内高校在阅读推广的过程中，由于编制先于阅读推广工作产生，很少有高校设立专门的阅读推广部门和岗位，没人专门对阅读推广活动进行策划、组织、宣传。由图书馆内多个部门临时抽调的人员组成阅读推广小组或团队，是当前国内高校图书馆阅读推广主体的主要形态，阅读推广工作由各图书馆业务部门共同承担。如此，阅读推广馆员需要同时身兼数职，由于精力有限，他们不能很好地胜任策划富有创意的阅读推广活动方面的工作。

当前高校图书馆阅读推广队伍的质量有待提升。首先，在专业背景结构方面，各专业背景推广馆员数量较为不平衡，文史哲专业背景的馆员最多，图书情报和市场营销专业背景的馆员数量稍显不足。其次，在阅读推广馆员培训方面，对馆员进行营销知识、公关知识培训的力度不够，接受过此方面培训的馆员数量较少。再次，在阅读推广馆员数量方面，大多数图书馆存在阅读推广馆员缺乏的困境。最后，大多数高校图书馆的阅读推广工作缺乏专业人员的指导。

（四）活动方面

1. 活动有创意但缺乏科学理论支持

许多活动创意新颖，但因为缺少科学指导，所以阅读推广效果不明显。据一些高校图书馆管理员反映，像读书辩论赛、读书摄影等活动一般都是以读书为看点，而实际上辩论赛锻炼的是学生的口才，提高的是学生的逻辑思维能力，读书摄影大赛培养的是学生的摄影能力，它们对阅读推广的促进效果并不明显。

还有一些高校利用微博或微信朋友圈等社交媒体来开展阅读推广活动，只是想抓住大学生的猎奇和追逐新事物的心理，其实有很大一部分喜欢阅读的大学生并不是经常流连微博或微信朋友圈。各学生社团等举行的阅读推广活动虽然紧跟时代脉搏、创意新颖，很能吸引大学生的参与，但是这样的活动往往缺乏科学理论的支持，只能起到娱乐的作用，对高校大学生阅读能力的培养作用不大。长此以往，大学生会逐渐对此类阅读推广活动丧失兴趣，图书馆阅读推广活动的开展将受到影响。

2. 缺乏长期性、战略性规划

大学生阅读行为的改变以及阅读习惯的培养，并非一蹴而就之事。因此，开展阅读推广工作，引导大学生培养阅读习惯，必须具有长期性。对阅读推广工作加以战略规划则能保证阅读推广工作向正确方向发展，从而使阅读推广成为新时期图书馆服务的新亮点、新品牌。当前部分高校图书馆的阅读推广工作缺乏长期性、战略性规划。

高校图书馆开展阅读推广的目的是让阅读成为大学生生活必不可少的一部分，使大学生真正把阅读变成一种习惯。高校开展阅读推广活动大部分集中在4月份，因为4月23日是世界读书日，但是部分活动娱乐休闲的意义大于阅读推广的意义，大学生也只是阅读兴趣高涨一阵子，这与高校图书馆阅读推广的目的大相径庭。

在长期性规划方面，相关调研显示，一方面，尽管当前阅读推广得到高校的重视，但是高校并未将阅读推广纳入整个学校的教学计划之中。从本质上来看，这是高校图书馆阅读推广的政策支持缺失的表现。另一方面，尽管很多高校图书馆也认识到阅读推广在图书馆日常工作中的重要地位，并将其纳入图书馆日常工作之中，但部分高校图书馆未长期坚持开展阅读推广活动，其阅读推广活动多于世界读书日期间开展。总之，政策缺失、经费不稳定等诸多因素共同作用，造成了高校图书馆长期性规划的缺乏。

在战略性规划方面，据笔者了解，当前部分高校图书馆的阅读推广工作多为一种"阅读推广"浪潮下"人云亦云"，流于形式，不重效果，是缺乏战略目标的行为。

3. 活动缺乏创意，品牌建设不理想

当前国内高校图书馆积极投身阅读推广实践，但部分高校图书馆的阅读推

广活动在形式、内容上雷同，多为新生入馆教育、新书展示架、书友会、优秀读者评选等一些较为传统的阅读推广活动，活动缺乏创意性、新颖性，拥有自己的独创性阅读推广活动的高校图书馆较少。我国图书馆事业由于受到历史环境的影响，阅读推广工作呈现起步晚、起点高、形式单一的特点，主要表现在与新兴阅读相一致，缺少对传统阅读的经验积累。在活动开展上侧重于宣传、展览、征文等形式，缺乏与读者互动交流的活动。阅读推广活动多以世界读书日或全民读书月为切入点，活动间隔周期较长。

另外，在阅读推广品牌活动建设方面，部分高校图书馆缺乏品牌意识，不重视阅读推广品牌建设，没有属于自己的阅读推广品牌活动。即便是那些重视阅读推广品牌建设的高校图书馆，在其品牌建设的过程中，一般也缺乏相关专业人士的指导。

综上所述，当前高校图书馆阅读推广活动缺乏创意，品牌建设不理想，高校图书馆急需采取相应措施加以改善。

4. 宣传效果欠佳，宣传体系不健全

当前高校图书馆在阅读推广过程中普遍存在着阅读推广活动宣传效果欠佳的共性问题。究其原因，笔者认为主要在于当前高校图书馆阅读推广活动宣传体系不健全。这可从当前大多数高校图书馆阅读推广活动宣传媒介的选择上得到相应的体现。相关调研结果显示，图书馆官方网站、图书馆官方微博、活动海报、活动宣传单、学校校园网是当前大部分图书馆用于宣传阅读推广活动的主要媒介。由此可见，当前高校图书馆在阅读推广活动宣传媒介的选择上主要集中于图书馆本身的宣传媒介，图书馆本身是阅读推广活动宣传的中坚力量，这实际上从侧面反映出阅读推广活动宣传体系的不健全。

高校图书馆的阅读推广事业在近几年才开始发展并在逐步完善，具体的每所高校图书馆开展的阅读推广活动在时间和内容安排上并没有规律性、延续性，其中大部分高校图书馆把阅读推广活动贯穿于整个学期中，开展活动的时间比较分散。而在阅读推广活动内容方面，这次开展某一主题的活动，下一次的活动主题就不确定了。这种缺少固定活动机制的状况使图书馆阅读推广活动很难形成良好的品牌效应。就高校图书馆来看，相对固定的阅读推广活动主要是每年世界读书日期间开展的阅读推广活动，在这期间几乎所有高校都会有阅读推广活动安排。

5. 激励机制不健全

当前大学生阅读状况不容乐观，令人担忧。建立健全良性的大学生阅读激

励机制，采取多种措施鼓励大学生阅读显得尤为重要。但就相关调研数据来看，当前高校图书馆在阅读推广过程中，尽管会给予大学生一定的物质奖励和精神奖励，但并未形成良性的阅读激励机制，没有真正调动大学生参与阅读推广活动的积极性。

部分高校图书馆缺乏阅读推广活动评价和奖惩机制。高校图书馆的阅读推广活动开展得零零散散，随意性很强，更多的是表面工作。互相模仿、借鉴，过分追求形式上的新颖，内容却单调乏味，实效性难以衡量。评价机制的建立，使各高校图书馆可以了解自己的阅读推广目标确定得是否合理，活动组织方法、手段运用得是否得当，发现造成阅读推广活动难以开展的原因，也可以了解本校学生阅读状况以及与别的高校存在的差距，从而调整活动策略，改进活动开展的措施，有针对性地解决存在的各种问题。

6. 合作机制不健全

阅读推广是一项长期性的工作，工作涉及面广，形式和内容多样。尽管高校图书馆是阅读推广的主体，但仅凭图书馆一己之力，很难或者不可能促进当下大学生阅读状况的改善，实现阅读推广的真正目的。因此，高校图书馆在阅读推广的过程中应当积极寻求与学校内外的机构（组织）或个人合作。甚至可以说，大学生阅读推广需举全校之力，方可成效最大化。

但据相关调研数据显示，从当前高校图书馆在阅读推广中与校内外机构（组织）或个人的合作情况来看，其合作机制并不健全，有待改善。这主要表现在以下三个方面。其一，尽管当前很多高校图书馆积极与校内机构（组织）或个人合作，但其与某些机构（组织）或个人合作的深度不够。就以辅导员为例，笔者认为，辅导员对大学生的学习生活影响深远，高校图书馆应该加强与辅导员的合作。其二，高校图书馆的校外机构（组织）对象过于单一，主要为数据库商和书商。其三，高校图书馆在与校内外机构（组织）或个人的合作过程当中，尽管在合作方式上以长期合作为主，但在合作层次上主要以浅层次合作为主。浅层次合作往往会造成合作流于形式，不能真正发挥合作的作用。

7. 参与社会阅读力度不够

当下，在高校图书馆社会化服务、建设书香社会、全民阅读等多重背景下，国内不少高校图书馆不同程度地为社会读者提供在馆阅览、电子阅览、代查代检等服务。但高校图书馆真正参与社会阅读的力度并不够。首先，就其服务方式而言，多为"被动服务"而非"主动服务"，而且某些服务还需社会读者缴纳一定的费用；其次，就其服务对象而言，多为与本校有渊源的社会读者，广大社会读者并未真正进入高校图书馆享受优质的高校图书馆服务；最后，就高校图书馆参与社会阅读推广活动情况而言，高校图书馆参与农家书屋工程建设等社会阅读推广活动的积极性并不高，参加读书日宣传咨询是其参与社会阅读推广活动的主要方式，但也多为校内宣传，影响力有限。

二、高校图书馆阅读推广问题的解决方案

（一）强化高校图书馆阅读推广意识

高校图书馆应该使阅读推广成为图书馆主流工作，将高校图书馆阅读推广活动纳入图书馆的重要议事日程。开展图书馆阅读推广活动必须投入一定的人力、物力，高校图书馆应该投入专项预算经费，支持高校图书馆阅读推广活动，阅读推广是高校图书馆的重要工作之一。高校图书馆阅读推广活动是图书馆发展到一定阶段的产物。高校图书馆的发展经历了三个阶段，第一阶段是图书的借阅与阅览阶段，第二阶段是数字信息资源检索阶段，第三阶段是高校阅读推广阶段。高校图书馆应通过各种活动使读者主动进入图书馆，用心读书。这三个阶段不是替代的关系，而是层层递进的，在图书借阅与阅览的第一阶段，才会产生大量的馆藏资源。电子资源日益丰富后，数字参考咨询和信息检索应运而生，面对众多的数字资源，高校图书馆管理员有义务帮助读者进行资源检索、汇总、推送。同样，在拥有了大量纸质和电子资源的前提下，如何让读者了解高校图书馆现有的资源和服务成为高校图书馆的重点任务，高校阅读推广是一种不可阻挡的历史潮流。

高校阅读推广应成为高校图书馆日常工作的一部分。在这个知识爆炸的时代，各种网络工具逐渐普及，高校图书馆不应该像以前一样，抱有"酒香不怕巷子深"的理念，等着读者主动来借阅图书，而是应该与时俱进，利用图书馆的图书资源、人力资源积极开展阅读推广活动，将好书呈现在读者面前，重新树立高校图书馆的形象，帮助读者养成良好的读书习惯。

高校阅读推广是高校图书馆的根本任务。现在，有各种阅读媒介供人们选择，阅读快餐化、通俗化的现象越来越严重，读者对纸质阅览的依赖程度逐渐下降，在图书馆的借阅排行榜上，考级考证的书总是借阅量最高的。静下心来仔细阅读似乎已成为过去式。急功近利、急于求成让学生对阅读的积极性下降。高校图书馆应通过有效的措施引导大学生重视阅读，根据大学生的类型和需求特点，有针对性地开展阅读推广活动，培养大学生坚持读书、用心读书的阅读习惯，这对大学生的成长和成才有重要的意义。高校图书馆是高等学校的重

要组成部分，高校图书馆开展阅读推广活动，可以充分发挥图书馆读书育人的服务功能。高校图书馆可以充分利用图书馆文献信息资源，促进大学生阅读能力的提高，使其完善自身知识结构，并最终实现全面发展。大学教育是大学生人生教育的重要阶段，对提高人生质量、文化水平有着决定性的影响。大学生的文化知识学习是大学教育的一部分，社会需要的是拥有多方面知识的复合型人才，即共性知识是大学生进入社会所必需的。高校图书馆作为大学生学习知识的主要场所，担负着阅读推广的职责。高校图书馆要围绕"人才培养、素质教育"广泛开展阅读推广活动，倡导大学生"多读好书"，促进大学生文化素质的提高。

先进的服务理念是创新的基础。面对信息的多元化和用户信息需求的多样性，高校图书馆需要转变传统的服务理念。高校图书馆具体应从以下两个方面对服务理念进行革新。

1. 高度重视，精心组织

阅读推广活动的开展与学校的重视程度有着直接的关系。学校的支持，对阅读推广活动的举办有着非常重要的意义。目前，很多高校图书馆在开展阅读推广活动时，都尽量争取学校的支持。

（1）学校领导重视

校领导对图书馆阅读推广的重视，使图书馆可以及时得到学校的拨款，这样，阅读推广活动就有了经费保障。校领导出席每年的阅读推广活动的开幕式和闭幕式，能在全校范围内起到正面的引导作用，对得到相关部门的支持和配合也具有重要的作用。一次全校范围内的大型阅读推广活动不是仅靠一个图书馆就能独立完成的，同时需要很多相关部门的配合，如学生处、学校团委、学校宣传部等部门，在他们的配合下，高校图书馆才能更有效地组织学生开展阅读推广活动。

高校图书馆应取得上级行政部门的支持，并协同社会各界力量，多部门合作，共同开展阅读推广活动。各类型图书馆之间应加强馆际合作与协调。单个图书馆，单类图书馆，甚至图书馆界的力量毕竟是有限的，许多事情单靠图书馆是无法完成的，因此，高校图书馆就需要与各相关职能部门或机构进行有效合作，整合各种力量，共同开展阅读推广活动，扩大阅读推广活动的受众范围，让更多的人参与到阅读推广的活动中来，使阅读推广活动的开展能够取得最大的效果。

（2）图书馆领导班子的重视

阅读推广活动主要是以图书馆为主要阵地来开展活动的，图书馆领导班子重视与否直接关系到活动开展成效的好坏。图书馆党政领导应该高度重视阅读推广活动，将阅读推广活动作为一项重要工作来抓，明确任务，强化责任，形成党政统揽全局，有关部门密切配合，一级抓一级，层层抓落实的阅读推广活动责任体系，为阅读推广活动的顺利开展提供坚强的保证。

2. 重视宣传，扩大影响

有效的宣传对阅读推广活动的举办有着直接的影响。通过宣传，高校图书馆能让更多的学生了解图书馆的阅读推广活动。

（1）新媒体宣传

高校图书馆馆员可以和学校摄影协会合作，拍摄关于图书馆的系列短剧，通过在图书馆官方网站、微博等平台的发布来宣传图书馆，让学生爱上图书馆、想要更多地利用图书馆资源。采用新媒体阅读推广服务方式的优点是能第一时间将图书馆的信息推送出去，寓教于乐，拉近图书馆与读者的距离。

东南大学图书馆与东南风文学社、善渊读书会等学生组织合作开展了阅读推广活动，其通过制作精美的展台、展板等方式来进行宣传。浙江师范大学图书馆非常重视与各院系和学校各职能部门的合作，联合各部门共同进行阅读推广活动的宣传。武汉大学图书馆除了通过广播电台对众多学生组织进行主题化宣传外，还采用大学生乐于接受的互联网手段为自己的阅读推广活动做宣传。

（2）成立阅读推广通讯员队伍

通讯员队伍通过队员撰写馆务新闻、设计阅读专题展板等，利用微博、微信等进行阅读推广活动的宣传，扩大阅读推广活动的宣传面和影响面。通讯员队伍在阅读推广活动期间跟踪报道，贯穿活动始终，在图书馆网站、学校网站上发表通讯稿，这样校内师生及兄弟院校都能及时了解活动情况，既激发了学生的阅读热情，也使更多的人关注和参加到活动中，共同营造书香校园氛围。

（3）创办交流刊物

南阳师范学院图书馆创办了《绿茵文苑》，其设有读书品评、我评作家、佳作欣赏等栏目，为大学生提供了一个写作园地和交流读书心得的平台。

高校图书馆可通过多种途径的宣传加强舆论效果，广泛吸引学生，提高阅读推广活动的关注度，促进活动的顺利开展。在以后的发展中，阅读推广活动更要借助大众新闻媒体的宣传来提升影响度，如借助电视、报纸、学术交流会等再做进一步的宣传，使阅读推广活动的举办有更好的成效。

（二）成立阅读推广活动组织

1. 建立专门的阅读推广工作部门

高校图书馆首先应该建立阅读推广工作部门，其负责开展高校图书馆阅读推广的各项工作，包括读者需求调查、本馆现状分析、解决现有的问题等，并提出开展高校图书馆阅读推广活动的措施建议。阅读推广工作部门是高校图书馆阅读推广的组织保障。高校图书馆阅读推广工作部门专门开展阅读推广活动，这样可有效防止互相推脱责任，便于图书馆推广活动的策划、实施。这样，组织人员有更多精力和时间来研究活动方面的事宜，可使高校图书馆阅读推广活动的内容更加专业、步骤更加精细，也可使管理人员主人翁意识更强。

高校图书馆工作部门根据每次阅读推广活动主题的不同，可以从图书馆各部门及各个院系，抽调人员，协助活动的展开。例如，关于"心理健康方面"的读书交流活动，工作部门只是负责商定活动宣传、开展的形式，以及举办活动的资金来源等指导性问题，大方向落实下来后，至于细节，如宣传展板的设计、会后交流活动教师的点评与对问题的解答，这些需要艺术设计专业和心理学专业的教师学生配合，取长补短，从而使活动顺利进行。

2. 建立阅读社团、读者协会等组织

为了使图书馆和读者之间能够方便有效地沟通，调动读者参与图书馆工作的积极性，营造校园读书氛围，活跃校园文化，高校图书馆可以牵头促成读者成立阅读社团、读者协会等学生社团组织。读者协会由各专业各年级热爱读书的优秀读者组成。在图书馆的直接指导，各院系有力的配合下，读者协会可以举办各种类型的活动从贴近大学生，使他们能够主动地接近阅读，并逐渐地热爱阅读。由于读者协会成员来源于学生，是学生的代表，所以他们的想法代表了读者的需求与建议。因此，图书馆可以通过读者协会更好地了解读者所需信息资源及对图书馆建设的建议，同时也可以通过读者协会将图书馆的资源信息传递给读者，从而使图书信息在供需双方之间形成良性循环。读者协会起到了协助图书馆和读者沟通的作用。河南理工大学图书馆采用在各院系聘任图书信息员的方式，由信息员发挥纽带作用，另外，还引导学生成立了读书协会，与信息员共同发挥作用。同时，高校图书馆可以在自己的主页开设论坛，由读者出任版主，广大志趣相投的书友可在论坛里交流读书心得，互相解答读书疑问，从而建立起各种专题读书兴趣组，形成稳固的阅读群体。

（三）丰富馆藏资源

馆藏资源是图书馆的立馆之本，也是开展阅读推广活动的基本条件，高校图书馆要结合自身的特点及所面对的读者的阅读倾向，建立合理的文献资源配置体系，保证藏书量能够充分地满足读者的阅读需求。另外，由于各个图书馆所处位置不同，因此其办馆条件也不同，其购书经费也多寡不均，但无论多寡，图书馆都要有效地利用购书经费，购置满足大多数读者需求的书刊，使书尽其用，充分发挥每本书刊的每一分价值。文献信息资源是高校图书馆开展阅读推广活动的重要物质保障。丰富馆藏资源应该从了解读者馆藏需求做起，高校图书馆应根据实际情况定期对读者文献借阅量进行统计，对借阅书籍的使用效果进行收集整理，并使其常态化。高校图书馆也要经常开展读者需求调查活动，耐心听取读者意见，为丰富纸质馆藏资源提供依据。

高校图书馆应将数字资源建设放在图书馆发展的突出位置，重点对待，加大对数字资源的开发与建设的投入，以更好地为读者提供更广泛的文献资源。高校图书馆可通过网络平台，实现对网络信息资源的整合、开发及共建共享，为读者提供更加全面综合、更加容易利用的文献资源。

在电子图书普及的今天，高校图书馆可以利用电子图书快捷方便的特点，推广电子阅读。数字图书包括经典名著、名家小说、教育读物、文艺精粹等各类图书，有声图书主要为名家经典评书相声。电子资源可以弥补一般书籍的不足，更好地发挥图书馆的功能，高校图书馆的馆藏资源应该是纸质型文献资源与电子文献的有机结合。丰富的馆藏资源是高校图书馆阅读推广活动开展的前提条件。

（四）营造阅读环境

图书馆为读者提供优良的馆舍环境、舒适的阅读空间、良好的阅读环境，可以使读者对阅读产生浓厚的兴趣，由心而发地想要在图书馆这个舒适、美好的环境里阅读。而图书馆里浓厚、愉悦的阅读氛围，会让更多的人对阅读产生兴趣。图书馆阅读环境良好会使读者生出遨游书海的欲望。图书馆环境包括图书馆外部环境和图书馆内部环境。

1. 图书馆外部环境

图书馆外部环境包括图书馆建筑及其周围的环境设施。高校图书馆作为一所大学的标志性建筑，不仅要在建筑外观上吸人眼球，具有时代感，富有艺术魅力，而且也要考虑无障碍设计，使身体残疾的读者也能方便入内。另外，图书馆周边绿化面积不应该低于30%，合理的绿化可以减少尘埃、降低噪声、清新空气。同时，图书馆应该将花卉、树木、草坪、喷泉等自然景观合理搭配，营造出生机勃勃的景色，争取做到春天百花争艳、夏天万木葱茏、秋天金桂飘香、冬天蜡梅斗艳。

2. 图书馆内部环境

（1）传统意义上的内部环境

营造图书馆内部阅读环境就是在图书馆内部为读者打造一个温馨舒适、清新典雅的阅读环境。高校图书馆内部应突出人文特点，设置应整齐干净，衬托出图书馆的大气典雅。现代高校图书馆，已经将藏书、借书、阅读一体化了，因此对图书馆里的光线需求不是自然光线就能满足的，需要专门的灯具进行辅助。所以图书馆工作人员应该做到第一时间修理出故障的灯具，保护读者视力。图书馆室内墙体颜色应该以柔和的色调为主，如白色、灰色、淡黄色等。地板以稳重的色彩，如灰、棕等为主。桌椅的色彩应该与墙、地板相协调，以免读者出现视觉疲劳，降低阅读效率。图书馆应该严格控制噪声，可以在阅览室通道上铺地毯或者橡胶类等隔音物。图书馆室内也可摆放些植物。例如，图书馆大厅可以摆放些高大的植物，这样显得大气；阅览室里可以摆放些文竹，这样可以使读者宁静舒适。

（2）现代意义上的内部环境

现代化信息技术为图书馆硬件环境的优化带来了机遇，图书馆可建立信息共享空间。信息共享空间为读者提供一站式服务，其空间设置一般包括总服务台、多功能区、电子阅览区、研讨区、休闲区。总服务台一般提供传统图书馆服务，主要是为用户提供馆藏的参考咨询、网络导航等咨询服务。多功能区设有图书馆多媒体终端机，即馆藏检索机器、自助打印复印一体机、触摸屏阅报机、自助借还书机、存包柜等。电子阅览区提供可以上网的计算机。研讨区一般是比较安静封闭的独立空间，以供个人或者小组进行研讨交流或者举办小型活动，其设备齐全、功能完善，一般会配有桌椅、投影仪、计算机等设备，读者可以通过网站的预约系统在网上进行预约。休闲区一般有沙发、音响等设施，以供读者在阅读之余享受轻松的氛围。图书馆应该引入打造信息共享空间的各项技术，从而为读者提供更舒适的阅读环境。

图书管理员应该积极主动地与读者沟通，了解他们的所需，始终保持优质服务。吸引读者来图书馆是图书馆提供多样性休闲服务的主要目的。

第三节　高校图书馆阅读推广的组织架构

一、组织架构相关理论

阅读推广工作的成效与高校图书馆组织管理的方式紧密相关。当前高校图书馆主要从实践需要出发，为开展阅读推广工作选取相应的组织架构方式。高校图书馆如果以组织理论为指导、以实践需求为牵引，来设计组织结构，应该更为科学合理。

组织理论是管理理论的核心内容，是研究组织结构、职能和运转以及组织中管理主体的行为，并揭示其规律性的逻辑知识体系。组织理论的概念最早由卢瑟·吉利克和林德尔·厄威克提出。系统的组织理论经历了古典组织理论、行为科学组织理论和现代组织理论三个历史阶段。第二次世界大战以后，管理实践推动了组织理论的不断发展，用系统论的原理、方法、思想来分析组织的内部结构、管理活动，以及与环境的关系，成为现代组织理论的重要部分。

20 世纪 60 年代末期，自组织理论开始被提出并发展起来，它主要是美籍奥地利生物学家贝塔朗菲的关于系统论的新发展。如果一个系统不存在外部指令，系统按照相互默契的某种规则，各尽其责而又协调地、自动地形成有序的结构，这就是自组织。自组织现象无论在自然界还是在人类社会中都普遍存在。自组织理论主要研究的是复杂的自组织系统（生命系统、社会系统）的形成和发展机制问题，即在一定条件下，系统是如何自动地由无序走向有序，由低级有序走向高级有序的。一个系统自组织功能愈强，其保持和产生新功能的能力也就愈强。自组织理论由耗散结构理论、协同学理论、超循环理论等组成。自组织方法论主要包括自组织的条件方法论、自组织的协同动力学方法论、自组织演化路径（突变论）方法论、自组织超循环结合方法论、自组织分形结构方法论、自组织动力学（混沌）演化过程论、综合的自组织理论方法论等。

（一）耗散结构理论

耗散结构理论主要研究系统与环境之间的物质与能量交换关系及其对自组织系统的影响。建立在与环境发生物质、能量交换关系基础上的结构即为耗散结构。系统的开放性、远离平衡态、系统内不同要素间存在非线性机制是耗散结构出现的三个条件。高校图书馆阅读推广具有形成自组织耗散结构的基本条件。

高校图书馆作为文化知识和信息的集散地，不仅承担着保存人类优秀文化知识的重任，更肩负着传播人类优秀文化知识，广泛地开展阅读推广的使命。高校图书馆阅读推广组织是一个由多种元素构成的有机系统。阅读推广系统，既离不开图书馆领导根据社会发展需求提出的阅读推广的总目标和总规划，也离不开有效的团队建设，以及团队成员作为活动执行者的积极性、主动性和创造性。此外，还离不开阅读推广的学校环境、社会环境以及国家发展需求。

1. 图书馆阅读推广组织结构是一个开放的系统

阅读推广系统具有开放性。阅读推广系统离不开外界环境条件，其与社会相互联系。系统接收环境的输入，继而加以转换，然后输出再供给社会。而社会接收阅读推广系统的输入后，又产生了新的社会环境，新的社会环境又再次输出，如此形成一个生态循环体。阅读推广系统，不断地从外界环境中汲取先进的思维理念以及资源，来满足维持其发展的基本要求。它不断向前发展同时又将阅读推广事业的成效传播给周围环境和社会环境，通过营造阅读推广氛围，从而影响高校和社会文化事业的发展。阅读推广系统与外界环境，通过彼此之间的相互作用、相互交流、相互影响，彼此都不断完善、共同发展。

阅读推广活动的目标会随着外部环境需求的改变而不断完善，阅读推广团队也通过不断地自我学习，激发创新思维，更新已有知识，以适应环境的不断变化。阅读推广系统所传递的知识、文化也具有开放性。

2. 图书馆阅读推广组织结构是远离平衡态的

远离平衡态，指系统内部各个区域的物质和能量分布是极不平衡的，差距很大。远离平衡态是有序之源，如果没有远离平衡态，系统仅仅开放是没有用的，因为系统仅在平衡态附近，与外界交流也仅是类似微扰的作用，不能使系统发生本质的变化。只有将系统逐渐从近平衡区推向远离平衡的非线性区，才有可能使系统演化成为有序结构。耗散结构与平衡结构有本质的区别。平衡结构是一种"死"的结构，它的存在和维持不依赖于外界，其系统熵最大；而耗散结构是一个"活"的结构，它只有在非平衡条件下依赖于外界才能形成和维持。图书馆阅读推广是不断变化的，高校图书馆阅读推广组织只有遵循远离平衡态的原则，才能建立有效的管理体系。阅读推广团队的成员具有不稳定的特征，阅读推广团队往往是新形成或是尚未完全确立下来的，具有较大的不固定性。阅读推广团队成员包含了很多学生志愿者，由于学制等因素，对成为学生志愿者的要求通常不具备较强的约束性，团队成员稳定性较弱。阅读推广活动更强调阅读推广的目标、理念、品质，力求做到推动校园文化的提升，乃至推动社会文化的发展，全民文化素质的进步。这反映在阅读推广的文化上则是其不能保持静态的平衡态，它要不断地自我完善，顺应社会需求的发展，追求创新，不断突破。阅读推广的外部环境需求处在一个随机变化、难以预测的环境中，因此其更是必须具备"随机应变"的能力。

3.图书馆阅读推广组织的各要素中存在着非线性相互作用机制

图书馆阅读推广组织的各要素具有非线性的相互作用的特征。非线性相互作用具有非独立相干性、非均匀性、非对称性等特点。具有这些特点的非线性相互作用能使各要素之间产生相干性和协调性，从而推动系统的变化，使系统逐渐形成有序的结构。非线性相互作用是自组织产生与发展的根本原因。阅读推广组织多个要素之间存在着非线性的相互作用。其一，阅读推广的外部环境与阅读推广团队之间存在非线性相互作用。如社会上崇尚阅读推广行为，校园阅读推广文化的形成，能够促进阅读推广团队的发展壮大，激发阅读推广团队成员的积极性与主动性。其二，阅读推广团队成员与读者之间存在非线性相互作用。如读者对阅读推广团队成员组织的阅读推广活动的赞赏与积极参与，或是通过阅读推广活动受到启迪并给予良好的反馈，能够激发阅读推广团队成员工作的积极性和主动性，使他们的工作具有获得感、成就感。其三，阅读推广对象即读者，通过阅读推广活动，培养了阅读兴趣，进而促进崇尚阅读的校园风尚的形成，从而推动图书馆阅读推广机制的发展和完善。其四，阅读推广团队成员之间存在着非线性的相互作用。馆员的科学指导与启发，能够激发学生团队参与的主动性与积极性。与此同时，学生团队的参与和反馈，也能够促使馆员不断调整团队相处模式，从而使阅读推广团队的效益最大化。

（二）协同学理论

协同学主要研究系统内部各要素之间的协同机制，系统内各序参量之间的竞争和协同作用是使系统产生新结构的直接根源。系统要素的独立运动或在局部的各种协同运动，以及环境因素的随机干扰，使得系统的实际状态值总会偏离平均值，这种偏离波动的幅度就叫涨落。当系统正在由一种稳态向另一种稳态跃迁时，系统要素间的独立运动和协同运动进入均势阶段，此时任一微小的涨落都会迅速被放大为波及整个系统的巨涨落，推动系统进入有序状态。缩小系统要素间差距的内在动力则是个体行为有序的序参量。社会或者学校对于阅读氛围的期待与实际阅读推广的现状之间的差距就是涨落。阅读推广团队成员对于组织阅读推广活动的参与率与实际活动参与度和效果之间的差距，也是涨落。阅读推广组织的不懈努力能缩小各个要素之间存在的差距，从而使得阅读推广活动更加有序，对阅读推广效果以及良性阅读环境的形成产生有益影响。

（三）超循环理论

德国生物化学家艾根 1971 年发表《物质的自组织和生物大分子的进化》一文，首次正式提出了超循环的基本思想。超循环是由催化循环组成的循环。催化的超循环的作用不仅是选择，更重要的是整合，其能把那些长度有限的自复制体整合到某种新的稳定序列中，使它们组织成一个整体协同相干地进化。该理论将自组织系统的循环分为反应循环、催化循环和超循环三个等级。

1. 阅读推广组织管理的反应循环

反应循环是与物理、化学反应以及相对简单的生化反应相联系的较为低级的循环系统。该循环需要依靠外部催化剂驱动，类似于生命系统的新陈代谢。阅读推广组织活动中涉及三个主要要素：阅读推广组织的管理者、阅读推广运营团队和读者。其反应循环也由这三类主体构成。阅读推广组织的管理者基于掌握的决策管理的知识，以自身的工作热情、组织文化、运营团队的工作能力、读者的参与热情等作为反应酶，来实现决策能力的提高、阅读推广组织制度的完善。

阅读推广运营团队则是基于现有的专业知识和业务能力，以工作动力、激励机制、管理者的领导力以及读者的反馈情况作为反应酶，从而提高服务能力、阅读推广活动的组织能力以及阅读推广实现的效率。参与的读者基于现有的阅读习惯、知识储备等，以阅读推广活动的吸引力、组织管理者的专业程度为反应酶，从而实现阅读能力的提升、良好阅读习惯的养成、自身综合素质的提高。

2. 阅读推广组织管理的催化循环

催化循环是比反应循环高一级的循环，该循环类似于生命系统的自复制。催化循环是在反应循环的基础上进行的。只要反应循环产出物中有一种类似于反应酶的产物，则该反应循环就能够实现催化循环。如前所述，在阅读推广组织的管理者的反应循环中，产生的结果中的决策能力的提高、阅读推广组织制度的完善可以作为其下一个循环的催化酶，使其实现催化循环；在阅读推广运营团队的反应循环中，运营团队服务能力的提升、阅读推广活动组织能力的提高以及活动实现效果的优化可以催化该循环，使该循环跃升到催化循环阶段；参与读者的反应循环中，阅读推广活动参与热情的增长、读者阅读能力的提高、良好阅读习惯的养成、读者自身综合素质的提升能够催化该循环，使该循环跃升到催化循环阶段。

3.阅读推广组织管理的超循环

超循环是多个催化循环相互联合构成的循环系统，它类似于生命系统的突变。高校图书馆阅读推广组织运行过程中各个要素各自的催化循环，能够相互催化，实现各类组织整体功能的优化。①阅读推广组织的管理者与运营团队的超循环。在管理者和运营团队各自的催化循环中，均有能够催化对方循环的反应底物。管理者的催化循环产物中完善的阅读推广制度结构，能够催化运营团队的催化循环。运营团队的催化循环产物中服务能力的提升、阅读推广活动的组织能力的提升能够催化管理者的催化循环。②管理者与读者的超循环。伴随着管理者催化循环的进行，阅读推广的组织制度不断被优化，阅读推广的活动设计更有吸引力，从而催化读者的催化循环；同样，随着读者催化循环的进行，其阅读能力的提升、良好阅读习惯的养成促使其产生新的要求，从而催化管理者的催化循环。③运营团队与读者的超循环。在运营团队的催化循环产出物中，阅读推广活动的组织能力提高以及活动实现效果的优化，能够催化读者的催化循环；同样，在读者的催化循环产物中，阅读推广活动参与热情的增长、读者阅读能力的培养，能够催化运营团队的催化循环。

二、组织架构设计

自组织理论对于高校图书馆阅读推广工作的组织架构具有很强的适应性和指导意义。以用户为中心的"自组织"式的阅读推广组织结构应当有如下特点：第一，阅读推广目标既具确定性又具灵活性；第二，阅读推广活动是一个开放的系统，要适应开放的外部环境；第三，组织者和读者是阅读推广活动的共同主体；第四，阅读推广活动是一个正负回归的交替运作过程。因此在阅读推广活动中，要形成动态的激励和考核制度。

（一）阅读推广活动目标的确定

阅读推广活动的目标指的是阅读推广活动所要达到的预期标准以及读者通过阅读推广活动所产生的预期效果，也是阅读推广活动想要达成的最终结果。在自组织式阅读推广中，阅读推广活动的目标虽不乏要推进全民阅读的总体目标，但活动的细分目标往往都是暂时性的规划，具有很大的灵活性和不确定性，需要随着活动的开展，以及开展过程中组织者和读者的相互作用而不断清晰、明确起来。因此，组织者在制定目标时，要明确其具有纲要的、多元的、开放的、动态的规划特征，对其进行弹性预备。组织者可以采用三种方式确定目标：车轮式策略、树枝式策略和网络式策略。车轮式策略指的是，组织者在充分了解活动环境以及受众情况的基础上，以某一特定目标为母目标，预备各种可能产生的、彼此独立的子目标，并在活动过程中根据实际的活动情境对其灵活择用。车轮式策略的特点是活动目标辐射范围广。树枝式策略指的是，组织者依据活动环境以及受众情况，以特定活动目标为基础衍生出与此目标相关的另一个目标，并又以第二个目标为母目标衍生出新的目标。网络式策略指的是，组织者依据活动对象以及效果，对活动过程中可能产生的问题与兴趣点进行联想并罗列出来，以此为基础再进行联想，罗列出相关的问题与兴趣点，最后综合起来形成一个活动目标网络。

（二）适应开放的外部环境

高校阅读推广组织是一个开放的系统，与开放的外部环境的不断交互，能够促进自身的发展。

1. 满足"全民阅读"的社会需求

1972 年，联合国教科文组织向全世界发出了"走向阅读社会"的号召，要求社会成员人人读书，让读书成为人们日常生活中不可或缺的部分。1995 年设立"世界读书日"以来，世界范围的阅读推广及读书活动成为潮流。

2017 年 4 月 3 日，国务院法制办公室正式就《全民阅读促进条例（征求意见稿）》公开征求意见，标志着全民阅读立法工作取得重大进展。这充分体现了党和国家对全民阅读这项文化民生工程的高度重视，意味着高校阅读推广活动拥有得天独厚的社会环境。高校图书馆阅读推广组织要善于利用这一利好条件，来壮大自身。

2. 融入学校发展环境

近年来，在"以学生为中心"的教学理念的指导下，很多大学都非常注重学风的建设和历史的积淀。优良的学风一旦形成，就会演绎成这所大学的传统，并一代代地传承下去。国外一流大学一般都拥有浓厚的学术文化氛围，为广大的学生、学者提供了畅所欲言、大胆抛出创新观点并进行公平竞争的良好空间，使得各种创新和研究得以进行并呈现出生动活泼的局面。良好的学习习惯，能帮助学生明晰学习方向、提升学习效率，使学生不断自我完善；不良的学习习惯则容易使学生滋生消极的思想意识，不利于学生的成长成才。因此，培养良好的学习习惯对高校大学生来说十分必要。

当代大学生需要培养终身学习的习惯，培养思考和观察的习惯，培养良好的学习精神，培养互助学习的习惯，培养主动学习的习惯，这对当代大学生综合能力的提升极为关键。而学生自主学习能力的培养离不开学生阅读兴趣的培育，因此很多高校都致力于为学生营造良好的阅读氛围。学校宣传部、教务处以及各个学院也会组织各种类型的文化活动，以培养学生的阅读兴趣。在学校环境的影响下，图书馆阅读推广组织需要找好切入点，和相关职能部门形成联动，共同推进全校阅读风尚的形成，可以以通识核心课等普及课程为媒介，将阅读推广活动融入教学环境，以教师的授课计划为依托，引导大学生主动阅读，培养大学生深度阅读的能力，丰富大学生的知识体系结构。

（三）形成阅读推广组织的共同体

1. 建立稳固的保障制度

高校图书馆阅读推广的核心因素是人。因此，阅读推广必须充分发挥人的能动作用，要通过制度文化来鼓励竞争，建立完善的激励机制，协同发展。稳固的制度保障，能够有效地减小阅读推广组织受外部环境、对象反馈等不稳定因素的影响而引发的巨大涨落，从而促进阅读推广组织的稳定、成熟。制度设计是高校图书馆阅读推广活动的起点。一套经过科学化设计、符合客观实际、顺应需求的良好制度，可以主导循环的方向和速度，并为其螺旋上升创造条件。这具体表现在图书馆建立明确的阅读推广制度体系，将阅读推广纳入馆员乃至部门的工作职责，纳入考核评审体系，能够为阅读推广组织的发展提供强有力的制度支撑。高校图书馆必须建立和完善相应的阅读推广长效机制，将阅读推广制度化和规范化，从制度层面确保阅读推广工作的规范性和连续性。同时，高校图书馆应根据馆内实际环境，形成稳定的阅读推广队伍，如矩阵式的阅读推广工作组、专门的阅读推广部门等。矩阵式的阅读推广小组，是由一位图书馆负责人领导 2～3 人的工作小组。工作小组先对阅读推广工作进行系统规划，在确定项目之后，可抽调图书馆各个部门的人员组成一个临时的班子，从事不同的具体策划工作，并根据活动效果进行反馈优化。具有良好的阅读推广工作基础、对阅读推广工作需求较多的高校图书馆可以成立专门的部门负责阅读推广工作，或是将阅读推广工作写入某一部门的具体工作职责。这是从制度层面推进阅读推广活动进行的重要举措，随着阅读推广活动在高校的深入开展，专职部门可以在更大的范围，以更优的人力物力，集中做好阅读推广的宣传工作。

2. 协同发展的运营团队

扁平化的组织结构能够更加有效地促进协调运营团队的发展。高校图书馆可以通过运营团队的组织结构的改革来推动阅读推广工作的发展。高校图书馆可采用以任务为导向的方式，基于某一阶段具体工作，以核心团队为中心，根据具体要求引入具有相关技能的辅助成员，共同完成阅读推广工作。

（1）核心团队

高校图书馆阅读推广是一个常态性的工作，涉及的环节较多，参与人员主体多样，具有一定的复杂性，因此需要一支专业的运营队伍，且运营团队的核心团员需要由专业的馆员担任，负责推广工作规划的制定、日常运营，以及与学生团队的沟通协调。高校图书馆可以根据实际阅读推广工作的体量和需求，确定自己的核心团队，既可以成立固定的阅读推广或是文化活动相关部门，也可将阅读推广工作纳入传统职能部门的部分馆员职责，还可以组建横向的阅读推广工作组。推广馆员在高校图书馆阅读推广服务中具有举足轻重的地位，促使图书馆馆员主动学习，提高图书馆馆员参与阅读推广服务的积极性，保持图书馆馆员从事阅读推广服务的热情，是完成图书馆阅读推广服务人才储备的关键环节。首先，专业馆员队伍需要具有专业的业务能力，熟悉图书馆的馆藏资源与服务，能够制定专业的阅读推广活动规划。其次，专业馆员队伍需要具有较强的沟通协调能力。由于阅读推广工作的复杂性，专业馆员需要和馆内技术部门、资源部门、服务部门等进行沟通协调；组织阅读推广活动往往还需要专业馆员与校内各部门形成联动机制；专业馆员需要具备与学生团队进行良好沟通的能力，以促进活动效益的最大化。再次，专业馆员队伍需要有明确的分工。高校图书馆应根据具体的业务要求对专业馆员的岗位职责进行细分，既要有负责专职推广活动的活动策划人员，也要有负责宣传推广工作的全媒体宣传员。最后，专业馆员需要拥有良好的领导能力，要能够领导学生团队，充分调动学生团队的主动性和积极性，引导学生团队在阅读推广工作中发挥重大的作用。此外，专业馆员需要拥有对阅读推广工作的极大的热情、认真细致的工作态度，以及对于该项工作的使命感和责任感。

（2）辅助团队

阅读推广活动具有多样性的特征，活动形式丰富，内容涉及面较广，高校图书馆需要不断地对活动模式进行创新性探索，单独依靠核心团队很难有效地完成任务。因此，高校图书馆往往还需要拥有相关专业背景的学科馆员、相关技术背景的技术人员以及资源馆员等。辅助团队可以根据不同的任务灵活组建，其能够实现团队成员之间的优势互补，能够减少工作的盲目性，从而使团队效能得到最优发挥。例如，组建学科专业阅读队伍，可以吸纳该专业的学科馆员进入辅助团队，这能够很好地弥补核心团队成员缺乏该专业知识的不足，也能够充分降低团队成员之间的沟通成本，使沟通更加有效及时，有利于增进组织成员的互动，从而能对不断变化的开放外部环境做出迅速的反应。

（3）学生志愿者团队

不同于社会阅读推广工作，学生既可以是高校阅读推广工作的主要对象，也可以作为管理者，更多地参与到阅读推广工作中来。高校图书馆成立以学生为主体的阅读推广志愿者社团，不仅拉近了图书馆与阅读推广对象的距离，而且有助于充分便捷地了解学生的阅读需求。通过参与策划丰富多彩的文化活动，学生也锻炼了自己的能力，提升了自身的综合素质，从而达到文化育人的目的。学生志愿者团队也符合自组织的特征，学生出于对阅读推广的兴趣爱好或是自身能力发展的要求而自发加入团队，团队运转和管理也具有充分的自主性。因此，学生志愿者团队的发展也会经历自创生、自生长和自适应这三个阶段。在自创生阶段，学生出于自身兴趣等因素加入学生志愿者团队。在自生长阶段，随着学生志愿者团队的壮大，管理人员根据学生各自的兴趣爱好、专业技能、学科背景等对其进行更进一步的分工。在这一阶段管理制度更加完善，学生团员的分工更加明确，团队的稳定性也逐步加强。在自适应阶段，团队成员要根据外部阅读环境的变化、读者需求的变化等不断加强沟通交流，并进行自我调整。专业馆员需要对学生志愿者团队进行专业培训、考核等，不断引导团队走向成熟。

3. 以引导读者自主阅读为导向

在阅读推广活动中，读者的反应与满意程度对于阅读推广活动的发展具有至关重要的作用。读者可按照主体的不同，细分为教师、以课程学习为主的本科生、以研究为主的研究生，以及学习专业不同的人文社科学生、理工科学生等，不同的读者群体对于阅读推广活动的要求与期待程度也有着显著的差别。在自组织视野下，高校阅读推广组织希望通过阅读推广活动来启迪读者，引导读者进行自主阅读。

自组织论认为，系统的有序是通过系统内部要素之间的协同作用形成的，协同作用是任何复杂系统本身所固有的自组织能力，是形成系统有序结构的内部作用力。自组织系统一旦开始运行，它就具有一种"自提升"的功能，而且必须在内部机制的作用下，不断地优化自身组织结构，完善自身运行模式。读者阅读行为本来是一种自发的行为，适当的阅读推广活动能够使其优化提升。在活动开始前，可以引导学生对阅读推广活动进行初步的了解。活动开始前的初步了解可使学生产生对于文本的原初困惑，这能够激发学生的参与热情。活动前的深度学习使读者的思维处于最佳状态，从而保证了活动的有效性与质量。在活动进行过程中，以灵活多样的组织方式激励读者，能够调动读者的参与积极性，激发读者参与互动交流的主动性。将读者的兴趣点融入阅读推广过程中，可以增加阅读推广活动的丰富性。在阅读推广的过程中，读者的阅读兴趣得以培养，创造性思维得到一定程度的塑造，主动参与性也得以提升，这样有助于读者自主阅读习惯的形成。

（四）阅读推广活动是一个正负回归的动态过程

1. 制定动态的激励考核制度

反馈通常是把现在系统的行为结果作为影响未来系统发展的动因。非线性系统中同时出现正反馈和负反馈，正反馈即现在的行为能够促进未来的发展，反之则为负反馈。阅读推广是为了充分引导学生进行阅读的，因此阅读推广的组织者需要深入地了解学生的需求，掌握学生对于阅读推广活动的兴趣点和期待度等，从而更加迅速、精准地提供服务、组织活动。阅读推广活动的组织者要积极主动地从多个角度、运用多种方法了解学生关于阅读推广活动的真实想法，对阅读推广效果进行多维评价，并将评价结果与阅读推广活动的目标进行比对，进行反馈。正回归运动意味着阅读推广偏离既定目标，阅读推广的丰富性增加。负回归运动意味着阅读推广活动朝向既定目标，阅读推广的有效性增加。高校图书馆应通过合理的反馈机制，调整期待目标与实际情况之间的落差，并制定完善的激励和考核机制，不断调整二者之间的关系，在促进阅读推广活动非线性发展的同时避免落差过大。

人们在决定是否实施某种行为时，一般都要对行为的预期收益与成本进行对比，当收益高于成本，即行为结果对其有价值时，才会实施该行为。在自组织视野下，阅读推广活动需要动态的考核激励机制。当然，阅读推广活动运行中给各类主体带来的价值难以直接计量，只能通过适当的方式，使他们感知其行为结果的价值。在阅读推广活动这一催化循环中，阅读推广组织的管理者、阅读推广运营团队和读者这三个主体构成了阅读推广活动的反应循环。阅读推广活动各类主体感知其行为结果的价值高于成本时，则会强化自身行为，推动各自的反应循环和催化循环，并借助各类主体之间的非线性相互作用，推动高校图书馆阅读推广组织的超循环体系的发展。

2. 形成创新文化氛围

若一个系统处于开放状态，该系统在从平衡态到近平衡态、再到远离平衡态的演化过程中，达到远离平衡态的非线性区时，一旦系统的某个参量的变化达到一定的阈值，通过涨落，该系统就可能发生突变（即非平衡相变），由原来的无序混乱状态转变为一种时间、空间或功能有序的新状态。高校图书馆阅读推广组织在运营过程中，也会出现有效能量的逐步减少、无效能量逐渐增加的情况。这种情况会使阅读推广组织逐渐向无效、无序和混乱的方向发展。此时，高校图书馆阅读推广组织需要在不断地与环境进行物质、能量和信息的交换过程中，将诸如新理念、新知识、新技术、新制度、新人才等创新机制引入，增强负熵，进行组织的再造和管理的创新，形成管理耗散结构，让组织有序度的增加大于自身无序度的增加，阅读推广组织系统的负熵增加大于正熵增加，进而形成新的有序结构和产生新的能量。因此，不断开拓思维，与外部开放的环境进行物质、能量和信息的交换，引入新理念、新知识、新技术、新制度、新人才等，形成创新的文化氛围，对于阅读推广组织的不断发展有着重要的意义。在实际运行过程中，活动的组织者也要在周围环境的交互作用下，形成开放性的创新思维，不断对阅读推广活动进行形式、内容、组织等多维度创新，培养读者创新能力，有效推动阅读推广总体目标的实现。

第四节　高校图书馆阅读推广空间的构建

一、空间设计理论

近年来，图书馆建筑及空间设计一直在改变。最显著的改变莫过于，图书馆从威严的知识殿堂转变为日益亲民的、人性化的读书、学习及交流的场所。图书馆建筑空间给图书馆机构提供了存在感，其设计布局及功能设置也代表着图书馆的综合发展水平。当前，处于超越与转型时期的图书馆，一方面需要通过加强软实力来推进数字化、智能化发展；另一方面又必须通过流通服务和咨询服务之外的、更依赖图书馆实体空间的各类活动，来彰显图书馆作为文化场所的价值。在这个转变过程中，共享空间理论、"第三空间"理论等颇受图书馆界关注并得到较广泛的应用，目的在于增强图书馆空间功能及对用户的吸引力。

（一）共享空间理论

在信息技术迅猛发展及社会学习理念不断变化的双重推动下，图书馆界掀起了空间重构的风潮。这股潮流由两种力量推动：一是对应于 20 世纪 90 年代出现的图书馆消亡论而产生，强调图书馆场所空间价值的"作为空间的图书馆"

运动；二是强调图书馆与学生事务中心、教学发展中心合作的共享空间建设。关于图书馆共享空间的概念，有研究者认为其产生于 20 世纪 80 年代中期；但真正的概念成型及实体图书馆共享空间的产生，则是 20 世纪 90 年代的事情。因此，哲学家斯坦纳认为，共享空间由"作为空间的图书馆"运动演化而来，发源于数字革命，并受交互学习、学生变化的习惯和需求的推动；"作为空间的图书馆"运动为共享空间的产生奠定了基础，而共享空间则是该运动的自然扩张。

美国北卡罗来纳大学的唐纳德·比格尔于 1999 年界定了信息共享空间（IC）的两种截然不同的概念。①一种独特的在线环境。在该环境下，用户通过图形用户界面可以获得多种数字服务，通过安装网络工作站上的搜索引擎可以同时检索馆藏以及其他数字资源。此类信息共享空间实际上是一个具有复杂的搜索、帮助和获取搜索结果功能的综合网站。②一种新型的物理设施或空间。人们能够在整合的数字环境下管理工作空间并提供服务，这种空间可以是图书馆的一个部门、一个楼层或者一个独立的物理设施，它构成了一种新的信息环境，并在第一种模式的基础上增加了图书馆馆员和新的服务。此外，他还指出了信息共享空间的三个关键因素。他认为信息共享空间包含实体、虚拟及文化三个相互依存的维度。实体共享空间指一种新型的物理设施，既可以是图书馆的一层或数层特定楼层，也可以是独立的专用建筑，包含用于支持师生学习的技术、资源及工具。虚拟共享空间是作为电子资源和服务门户的在线环境。文化共享空间是数字时代共享知识与创造性表达的整体社会文化场所。

文化维度的共享空间内涵还有待挖掘，实体及虚拟维度的共享空间仍然在不断发展演化。唐纳德·比格尔所提出的三位一体的 IC 概念框架实际上为图书馆的场所空间设计改造提供了一个全面的指南。其后，IC 理念以其对于数字时代的适应性及革新图书馆空间、服务与管理的必要性的观点风行于图书馆界，一大批核心理念及方向一致，形式、规模及称谓有所差异的 IC 诞生，图书馆改变了以往安静严肃的知识殿堂风格，增加了咖啡吧、无线网、群组学习区域、个人学习区域、多媒体区域、展示区域、舒适灵活的阅读桌椅等适应新一代用户特点的元素，以更人性化、更灵活、更便捷及更具适应性的面貌刷新着读者的感观。关于 IC 实体空间的关键特征，唐纳德·比格尔认为其包括如下方面：①作为第一接洽点和帮助中心的咨询指引台；②作为学习和工作的协作及延伸单元，提供传统个人学习区域及交互研讨区域；③与将展开合作的校园机构及项目协调一致。美国学者贝利等则认为正式的共享空间的服务内容包括如下几方面：①咨询服务（咨询台服务、研究咨询）；②研究数据服务（大数据文件搜索、获取及处理咨询）；③多媒体服务（公共计算机实验室咨询台服务，多媒体、图像及扫描资源支持，常规教学技术支持）；④教学服务（包括网络资源在内的基于课堂作业的图书馆教育）。麦克温尼则把信息共享空间描述为"共同学习的场所，多媒体工作站，高科技教室以及小组研究空间"。

以上观点均反映出 IC 融合新技术发展、联合校内相关职能机构为读者提供多元学习空间、资源及服务以支持其学习与创新的特点。随着图书馆对于新型学习方式及知识创新支持的深化，学习共享空间（LC）、知识共享空间（CC）的概念逐步形成。进入 21 世纪，LC 开始成为图书情报领域积极探讨的话题，许多实体共享空间开始以 LC 命名。对于 IC 与 LC 之间的演进关系，贝利等给出了一个比较中肯的说明：IC 以图书馆为中心，既提供传统图书馆服务，也提供推动交互学习的多元资源和工具；LC 包括了 IC 的所有方面，在图书馆层面及学校层面的整合力度更大，整合了诸如写作中心、教学发展中心等馆外功能，并提供多种协作工作空间，战略上与学校愿景和使命一致，并不是以图书馆为中心。知识共享空间概念的出现，既是对社会创新需求的一种呼应，同时也是对 LC 概念的拓展，并更适合于涵括研究共享空间、创客空间等图书馆新型空间。因此图书馆在不同时期以 IC、LC 或 CC 命名的新型空间，只是在功能与内容项目上有所变化，其背后的理念框架及隐含的支持学习与创新的精神内涵同出一辙。

（二）第三空间理论

相对于由于互联网技术发展及学习方式变化而设置的多媒体区域、群组研讨区域、写作中心、教学发展中心等图书馆共享空间，唐纳德·比格尔所指出的文化维度的共享空间在研究文献中并没有得到同等的重视。对当前图书馆功能与空间设计影响较大的"第三空间"理论在某些方面更贴近文化共享空间的精神内涵。

"第三空间"最早是由社会学家欧登伯格提出的，他认为，第一空间指家庭居所，第二空间为工作场所，二者之外的公共空间，如酒吧、咖啡店、图书馆、公园等为第三空间。美国地理学家爱德华·索雅在其出版的《第三空间》一书中提出，第三空间是不同于物理空间（第一空间）和精神空间（第二空间）的新的空间，它包含两者，进而超越两者。后来克里斯蒂娜·米昆达在《期望的概念》一书中指出，第三空间是"充满情感，这种情感人们可以在此取得而带走"的"家外之家"，并认为一个城市应当有"仅仅是美丽的空间，一种人们可以时时到此从容地呼吸，对灵魂深度有重要意义"的场所。从这些阐述来看，"第三空间"对于图书馆的战略功能定位具有理论支撑作用。图书馆可以从中找到重塑文化空间及开展文化服务活动的思想支点。"第三空间"的特征是自由、宽松、便利，并具有积聚人气和资源的功能，这也正是图书馆所具有的功能，因而图书馆成了"第三空间"的重要载体。

图书馆的定位为城市公共空间，这样的定位使得图书馆的内涵和功能必须突破传统向纵深发展。作为第三空间的图书馆强调自身作为向读者提供交流和休闲的场所功能，而非仅提供被动服务的传统图书馆。当前图书馆的功能有学习与信息获取功能、空间服务功能、教育功能、沟通交流功能、文化交流休闲功能等。作为第三空间的图书馆可以设置若干娱乐休闲场地，为不同读者设置随意交流的场所、空间及相关服务设施，如休息区、咖啡吧和茶吧、多媒体功能厅、儿童娱乐活动场所等，使学习与娱乐完美结合。当前图书馆文化展示区、交互研讨区、咖啡区等文化交流区域的设置，一定程度上与"第三空间"的理念精神一致，但是，作为第三空间的图书馆的内涵仍有待探索。

（三）流空间理论

流空间是空间、时间，及其与数字社会动态交互的文化抽象概念，由社会学家曼纽尔·卡斯特尔提出，用于界定新技术范式下空间安排的新形式，是一种融合远程同步与实时交互的新型空间。吴建中认为场所空间的交流是有限的，由虚拟与实体相互影响融合形成的新空间形态——流空间打破了固定空间的局限性，激励人们借用开放且无限延展的网络的力量，将人、活动、空间及其关系放到一个广域或全球环境下加以考查。曼纽尔·卡斯特尔认为，流空间是一种由虚拟空间与实体空间相互影响与融合形成的新空间形态，在信息通信技术的作用下，空间不再呈现静止、封闭的特点，而是各种要素流密集连接的在不同空间尺度的流动和共享型空间。

流空间概念强调实体基础设施、虚拟空间，以及通信技术发展导致的空间拓展和远程实时动态交互。因此，在设计特定的图书馆服务体系时，除了实体资源的配置，我们更应思考如何设计虚拟空间与激发动态交互的机制，以充分发挥虚拟空间的延伸拓展效应。

二、科技与人文融合的空间设计

图书馆的空间设计既需参考新型空间设计理论及潮流元素，也需考虑图书馆的使命及社会对于图书馆的功能需求。传承文化、推进阅读是图书馆的使命，应用及展示前沿数字技术以推动创新则是图书馆作为信息服务机构的题中应有之义。

在信息技术和网络技术迅猛发展的冲击下，图书馆空间布局与设计发生了很大的变化。图书馆重塑空间的动力因素主要来自以下三个方面：

①馆藏载体变化，导致空间及学习阅读设施的重新设置；

②海量网络信息的免费获取，使图书馆不再具有信息资源汇集获取中心的优势，到馆率下降，图书馆空间须重设，以适应时代并吸引用户；

③作为一种增进知识、提升素养的中心场所，承载功能变化的空间必须与新型的、交互式学习方式相适应。

在图书馆承担着更多推广阅读、推广文化的责任的年代，我们需要兼容人文传承与科技创新精神来重塑图书馆空间。对于图书馆是关于人与学习的机构的认识已再度被唤醒，图书馆设计就是寻求"恢复图书馆作为学习、文化和智力社区机构的历史角色"。

如何将人文精神与科技并重，在空间设计中凸显对于阅读及文化推广的支持，是当下肩负阅读推广重任的图书馆需重新认识和思考的问题。从阅读推广的角度来重设空间，一方面可以打造具备新一代文化传承机构意蕴的图书馆形象，另一方面也使阅读推广活动的开展有所依托。

（一）图书馆建筑设计

图书馆建筑设计需体现出一定的文化底蕴，传达一种文化理念，传递一份人文关怀。当图书馆建筑空间本身能够成为一种文化标识时，它自然而然就能够吸引读者前来欣赏建筑空间的文化艺术之美，进而阅读图书及使用图书馆的其他服务。实际上国内外已有很多堪称典范的图书馆建筑设计。

（二）图书馆区域空间设计

图书馆区域空间设计既需要体现出文化理念层面的功能全面、灵活多样的现代协调美感，同时又要直接体现出对于阅读及文化推广的支持。除了传统的阅览区域，基于公共空间理念的展览区域、咖啡吧、多媒体制作与欣赏区、研讨交流区域，在图书馆中已相当普遍。

部分研究者认识到图书馆空间的设计更需要着眼于文化与创新。狄安娜等认为未来的图书馆将兼具学习空间、研究空间、交互学习的社交空间、文化空间、创新空间等特性，图书馆在通识教育、个人全面发展等方面扮演着重要的角色，未来的图书馆也应该具备迷你画廊、博物馆和艺术中心的功能。与该思想相呼应，当前高校图书馆创建了越来越多的特色阅读空间。

第四章 高校图书馆服务创新

第一节 高校图书馆服务创新理论

一、服务创新理论概述

（一）创新概念的由来

"创新"（innovation）一词来源于拉丁语里的"innovare"，意思是更新、创造新的东西或某种改变，现代更准确的解释是创新（innovate）、发明（invent）或创造（create）某种新事物的行为。要准确界定"创新"一词，就必须先了解"创新理论"。

"创新理论"是当代西方著名经济学家、美籍奥地利人熊彼特在其著名的《经济发展理论》一书中首先提出的，当时曾轰动西方经济学界，并且一直享有盛名。他认为，"创新"应该包括五种类型，即产品创新、过程创新、市场创新、资源配置创新、组织创新。熊彼特的创新理论主要有以下几个观点。

1. 创新是在生产过程中产生的

熊彼特认为，人们所指的发展只是经济生活中的，而非从外部强加的，是在经济生活内部自行发生的变化。尽管投入的资本和劳动力数量的变化，能够导致经济生活的变化，但这并不是唯一的经济变化。还有另一种经济变化，它不能通过从外部添加数据的影响来说明，它是在体系内部发生的。这种经济变化就是"创新"。

2. 创新是一种"革命性"的变化

熊彼特曾做过这样一个形象的比喻："你不管把多大数量的驿路马车或邮车连续相加，也绝不能得到一条铁路。"他充分强调创新的"革命性"的特点。

3. 创新同时意味着更替

一般说来，新组合并不一定由原来的生产或经营者去执行，即并不是驿路马车的所有者去建筑铁路，而恰恰相反，铁路的建筑意味着对驿路马车的否定。所以，在竞争性的经济生活中，新组合意味着通过竞争而对旧组织加以消灭，尽管消灭的方式不同。在完全竞争状态下的创新和更替往往发生在两个不同的经济实体之间，而随着经济的发展、经济实体的扩大，创新更多地转化为一种经济实体内部的自我更新。

4. 创新必须创造出新的价值

熊彼特认为，先有发明，后有创新；发明是新工具或新方法的发现，而创新是新工具或新方法的应用。只要发明还没有得到实际上的应用，那么发明在经济上就是不起作用的。因为新工具或新方法在经济发展中的运用，最重要就是能够创造出新的价值。把发明与创新割裂开来，有其理论自身的缺陷，但强调创新是新工具或新方法的应用，必须产生出新的经济价值，对于创新理论的研究具有重要意义。这个思想被此后诸多研究创新理论的学者所继承。

5. 创新是经济发展的本质规定

熊彼特力图引入创新概念以便从机制上解释经济发展。他认为，可以把经济区分为"增长"与"发展"两种情况。所谓经济增长，如果是由人口和资本的增长所导致的，并不能称作经济发展，因为它没有产生新物质。发展是一种特殊的现象，它是流转渠道中的自发的和间断的变化，是对均衡的干扰，它永远在改变和代替以前存在的均衡状态。发展理论是对这种现象和过程的论述。发展可以定义为执行新的组合。这就是说，发展是经济循环流转过程的中断，也就是实现了创新；创新是发展的本质规定。

创新理论提出以后，几十年以来，国外创新研究取得了相当多的成果。这些研究，更多地集中在技术创新层面，大致经历了三个阶段。

20世纪50年代初到20世纪60年代末，这一个阶段以案例分析总结为主要研究方法，集中于技术创新的起源、效应、内部过程与结构等方面的研究，对创新过程中的信息交流和环境问题有所涉及，多从创新主体的组织结构变动、风险决策行为及管理策略的角度出发进行研究。

20世纪70年代初到20世纪80年代初，这一个阶段主要采用样本调查和理论推导相结合的研究方法，也借鉴其他学科的理论和方法并将其应用到技术创新研究中，初步形成了技术创新研究的理论体系，研究对象逐步分解、细化，对创新各侧面、各层次都有了全面的探讨。

20 世纪 80 年代至今，这一个阶段在现有研究中侧重热点专题，重视研究内容对实践的指导，同时，研究向综合化方向发展，通过描述、总结，逐步形成系统理论。

目前创新理论已经成为当代最重要的科技与经济、社会发展密切结合的理论思想之一。创新也被当作经济发展和社会进步的巨大推动力，被认为是知识经济和知识社会的核心，创新概念也在不断得到深化和扩充。

人们对创新概念的理解最早是从技术与经济相结合的角度出发，探讨技术创新在经济发展过程中的作用。与创新、发明或创造某种新事物的行为三种含义相对应，就有了"知识创新"（科学新发现）、技术创新（技术新发明）及产品创新（新产品的研究开发与制造）。熊彼特认为，所谓创新，就是要建立一种新的生产函数，即生产要素的重新组合，就是要把一种从来没有的关于生产要素和生产条件的新组合引进生产体系中去，以实现对生产要素或生产条件的新组合。因此，他把创新定义为："创新指的是新产品的开发、新市场的开拓、新生产要素的发现、新的生产过程的引入，以及新组织形式的实施。"虽然他所说的创新过于强调经济学上的含义，过于重视初始创新和根本性创新的作用，忽略了在商业上具有同等经济价值的渐进性创新，但是，该定义既涉及技术性变化的创新，又涉及技术性不变化的创新；既涉及产品本身的创新，又涉及市场、组织和运营过程等的创新，为服务创新概念的提出创造了条件。

（二）服务创新研究现状

创新理论提出以来，有关创新理论的研究大多集中在技术创新领域，这是由于技术创新对经济增长和社会发展有巨大推动作用，在人类社会和经济发展过程中产生了巨大的影响。目前技术创新的研究取得了相当多的成果，而对于非技术形式的创新，特别是曾被认为"非生产性"的"剩余"部门——服务业中是否存在创新的问题，仍然存在很多争论。研究人员最能接受的观点也仅局限在适应技术创新的框架以内，很难接受服务业中存在创新。

人们常常以严格的技术性分析来求证服务创新的过程、性质、机制和效果，并将技术创新理论照搬到服务创新的研究中，存在着严重的"技术偏见"，因而无法完全揭示服务创新的内涵和规律。同时由于大量新技术在服务业中的运用，服务创新依托技术条件产生的变化很容易使人们认为服务中的创新是严格技术性的或者是适应技术的。人们认为只有技术创新才对服务创新起作用，这使得服务创新的能力和范围被严重低估了。

虽然目前对服务创新的研究存在着理论缺乏、概念模糊和测度困难等问题，但是，20世纪80年代以来，西方学术界有不少学者对其开始了大量深入细致的学术研究。从分散到系统，从微观到宏观，从依附于技术创新到形成独立的理论和方法体系，服务创新在研究方法和研究内容上都取得了有益的成果。

对服务创新的研究在方法上有一个发展过程。起初的研究照搬了在技术创新研究中得出的理论观点和方法体系，试图以此揭示服务创新的内涵和发展规律，这种运用技术创新分析方法对服务创新的研究无法完全揭示服务创新的创新机理。研究人员进一步从服务本身的特性出发对服务创新活动进行分析，发现技术创新和服务创新之间存在着本质上的差异，进而揭示了服务创新的特有性质和规律，为全面、系统、深入地研究服务创新的本质和规律开创了新领域，摆脱了技术创新理论与方法对服务创新研究的束缚。伴随着产业的相互融合和边界的模糊，研究人员可以从更高的层面来揭示服务创新和技术创新的共同特征和性质，把服务和产品都看作在功能上的无差别事物进行统一的整合研究，使服务创新的研究方法和体系初步形成并日趋成熟。

早期的服务创新研究侧重于案例分析，服务创新概念和服务创新模式是这一时期的研究重点。服务创新范畴的广泛性和服务创新形式的多样性得以揭示，服务创新的"组织创新""结构重组创新"等创新形式的地位得以确认。随后，研究人员开始关注服务创新的过程，通过对具体过程的描述进而建立了相应的服务创新过程模型。对于服务创新和技术创新共有的元素，如人力资源、组织形式、标准化、创新动力、创新结果、创新战略等进行了广泛深入的探讨，揭示并掌握了服务创新的基本规律。研究人员继而引入了系统研究方法，不仅关注外部环境对服务创新的影响，还开始关注服务中的创新和创新中的服务。并且，研究人员通过对部门间服务创新的异质性研究，揭示出产业间创新规律的异同。

（三）服务创新概念的界定

要给"服务创新"一个准确的定义，不仅要界定服务创新的内涵，即服务创新活动的范畴，还要重点把握服务创新的特性。应该说，服务创新活动在国民经济各部门都发挥着重要作用，它广泛存在于服务业、制造业以及非营利的公共部门之中。从广义上讲，服务创新指的是一切与服务相关或针对服务的创新行为与活动。从狭义上讲，服务创新指的是发生在服务业中的创新行为与活动。

服务创新是技术创新概念在实践中的应用，是服务主体根据需求，利用外部的技术条件，对资源进行重新组织，重新安排服务的形成和提供过程，从而推出新功能的服务或新的服务实现方式，提高原有服务的效率，提高服务主体的整体运行效率和经济效益。具体表现为服务种类增加，服务功能增强，服务质量提高，服务成本、价格降低，服务效率提高，开辟新的市场，扩大原有市场份额，等等。其最终目标是通过满足社会需求获取更多的效益。因此，从本质上讲，服务是一个过程，具有"抽象性""多样性""关联性""易逝性"等特征，服务创新也具有不同于技术创新的特质。对服务创新概念的理解要重视以下几个要素。

1. 服务创新的无形性

服务在很大程度上是抽象的、不具备实物形态的产品。但服务的过程可以以为客户提供有形产品作为对象，也需要一些有形的设施及设备。服务创新是一种概念性、过程性的活动，创新结果是一种无形的概念、过程和标准，服务创新可以在不包含技术维度的情况下发生，如新的金融产品的出现、新的商业业态等。同时，服务创新在很大程度上是无法用数量和市场价值来衡量的，而只能用社会价值的增加来描述。

2. 服务创新的多样性

服务具有不一致性的特点，即服务通常是不标准的而且可变性很强，用户常常要求独特的、专门定制的服务。用户在某些特殊情况下提出一些特殊的要求，就可能导致新的服务的产生。而制造业则是通过产品的标准化来提高生产率，相对于服务业来说，产品的差别化仍然较低。因此，在服务业中，也涉及更多的与用户的相互作用，包括面对面的和通过其他媒体的各种交流。服务创新的类型不仅包括产品创新、过程创新、市场创新和组织创新，还包括"定题创新""传递创新"等形式。

3. 服务创新的关联性

典型服务的生产过程与消费过程不可分割，即用户往往参与到生产过程中来，用户为服务提供者提供一定的输入，这种输入可包括用户自身、用户的所有物以及信息。服务创新更多以用户需求为导向，用户不仅推动了创新的出现，还亲自参与创新过程。而对于技术创新来讲，用户的参与可能会使产品更加符合市场需求，但用户的参与并不是必要的条件，技术推动型创新仍占据主导地位。

4. 服务创新的新颖性

一般来说，创新用来表征明显变化的发生，但是，服务创新既包括明显的变化，又包括程度较小的、渐进的变化，其创新范围较为宽广。同时，服务创新具有不可复制性，它经常是针对用户特定问题提供一种新的解决办法或方案，并可能只出现一次而不重复出现。而在技术创新中，产品大量生产，组织形式和生产过程被持久引入，因此技术创新具有一定程度的可复制性。这是对较为狭窄和严格的创新概念在一定程度上的扩展。

5.服务创新的适用性

技术创新主要是针对整个产业而言的创新，如新技术的引入为整个产业带来的发展变化，对企业层面的创新较少关注。而服务创新则更多的是企业层面的变化，这种变化可以通过传播和扩散而促使整个产业发生变化。

因此，服务创新包含以下几个方面的关键内容。

第一，服务创新是一种概念性、过程性的创新活动而不是有形的产品，具有明显的无形性。

第二，服务创新的形式具有多样性，技术创新只是其中一个方面。其特有的"专门创新""传递创新""形式化创新"以及"社会创新"等创新形式在服务创新中占有重要地位。

第三，服务创新的"用户导向型"很明显。用户作为"合作生产者"积极参与整个创新过程，服务创新更多呈现的是一种需求推动现象。

第四，服务创新的新颖度范围较广，包含从渐进的小变化到根本性的重大变化，并且是可复制性创新和解决特定用户问题的不可复制创新的组合。我们必须将传统的可复制性创新理论和以积累为基础的持续变化理论结合起来，来理解服务创新。

第五，服务创新更多关注企业层面，并在企业内部产生和发展，产业层面的创新较少。

在上述五个要素中，"无形性"是核心要素，其他四个要素都是以它为基础衍生的。同时，不同要素间还存在相互关联和相互作用，如图4-1所示。

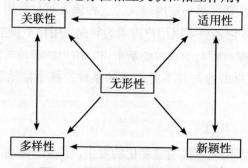

图4-1 服务创新概念要素示意图

（四）服务创新的基本特性

深入探讨服务创新的基本特性是进一步研究服务创新流程的必要进程。服务创新的基本特性大致可以概括为以下 10 个方面。

1.服务创新内涵的丰富性

服务创新可能是技术创新，但更多的是非技术创新，如过程创新、组织创新、结构创新等。服务创新有的是新服务产品的创造，有的是新技术的引入，有的是新知识和信息的产生，有的是市场开拓的新途径和新方法，有的是新的组织形式。所以，要准确把握服务创新，就必须从更为广阔的多维的角度进行考察。

2.服务创新用户的参与性

服务创新的一个显著区别于技术创新的特点就是用户参与创新的过程之中。由于用户及众多创新行为主体的参与，服务创新的交互作用较技术创新复杂得多。服务创新过程中用户参与的特性表现在服务产品的生产过程中，用户以不同形式参与到整个生产和传递过程中，并同员工发生大量的交互作用，服务创新过程是一种"合作生产过程"。而服务创新产品也是为适应用户的不同需求，在不同环境中针对特定的非标准化问题产生的，服务创新在很大程度上是一种独一无二的创新。

3.服务创新过程的交互性

服务创新过程包含了很丰富的交互作用。它首先是一个与外部行为者特别是用户的交互作用过程。用户既是创新思想的重要来源，也是创新的"合作生产者"。

首先，这种与用户的交互作用是服务创新产品赢得市场、满足需求的一个重要因素。其次，与技术及设备供应等外部行为者的交互作用，也对服务创新的最终效果产生重要影响。最后，服务创新在内部也是一个交互作用的过程。管理者与员工以正式和非正式的方式参与到不同的交互作用中，不同的组织类型产生不同的交互作用模式。

4.产品创新和过程创新的同一性

服务常常表现为规则、标准和过程而不是一个有形的实物，服务"产品"就是服务"过程"。在大多数情况下，服务产品在生产的同时必须被消费而无法被存储。服务创新的产品不能完全和过程分离，人们很难在没有改变服务过程的情况下改变服务产品，服务产品创新和服务过程创新经常表现为同一创新，要在它们之间划出明显的界限是困难的。

5.服务创新生产的渐进性

服务创新经常是一种渐进性的创新而非根本性的创新，更多的是在原有服务基础上的改进，只有很少一部分是对外部市场而言的全新创新。

6.服务创新轨道的广泛性

"轨道"是在社会系统中（如一个国家、一个国际性产业网络和一个地区性的专业网络等）传播的概念和逻辑（如一般性知识、基本方法和行为准则等），这些概念和逻辑常常通过很多难以识别的行为者进行传播和扩散，并与周围的动态环境相适应。服务创新经常以某些轨道为基础，如"服务专业轨道""制度轨道""管理轨道"和"社会轨道"。服务创新可以同时包含几个轨道。

7.服务创新方式的多样性

服务创新既有"定制化"生产方式，又有"标准化"生产方式。而且这种以用户需求为导向的"定制化"生产方式和以服务产品特性为依据的"标准化"生产方式日益整合在模块化系统中，满足了用户需求，提高了服务效率和扩大了服务规模。

8.服务及与产品的"高信任度"

服务活动是一个过程，在本质上它是无形的，用户与服务创新主体间的关系通常是主观的、暗默的和难以解码的，这是信息不对称引起的。相互"信任"就成为创新能否顺利进行的一个重要因素，它将直接影响最终的创新质量。

9.服务创新组织的非职能性

服务创新依靠的不是传统意义上的专门的研发部门，而是服务创新主体内部的工作小组甚至个人。他们才是创新的关键本源，服务创新仍然是一个非正式的过程，传统的研发部门在服务创新主体中最多也只是起到一种诱导、搜集和整理创新概念的作用。同时，服务创新的开发周期短，而投资回报期也较短，服务创新研发活动主要以社会科学和人力资源科学为基础。

10.服务创新的知识产权保护

服务创新的无形性导致了诸多知识产权保护问题。服务创新的产品和过程创新，很难不被模仿和抄袭，这种竞争性复制严重阻碍了服务主体的创新活动。服务主体只能通过用户群体的绝对占有、服务传递方式的创新和商品品牌进攻性营销等方式来捍卫其服务创新地位，最大限度地取得服务创新、服务主体带来的利益。

（五）服务创新的类型

在熊彼特的思维框架中，他将创新看作"一种从没有过的关于生产要素的新组合"引入生产体系中，这种新组合包含五种创新类型，即产品创新、过程创新、市场创新、输入创新、组织创新。其后，很多研究人员对服务创新模式从各个层面、各个角度进行了分析、综合、描述，按创新对象的不同，将服务创新划分为产品创新、过程创新、组织创新、市场创新。以服务特性区分，将服务创新划分为产品创新、过程创新、传递创新。按组织要素的差异，将服务创新划分为社会创新、技术创新、网络创新、复制创新，以及非技术性创新，如专门化创新、组织创新、形式化创新等。

从以上的分析我们可以把服务创新概括为 9 个基本类型（见图 4-2）。

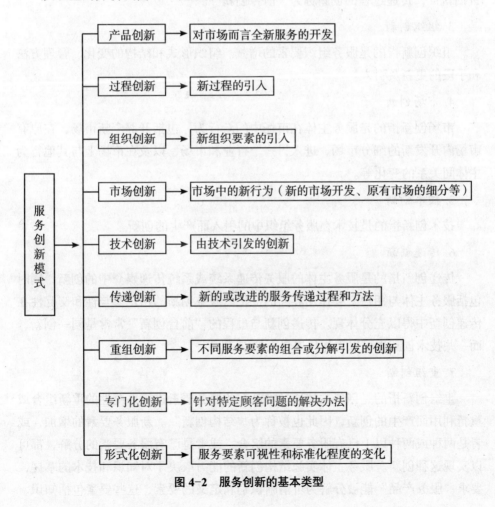

图 4-2　服务创新的基本类型

1. 产品创新

服务产品创新是指对市场而言全新的或者改进的服务产品的引入。它表现为一种全新的服务概念、流程和方法，而不是一个有形物品。

2. 过程创新

过程创新指的是过程的引入。由于服务的本质具有抽象性，是一种无形的过程，因此，服务产品在很大程度上就是服务过程，在产品创新和过程创新之间进行明确的区分是困难的。从广义上讲，服务的过程创新就是产品创新，同时，过程创新是针对某一服务的传递过程和运作而言的。从狭义上讲，过程创新就是服务生产、传递的程序或规程的变化。生产过程的创新称为"后台创新"，传递过程的创新称为"前台创新"。

3. 组织创新

组织创新指的是服务组织要素的增减、组织形式和结构的变化、管理方法和手段的更新及引入。

4. 市场创新

市场创新指的是服务主体在市场中的新行为，包括开辟全新市场，在原有市场内开发新的细分市场，进入另一个行业和市场，以及在市场上与其他行为主体间关系的变化等。

5. 技术创新

技术创新指的是技术在服务组织中的引入而产生的创新。

6. 传递创新

传递创新指的是服务主体的服务传递系统或系统传递媒介中的创新，同时包括服务主体与用户交互作用界面的变化。服务创新的用户参与性和交互性在传递创新中得以充分体现。传递创新与过程的"前台创新"常常是同一创新，而一些技术创新也可以看作传递界面的创新。

7. 重组创新

重组创新指的是创新主体通过将已有的服务要素进行系统性的重新组合或重新利用而产生的创新，因此也被称为"结构创新"。新服务要素的增加，或者是两种或两种以上已有服务要素的组合，或者是已有服务要素的分解，都可以实现这种创新。服务主体实施结构创新的能力取决于对知识和技术的掌握，要求"服务产品"能被分解为可清晰识别和定义的要素，这些要素包括知识、特性、产品、服务、人力资源和制度等。即"服务产品"具有一定的模块化结构，因此，服务主体的"标准化""模块化"生产方式和正式化程度显得尤为重要。同时，结构创新模式还可能表现为由若干最初独立的服务主体相互关联和集结并形成一个系统化的创新体，即在产业层面上进行创新。

8. 专门化创新

专门化创新指的是针对某一用户的特定问题在交互作用的社会化过程中构建并提出解决方法的创新模式，专门化创新的实际效果不仅依赖于服务主体本身的知识和能力，还取决于交互界面中用户组织的专业知识和能力。它是一种"进行"中的创新，无法在创新开始前进行计划和安排，其引起的变化是经验和知识能力积累的解码在不同环境中被重复使用而形成的持久和正式的状态变化，由此扩大了服务主体的组织记忆。此外，专门化创新中"服务主体—用户"界面的存在有助于限制这种创新的可复制性，对创新起到了一定的保护作用。

9. 形式化创新

形式化创新指的是服务要素的"可视性"和标准化程度发生变化，而非定性、定量变化，也被称为"规范化"创新。它可以通过服务要素变得更加"有序"。形式化创新通过对服务要素进行详细说明，减少服务要素的模糊性以使其更加有形，赋予服务要素的具体形式等方式实现。

重组创新、专门化创新和形式化创新存在于特定的服务主体中。它们并非完全独立的，而是存在着相互的关联性。重组创新和形式化创新常常出现在专门化创新之后。专门化创新也可能和形式化创新同时出现，这是因为，当一种新的特定的解决方案被发现并利用时，相应的方法和工具就会被及时开发出来，该领域的独立服务也就得到定义。专门化创新还会为方法改进（形式化创新）和发现新的服务领域（重组创新）提供新的思路。形式化创新过程使服务要素的标准化程度提高，从而为重组创新的实施提供了条件，所以，在形式化创新之后常常紧跟着的就是重组创新的实施。

（六）服务创新的驱动力

1. 服务创新驱动力模型

服务创新的基本驱动不仅是形成创新模式的基础，还是创新过程的决定因素。驱动力要素的组合则会构成服务主体的系统创新环境，正确识别和把握驱动力是制定服务创新战略的前提，也是管理创新活动的重要手段。

服务主体进行创新的驱动力多种多样，既有内部行为主体的驱动，也有外部因素的作用，每类驱动力包含了不同要素并对服务创新活动产生不同的影响，服务创新驱动力模型如图4-3所示。

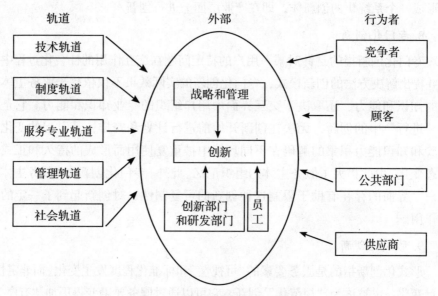

图 4-3　服务创新的驱动力模型

2.服务创新内部驱动力

服务创新内部驱动力包括发展战略和管理、员工、创新和研发部门三类。

（1）发展战略和管理

服务主体发展战略是一种最为根本也是最为有效的创新内部驱动力。由于发展战略是服务主体有关自身发展的长期规划，是服务主体各项活动的根本准则，因此，服务创新就成为服务主体谋求生存和发展的主动需要和内在动力，战略驱动的服务创新活动就成为一种系统性创新活动。管理也是一种关键的内部驱动力，服务主体根据用户需求变化及时地通过管理活动做出反应，并以此激发某种形式的创新出现。管理还可以通过组织的变革，市场的开发、运作和传递过程的改进而促使创新发生。

（2）员工

员工是服务创新重要的内部驱动力，员工参与了服务创新过程中与用户之间的一系列交互作用过程，因而最能直接发现用户需求并产生创新思想。同时，员工自身的知识积累及创新经验都能够提供有价值的创新思想，更重要的是员工还直接参与并推动服务创新的出现和具体实施。

（3）创新和研发部门

虽然创新和研发部门在服务主体内部发挥了诱发、搜集创新概念的作用，并对创新过程产生一定的影响，但其不是服务创新的主要驱动因素。

3. 服务创新外部驱动力

服务创新外部驱动力分为轨道和行为者两种类型。

（1）轨道

创新活动和轨道之间是相互作用的。虽然单个服务主体的创新活动会对某个轨道产生影响，但作为重要的外部创新驱动力，轨道对服务主体的影响更大，它使服务主体在轨道的约束范围内进行创新。

服务创新受五种类型轨道的制约。第一种轨道是服务专业轨道，它指的是存在于不同服务专业中的一般性知识、基本方法和行为准则。它对服务主体的影响最大，服务创新活动的发生和发展都必须以此为基础，在轨道约束和演进的范围内进行。第二种轨道是管理轨道，它指的是针对组织形式的一般性管理概念，如激励机制等。第三种轨道是技术轨道，它指的是服务生产和传递过程必须依赖的有关技术使用的逻辑，如网络技术、信息和通信技术等，技术轨道经常会引发很多创新出现。第四种轨道就是制度轨道，它描述了服务主体外部制度环境的一般演变规律和趋势，包括政治环境、管理规则等的变化。第五种轨道是社会轨道，它是一般性社会规则和惯例的演进，如生态和环境意识的加强就对服务主体的创新活动产生重大影响。这五种轨道相互交织，共同对服务创新活动产生影响。

（2）行为者

行为者指人、企业或组织，其行为在服务创新过程中对创新活动产生重要影响。

行为者中的用户是最重要的组织部分，用户经常提供大量有价值的信息并且是创新思想的来源。用户在创新过程中的积极参与，对创新的顺利进行产生重要影响。用户是服务创新的重要外部驱动力。

竞争者也是创新活动不可忽视的重要因素。竞争者的创新行为为服务主体的创新活动提供了重要的参考和借鉴，竞争者帮助服务主体进行服务创新的具体实施。知识及知识载体的供应商也是创新思想重要来源和创新活动的推动者。

公共部门对服务主体创新活动的影响较其他行为者的小，它所起的作用往往是间接推动作用，即提供创新所需的知识、开发和管理的经验等。公共部门对服务主体施加的一定的管制，也经常引发很多创新的出现。

二、高校图书馆服务创新

（一）高校图书馆服务创新的理论基础

1. 新旧"五律"是图书馆服务创新的理论来源

1931 年，印度图书馆学家阮冈纳赞提出了图书馆学五定律。之后，美国著名的图书馆学专家克劳福特和戈曼在阮冈纳赞五定律的基础上，又提出了图书馆事业的五条新定律。

新旧"五律"都指明了图书馆存在的价值在于其为社会提供信息服务，在于以最少的时间、最快的速度，为最多的用户找到最多的信息。两者都为我们指明了图书馆服务的根本发展方向，将"用户第一，服务至上"的服务精神和服务理念作为图书馆人不懈的精神追求。

从老五律到新五律的提出有 60 多年的间隔，在此期间，图书馆工作的技术条件面临的外部环境以及内部机制都经历了前所未有的变化，但从新老五律可看出，无论图书馆如何发展，发展形态如何改变，唯一不变的是图书馆的服务宗旨。当然，面对当今信息化、数字化和网络化快速发展的服务环境，图书馆服务要从服务模式、服务对象、服务内容、服务重点、服务手段等多方面进行变革和创新，而这些在新老五律中的前四律中都有不同程度的阐释，对如何创新服务都有很好的现实指导意义。从某种程度上说，新五律是对老五律的继承和发展，印证和补充，同时两者也都是图书馆信息服务创新的理论基础，它们指明了图书馆信息服务创新的方式方法，阐明了图书馆服务的目标。

新老五律中的第五律，"图书馆是一个发展着的有机体""尊重过去，开创未来"，指明图书馆是不断发展的，通过不断地创新进行自我演进，同时在创新中公正地、理智地将过去与未来相融合。尤其是在目前的图书馆转型期，我们不仅要调整和变革图书馆服务的功能和意义，还要继承和发展传统服务，只有这样，才能"尊重过去"，才能更好地"开创未来"，才能赋予图书馆新的生命力，使图书馆真正成为一个不断发展的有机体。

（1）以技术进步促进服务质量的提高，重视知识传播方式是图书馆服务创新的方法指导

新五定律明确指出："图书馆无论如何变革，都应是肩负历史赋予伟大使命的知识传播机构"。相对旧五定律来说，新五定律将图书馆的基本职能明确为"知识传播"，将图书馆定位于"知识传播机构"，这本身就是对阮冈纳赞"五律说"的发展和创新。图书馆作为知识传播机构，传播的是知识和信息，其使

命是"服务于人类文化素质"的提升，是实现"书是为了用的"。在完成其使命的过程中图书馆可以"重视各种知识传播方式"，这为我们创新服务模式提供了很好的方法指导。我们可以大胆地尝试各种新的服务方式和手段，发挥图书馆的多重优势，充分利用网络通信技术、计算机技术，采取手工与计算机相结合、面对面服务与远程服务相结合、网络导航服务与自助服务相协作等多样的、多类型的面向未来、面向网络的信息服务方式，以满足不同用户的信息需求，通过服务方式的多样性来吸引更多的用户群体。

目前技术进步正以点滴的方式向图书馆渗透，逐渐改变和替代图书馆传统的工作方法，使图书馆的技术含量和现代化程度越来越高。但实质上，图书馆的现代化过程是图书馆不断利用先进技术手段改进传统服务，提高自身服务能力和服务水平的过程。而科学技术的应用往往又促使图书馆产生多种改革措施，所以，戈曼提出了要"明智地采用科学技术提高服务质量"，就是要清醒地理智地分析改革措施与图书馆使命之间的关系，不能盲目地推崇技术。人们既要借助科学技术去"探索解决问题的方法"，提高服务质量，又要对"成本—效益、成本—收益"进行权衡。

（2）以节省读者的时间、确保知识的自由存取作为图书馆服务创新追求的目标

图书馆的第一任务是传播知识，其次是传递信息。其服务的目标是使读者（用户）获取知识、信息，使文献信息资源发挥最大的效益。所以，图书馆服务创新也要围绕此目标进行，努力达到"知识自由存取""人人有书""书为人人"的理想状态。现代图书馆开展的集成服务或一站式服务，都是在为"节省读者时间"而努力。相应地，"及时性"也成为衡量图书馆服务的一个指标，所以，未来服务的创新点就是要建立全方位的传输系统，充分运用多样化的传输手段，以达到"及时性"的具体要求。因此，图书馆只有广泛收集各类资源，扩展服务对象，运用综合技术提高资源的可获得性和适应性，才能实现"人人有书""书为人人"的目标。同时，图书馆只有针对个性化的需求提供有深度的服务，才能进一步体现自身的服务特色和服务水平。图书馆在创新方面应以加强深层次加工服务以及深度研究服务为方向，建立良好的用户服务系统，从而形成互动的服务关系。

图书馆作为知识传播机构，它不是唯一的能提供服务的部门，因此它同样面临着残酷的竞争。在新的环境中，新老五定律为其指明了方向。图书馆在实现"人人都有书"的过程中，应扩大服务范围，扩展自身的存取能力，使每个读者都可拥有图书馆，都可向图书馆提供信息，以实现"知识的自由存取"。

2. 用知识管理的理念指导图书馆服务创新

（1）知识管理的界定

20世纪末为适应知识经济的知识需求，管理理论应运而生，并首先在企业界取得了非凡成就。于是，"知识管理"风靡全球。这种新的管理模式的出现被管理学大师彼得·德鲁克誉为"管理革命"。知识管理视知识为最重要的资源，在整个管理过程中力图最大限度地调动和使用知识资源，把最恰当的知识在最恰当的时间传递给最恰当的人，使他们能够做出最恰当的决策。简而言之，知识管理旨在系统性地利用信息和知识提高人的工作效率和技能素质，提升团体的创新能力。知识管理作为一种全新的管理方法将使社会中各种组织和个人的生存方式发生变化。高校图书馆作为存储知识、加工知识和传播利用知识的重要部门，必须认真审视和研究知识管理理论和方法，并将其应用于自身的改革与发展中。

知识经济是世界范围内兴起的一个新概念。作为知识经济子学科的"知识管理"更是一个全新概念。20世纪90年代中期，知识管理才成为一门独立的学科。之后短短的几年内，就产生了数位"大师"级人物，其中最著名的当属达文波特，其《营运知识》一书堪称知识管理的代表作。

在我国，管理学者与图书情报研究人员较早开展了对知识管理的研究。特别是图书情报学界对知识管理的研究从1999年起骤然升温，知识管理成为一个研究热点。但从有关文献来看，人们对知识管理这一新兴概念，还远未达成共识。美国生产力与质量中心如此定义知识管理："知识管理应该是组织有意识采取的一种战略，它能保证在最需要的时间将最需要的知识传送给最需要的人。这样可以帮助人们共享信息，进而将之通过不同的方式付诸实践，最终达到提高组织业绩的目的。"约格西·马赫特拉博士特别强调，知识管理是处理信息技术所提供的数据和信息的能力与人的发明创造能力这两方面的有机结合。

美国德尔福公司创始人之一卡尔·弗拉保罗认为："知识管理就是运用集体的智慧提高应变和创新能力，是企业实现显性知识和隐性知识共享的新途径。"那么，什么是显性知识和隐性知识呢？根据知识存储对象（物或人）的不同，日本学者首次区分了显性知识和隐性知识。所谓显性知识即外在知识，它能够以编码的形式表述，存储于媒体中，是可供人们交流、存储、传播和复制的知识。而隐性知识则是意会知识，它高度个体化，存储于人的大脑中，难以编码和形式化，体现为个人洞察力。智慧、经验和技能是知识创新的关键。

在知识经济中实施知识管理的目的是为实现员工显性知识和隐性知识的

共存而寻找新途径。显性知识易于通过计算机进行存贮和整理。隐性知识由于只可意会不可言传而难以把握，它存贮在雇员的大脑里，是雇员的个人知识。知识管理的核心就是要创造一种隐性知识与显性知识互动的机制和平台，把隐性知识转化成人们可以共享的知识。我们应认识隐性知识的价值，从一个全新的视角评价员工的价值，并将机构产生的显性知识与隐性知识交织起来进行管理。

从以上多种定义可以看出，知识管理的主要特征是知识管理者既可以是机构也可以是个人；知识管理的对象是知识，既包括显性知识也包括隐性知识；由于隐性知识储存于人的大脑中，所以知识管理不仅是对物的管理，也是对人的管理；知识管理强调动态的过程管理以及在这个过程中知识的升值，尤其强调该过程中知识的共享，并以组织应变和创新能力的提高以及业绩（竞争力）的改善为最终目标。

（2）图书馆与知识管理的关系

图书馆知识管理就是对显性知识和隐性知识的搜集、整理、存储和使用，并使其充分发挥作用的过程，主要体现在以下三个方面。一是显性知识的有序化，即对显性知识进行有序化组织，以便建立知识库，供用户使用。二是强调隐性知识的发掘，把人作为知识管理的核心，营造一种创新交流学习和应用知识的环境，形成激励机制，培养知识型馆员，建立人才库。三是用知识管理的思想指导图书馆积极发挥服务的价值和知识的价值，走知识服务之路。知识库和人才库的建立，是图书馆实施知识管理的必备条件，走知识服务之路是图书馆实施知识管理的目的。

无论是图书馆的知识管理（将公共知识转化为个人知识）还是企业的知识管理（将个人知识转化为公共知识），其目的都是促使知识的流动。知识只有流动才会增值，而不被分享和使用的知识将会老化。一般说来，知识创新包括两方面：一是显性知识的创新——创造新概念；另一类则是隐性知识转化为显性知识——意会知识经过整合集成转化为显性知识。由于意会知识通常表现为一种技巧或诀窍，用操作程序来表征，因此，这类知识创新表现为新技术、新工艺和新产品。

（3）知识管理对高校图书馆服务创新的现实指导作用

高校图书馆实施知识管理的最终目的在于以创新的服务满足用户的需求。用户日益增长的信息需求与现代图书馆相对落后的服务内容、服务方式、服务手段之间的矛盾是现阶段图书馆服务的主要矛盾。解决矛盾的方法或搞好服务的根本是创新。

知识管理对服务创新的指导首先表现为深化服务内容，即提供知识服务。它不是简单的信息积累和传递，而是知识的再开发和利用，是传统文献服务的深化，以知识的搜寻、组织、分析、重组为基础，为用户提供有效的支持知识应用和知识创新的服务。在服务内容的深度上，图书馆不仅要重视用户需求分析，还要对现成文献进行加工，形成新的具有独特价值的产品，解决用户所不能解决的问题。知识服务人员应将智慧发挥出来，增加服务中的知识因素，动态地搜寻、选择、分析、利用各种知识，形成针对性和适用性更强的再生知识，实现知识资本的更新、组合、增值。在服务内容的广度上，图书馆应有尽可能宽的知识涵盖面，真正起到知识传播和共享的作用，如实施知识导航。知识导航建立在知识管理基础上，运用多种先进技术与手段，主动地向用户提供帮助与指导，以快捷有效的方法满足用户的知识需求。知识导航是知识管理的具体服务和重要组成部分，也是图书馆进行知识管理与其他行业进行知识管理的最大不同之处。通过优良的知识导航，图书馆可展现知识管理的成效。

其次是创新服务模式。互联网的发展为图书馆的服务提供了全新的平台，也为图书馆开拓了一个崭新的空间。图书馆不仅可将传统服务在网络上延伸，也可开拓新的服务模式。目前，一些传统的服务已可以通过网络完成，如网上预借和续借、馆际互借、网上参考咨询、目录查询、信息检索、新书通报等，这些都是服务模式创新的表现。在知识管理思想指导下，图书馆还应开拓更高层次、更多内容的知识服务模式，如尝试建立结构化参考服务模式。目前的单一平台咨询服务模式多是围绕信息资源的利用展开的，只能解答相对简单的问题，服务的深入程度不够，难以展开个性化、专业化的服务。而结构化参考服务模式是将人力资源和信息资源纵向分类，按照问题的难易程度、资源利用方式或者专业类型等标准划分成若干具体咨询部门，并在人力、资源等方面进行对应的配置，为用户问题的深入解决提供了相应的人力和资源支持，在一定程度上为实现服务的个人化和连续性提供了可能。这样，不但可提高服务效率，改善服务的友好性界面，而且服务的深入程度也会有所提高。

最后是改变服务策略。图书馆作为向社会提供服务的组织机构，已融于整个社会创新体系中，是启动社会知识创新工程的要素之一。它的主要职能不是本身创造知识也不是自身利用知识，而是通过对资源的组织把知识和用户联系起来，起到知识交流的中介作用。用知识管理思想指导图书馆服务就是以知识为内涵，以用户为中心，注重知识共享和创新，改变传统以馆藏为中心的服务，注重服务策略，兼顾传统服务与网络服务，发挥二者的整体优势。图书馆要提供以"用户为中心"的知识服务，就要深入研究用户的信息需求，建立有效的信息反馈渠道和科学、可行的评测指标，连续搜集有关用户的阅读倾向、阅读数量、需求层次、满足程度以及用户利用图书馆的方式等有关数据，并对这些数据进行系统的分析和比较研究，以便及时地改变服务策略，改进服务环节，增加服务类型，扩大服务规模，优化服务项目，从而使偶尔用户变为经常用户，潜在用户变为现实用户。

（二）高校图书馆服务创新原则

1. 客观性原则

用户接受服务，利用资源是用来指导客观实践活动的，他们要求图书馆提供的服务内容要保持"原创性"，所以，服务的创新要立足内容的本义，图书馆要保持提供的内容与原内容在本质上一致，坚持实事求是的客观性原则。客观性原则能充分体现服务的"客观性"，它要求图书馆提供服务的产品所包含的内容与加工、整合前的原本的内容在本质上相吻合，趋于一致，也就是提供给用户的产品必须反映客观事物的本质属性。图书馆应尽可能客观、全面揭示信息资源的各个知识点和有价值的知识单元，客观地反映信息资源的原貌，只有这样，才能形成高质量的产品，才能真正满足用户的需求。

2. 持续性原则

服务创新是一个系统工程，是整个社会创新系统的子系统，它也是一个很漫长的过程，因此，要坚持持续性原则。知识经济的不断发展，社会信息资源环境的不断变化，信息技术的不断完善，用户信息需求的不断增长，图书馆事业发展的需要等多方面原因，促使图书馆服务也要跟上时代步伐，不断推陈出新，要可持续地发展。持续性原则还表现为服务创新要将过去、现在和未来相结合，将局部和全局相结合，将当前和长远相结合。只有持续性地创新各项服务内容和模式，图书馆才能赢得用户的信任，才能得到良好的社会效益，才能在激烈的服务市场中站稳脚跟。

3. 协调性原则

创新是系统内各个相关因素相互作用的结果，各个要素是相辅相成的，共同发展的，因此，图书馆要坚持协调性原则。现代图书馆的服务相较传统图书馆的服务，在资源形式、服务形式和服务对象等几个方面都发生了根本性的变化，服务环境更加复杂，系统内的任何一个创新要素都是不可缺少的。所以，图书馆要全面地考虑各个方面，不能顾此失彼，要充分协调好各个环节和各个要素的关系，发挥系统功能的优势。协调性原则还体现为积极发展网络服务时，要使网络服务和传统服务二者协调发展。

4.适用性原则

创新的目的是为用户提供更贴切、更满意的服务，是以用户的需求为出发点的，因此，新型的服务必须符合用户的要求，适合用户解决问题，讲究适用性。倘若新型服务与用户解决问题的关系不大，那么其类型再多，内容再新颖，也是毫无意义和价值的。所以，图书馆应根据用户的知识结构、认识规律、思维能力、使用习惯等来创新服务，一切围绕解决用户的实际问题来开展，只有这样，新的服务内容才能赢得市场。

5.特色性原则

特色化的个性服务是图书馆服务的发展重点和发展趋向。在庞大的信息资源中，用户的需求更加趋向微观化和个性化，因此，服务的创新要有针对性和特色性，图书馆要针对个性化的用户，创新出有特色的服务。没有特色就难以生存和发展，特色也就意味着在创新过程中要有所选择。在内容的加工和处理上，图书馆要尽可能地贴近和适应个性化用户的知识结构、智力储备和利用的环境，针对用户要解决的问题，提供准确答案。特色性原则还体现在提供与其他服务和机构有区别的服务，独树一帜，利用特色服务来吸引更多的潜在用户，树立品牌服务形象。

6.效益性原则

图书馆服务的效益体现为广泛的社会效益和一定的经济效益。图书馆服务是一项公益性事业，因此，以社会效益为主，并通过自身服务来体现。创新就是要提高服务能力，提高社会效益，但由于技术的改善、数字化资源的购进、参考咨询服务系统的建立、网络资源的维护和更新等都需要一定的经费来维持，而目前大多数图书馆还是靠上级拨款，资金有限，所以，在服务创新过程中图书馆要考虑成本问题，力争低成本、高收益，在成本和效益之间寻找新的平衡点，使新的服务更实用。

服务创新是一个综合化概念，它贯穿图书馆服务的整个过程，包括服务观念的革新、资源的开发、产品的研制和加工、服务方法的运用、用户需求的挖掘和满足等各个方面。服务创新就是要用全新的服务理念指导创新服务工作，为用户提供创新型的服务产品。由此可以看出，创新既是社会发展、人类知识创造的本质体现，也是维系图书馆服务"生命之树常青"的机制保障。

（三）高校图书馆服务创新的动力

1.服务需求的多样化发展是服务创新的内在驱动力

如今，知识在不断更新，文献的增长和老化速度也在加快，建立在印刷型文献上的传统服务已不能满足新形势下用户的需求，尤其是在网络环境下，用户的需求有了新的特点。服务需求的多样化发展表现为以下几个方面。

（1）服务需求的开放化和社会化

随着知识经济的发展，用户不再单纯地依赖某个图书馆，而是可向多个信息服务机构提出信息需求并由多个信息服务机构协同来满足，同时用户也可共享文献信息资源。

（2）服务需求的全方位化和综合化

用户对文献信息的需求不再局限于书目信息，而是迫切需要内容全、类型完整、形式多样、来源广泛的知识信息，这就要求现代图书馆要能够提供全方位的知识保障，开展综合性的服务。

（3）服务需求的电子化和网络化

随着信息技术的发展，用户的信息获取和利用能力得到了提高，他们不再满足于传统的手工操作服务，而是希望图书馆所提供的服务能够利用计算机和网络来完成。

（4）服务需求的个性化和精品化

由于用户时间、精力和经费有限，所以他们希望图书馆提供的信息服务能直接解决自身面临的问题，用户的个性化和精品意识增强了。

（5）服务需求的层次化和微观化

面对众多的信息资源，用户需要的只是自己感兴趣的那一小部分，服务需求逐步趋向微观化。同时，因为用户需要的不同，用户又有不同层次的服务需求。

（6）服务需求的集成化和高效化

用户不再满足于一般性的基础服务，而是更加追求对文献信息的深层次开发，更希望将各个信息单元集中起来加以利用。同时，用户对信息的时效性也提出了更高的要求。

总之，知识经济环境下，用户的需求无论是在广度上，还是在深度上都发生了量和质的变化。这种变化无疑给以"用户为中心"的现代图书馆以内在的驱动力，要求传统的文献信息服务必须实现革命性的创新与转型，改变以往的服务观念和模式，从"以馆藏为中心""以馆员为中心"向真正"以用户为中心"

转移。高校图书馆应创新服务内容，变革服务手段，提高信息获取、处理能力，及时将信息传递给用户，以适应用户不断变化的信息需求。

2. 激烈的信息服务市场竞争是服务创新的外在驱动力

在以印刷型文献为主要载体的时代，图书馆以其丰富的馆藏和馆员较熟练的文献服务技能两大优势，在社会信息服务体系中占据主导地位。但是，在知识经济时代，服务日益社会化、网络化、个性化，在社会信息服务的大系统中，图书馆的地位日益削弱，甚至其生存也面临着严峻挑战。因此，信息服务环境的变化迫使图书馆必须改革和创新。虽然改革开放后，图书馆也逐步走向社会，面向市场，参与信息服务市场的竞争，但随着社会信息化程度的加深，信息存取和利用更加自由，商业界大量介入以往只能由图书馆和信息中心提供的信息服务，越来越多的个人和企业涉足信息服务业，其以更具特色的服务吸引着广大用户，与图书情报机构激烈地争夺着用户，使得图书馆成为信息服务市场众多竞争者中的一员。在激烈的信息服务市场竞争中，面对用户的不断变化的需求，图书馆逐渐失去了争夺用户、开发市场和持续发展的能力，这就要求图书馆要对服务系统进行重新定位，深入研究用户的真正需求，以用户为中心开展服务，形成新的服务系统。

在信息服务市场中，市场的竞争也就是服务的竞争，谁发现了需求，谁有了服务创意和产品创新，谁就会获得用户，谁就会拥有市场。因此，作为拥有多方优势的图书馆就要以用户的需求为导向，以服务创新来维系市场，从以管理资源为主转为以经营服务为主，创新服务观念、服务模式和管理体系，通过不断地创新服务来适应市场竞争的需要。在激烈的信息服务市场竞争中，除了同其他信息服务机构进行竞争外，图书馆之间也有竞争，高校图书馆只有不断地推陈出新，提供更具特色的个性化服务，才能在竞争中立于不败之地。所以，图书馆服务创新是缓解外在压力的途径，也是激烈竞争市场的需要，图书馆唯有不断地创新服务产品，才能固守原有用户，发展潜在用户，在信息服务市场中树立服务品牌形象。

3. 图书馆的可持续发展是服务创新的根本动力

以信息产业为主导的知识经济时代，知识将取代资本成为最重要的社会经济资源。而作为拥有丰富的知识信息资源的图书馆部门，知识经济的发展无疑给其带来了新的发展动力、新的机遇和新的发展前景，但同时也为其带来了新的挑战。随着"知识经济"浪潮的掀起，经济建设要求图书馆利用知识资源为经济建设服务，把知识形态的科学技术和经营管理技术推广到经济建设中去，使其转化为经济建设的动力。新时期的图书馆要想在新的经济环境中保持可持续发展态势，就必须适应环境的变化，不断地改革和创新服务，以取得更大的社会效益，同时也从中获得较好的经济效益。

社会的信息化和服务的社会化，对图书馆的生存和发展提出了严峻挑战，主要表现为新的信息服务行业和机构不断增多，图书馆原有的读者逐步流失，僵化的浅层的文献服务与社会需求严重脱节，这些正削弱着图书馆的地位。在信息化、网络化的知识经济时代，人们不再满足于简单的、低级的文献需求，文献需求逐渐向高层次的知识需求转变，表现为对新知识的更加渴望。因此，图书馆不应当仅是一个单纯的收藏、整理文献和利用文献的相对封闭的系统，而应当是一个以传递信息为主的全面开放的系统。新服务系统对服务手段、服务内容、信息获取的时效性，以及服务人员的素质等都提出了更新的要求。这就要求要对图书馆服务进行不断的变革和创新，由相对被动的服务向主动服务转化，从单一服务向多样化服务转化，从馆内服务向远程服务转化，从低层次服务向高层次服务转化。

第二节 高校图书馆服务发展中存在的问题

一、高校图书馆服务发展的现状

信息时代中用户对服务的要求不断提高，高校图书馆的生存发展也受到了一定的冲击，要使高校图书馆服务从传统的资源服务转变为以用户为中心的服务，高校图书馆就要进行全面的创新和改革。21 世纪，多媒体、计算机、网络通信等技术都得到全面的发展，信息可以通过简单便捷的方式实现搜索和传递，在这样的信息环境下，高校图书馆的信息服务方式如果不进行更新，高校图书馆就会被社会所淘汰。高校图书馆中更多的是物理实体信息，现阶段，由于用户对这种传统的信息的需求在逐渐降低，因此到图书馆内获取信息的人在不断地减少，用户对高校图书馆提出了全新的要求，图书馆服务在宽度和深度上都要进行全面的拓展，以满足用户的需求。传统的服务模式已经无法满足用户。新时期，高校图书馆应该建立起和环境相匹配的用户服务模式，也就是主动服务模式，形成以用户为中心的服务模式，并且要充分利用现代信息技术，主动向用户提供信息服务，从而让信息资源得到良好的利用，让图书馆真正地融入学校教学活动中，推动高校教学活动和科研活动的有效开展。学科建设是高校教学建设的一个重点内容，一个学校的学科建设情况，反映了学校的办学质量、科研水平以及整体实力。图书馆作为高校教学科研服务的核心机构，必须为高校的学科建设提供全面的信息资源服务。因此，学科建设情况决定了高校图书馆的服务内容。

随着信息化的全面发展，单一的服务模式已经无法满足人们日益增长的资源需求。在这样的情况下，高校图书馆对外开放的呼声也在不断升高。高校图书馆既要承担起校内的教学科研责任，也要对社会大众读者负责，展开良好的社会服务，提升文献资源的使用率，提高图书馆服务的综合性。此外高校图书馆还要强化信息化服务，提高自身社会地位的同时，提高社会读者的满意度。

二、高校图书馆社会化服务发展中存在的问题

目前，部分高校图书馆社会化服务发展缓慢，甚至出现了停滞现象。在对比分析中，笔者发现国内高校图书馆在社会化服务中存在以下几方面的问题。

（一）传统观念问题

一直以来，国家高校图书馆受到了传统因素的影响，采用封闭式管理政策，只为校内教研人员和校内师生提供服务，服务思维较为局限。部分高校管理人员认为社会读者进入图书馆会对本校师生的使用造成影响，还担心社会读者对馆内秩序会造成破坏，在这种观念的束缚下，大部分高校图书馆并不会对外开放，给高校图书馆社会化发展造成一定的阻碍。

（二）法律保障问题

国家应制定出相应的制度和法律法规，从根本上保证高校图书馆社会化服务在一定的约束下发展。现阶段国家并没有专门的图书馆法，虽然一些政策对图书馆社会化服务有一定的规定，但是其权威性较低，因此高校图书馆社会化服务存在较大的随意性，高校图书馆社会化服务的服务形式、服务体系以及服务范围还存有争议。

（三）管理体制问题

高校图书馆的管理工作一般都是由学校统一指挥的，因此实际的管理体制会受到领导人员观念、认识的影响。如果学校高层缺少对图书馆社会化服务的认识，社会化服务观念较为淡薄，就会忽视社会化服务的问题，进而对高校图书馆社会化服务的开展造成影响。目前高校图书馆过分重视校内师生的教育教学工作以及校内的科研工作，不能满足社会大众读者的需求。这体现在管理体制上就是缺少共享思维，以个体服务管理制度为主，在一定程度上会阻碍高校图书馆社会化发展。

（四）服务层次问题

高校图书馆一般都会设置一定的权限障碍，以此保证信息资源安全。很多高校为了保证馆内秩序，即使开展了社会化服务，开放校内图书馆，也会增加许多进馆要求，并且仅对附近社会区域开放。进入图书馆后，社会读者拥有的权限和校内师生的不同，高校图书馆只为社会读者提供最基础的借阅服务，社会读者的需求得不到完全满足，满意度降低。此外，在社会化服务中参考咨询业务、信息处理、服务宣传等多方面的工作都没有得到真正的落实，高校图书馆社会化服务发展缓慢。

（五）图书资源问题

国内院校在学科设置上都会有两到三项的优势专业，如海洋大学的特色专业为海洋学方面的专业。通过学校的名字，我们一般可以发现大学的特色专业是什么，在采购文献资源时，各大学自然而然地就会偏向本校的特色专业，从社会化的服务角度来讲，社会读者的需求量较低。而如果是师范类院校，其文学方面的文献资源相对较多。如果是为了社会化服务而采购书籍，高校图书馆还需要考虑书目放置时的场地空间问题。因此，这些对高校图书馆社会化服务的发展造成了一定的阻碍，高校图书馆采购过程中的经费问题，也需要得到解决。

（六）阅读场地问题

在分析图书资源问题时，已提及了书目放置时的场地空间问题，其实不仅是书目放置需要考虑场地空间问题，书桌摆放也要考虑场地空间问题。现阶段很多高校图书馆在社会化服务中都需要解决场地空间问题，高校图书馆最初只为师生提供服务，书桌摆放的数量固定，而到了周末、期末阶段，去图书馆上自习的学生较多，经常会出现饱和的情况，加上很多图书馆为了方便学生上网查阅资料，都会在馆内设置无线网络，因此还有部分学生到图书馆上网娱乐，造成很多学生没有位置，只能站着阅读。校内服务问题尚且没有得到解决，社会化服务更无法全面展开，场地问题尤为严重。

（七）人力资源问题

图书馆属于公共事业单位，因此在招聘过程中采用的是编制制度，而目前国家政策中对事业单位的人员有名额限制。在这样的政策下，很多图书馆中的工作人员数量根本无法满足校内服务需求，也就更无法满足社会化服务需求。高校图书馆如果不考虑实际发展情况，就盲目地开展社会化服务，随着服务对象的不断发展，就会出现严重的人员配置不足的问题，社会化服务也会受到限制，只能够小范围地开展。在这个过程中相关工作人员专业化水平较低的话，还会对高校图书馆的发展造成一定的阻碍。

（八）服务时间问题

随着信息技术的全面发展，纸质化办公已经逐渐被替代，无纸化服务成为新时期图书馆服务的发展主流，高新科技设备有效提高了人们的办公效率。高校图书馆在开展社会化服务过程中，需要记录大量的人员信息，如果采用传统的手工劳动会给工作人员带来较大的压力。高校图书馆在开展社会化服务的过程中，如果引入先进的计算机设备，使计算机替代一定的手工劳动，将多余的人力资源投入人性化服务中，完善人员配置，可以及时地解决服务过程中存在的问题。必要的时候，高校图书馆还可以征召一定量学生志愿者，这样不仅可以为高校贫困生提供学习岗位，也可以使高校图书馆更好地开展社会服务，保证人力资源得到合理的利用，为高校图书馆开展社会化服务奠定良好的基础。

（九）图书版权问题

图书版权问题也非常重要，无论是个性化信息服务还是社会化服务，高校图书馆必须全面落实版权法。国家有关部门也要制定相应的法律法规，让高校图书馆工作能够有序地进行，实现有法可依、违法必究。国家需要增加专门的图书馆保护法，首先确保能够全面地开展管理工作，继而确保能够良好地开展社会化服务。目前，我国高校图书馆社会化服务还处于初级发展阶段，高校图书馆在资源数量上存在一定的劣势，此外高校图书馆都是以个体为单位开展社会化服务的，无法真正地实现资源共享，继而导致资源没得到合理利用，因此高校图书馆存在着严重的资源浪费的现象。

三、高校图书馆个性化信息服务发展中存在的问题

网络给高校图书馆带来了一定的机遇，同时也带来了一定的挑战，如何科学地利用信息技术，丰富教学资源，完善图书馆个性化信息服务和学科化服务，满足师生对校内图书馆的要求，是高校图书馆必须要解决的问题。具体调查后，笔者分析总结出以下五个方面的问题。

（一）信息资源建设问题

高校图书馆的服务对象之一就是校内师生和研究人员，面对此类服务对象，高校图书馆要为其提供个性化的信息服务和学科服务。但是实际中，高校图书馆受到了诸多因素的影响，首当其冲的就是信息资源建设问题。传统图书馆中的主要资源媒介是纸质媒介，而新时期图书馆中不只包含了纸质资源，还包含

了电子资源，且随着信息技术的发展，电子资源的数量会不断增加。现阶段高校图书馆中的资源是一种综合性较强的资源，包括纸质资源、网络资源和电子资源。纵观各高校图书馆的信息资源建设情况，其存在诸多问题。

1. 资源结构不合理

在网络环境下高校图书馆中的资源结构从原有的单一结构逐渐转变为组合结构，虽然图书馆依旧以纸质文献为主，但是电子资源和网络资源的数量在不断增加。很多高校为了更好地收集、管理网络电子资源，都在图书馆管理系统中建立了相应的数据库管理系统，以此进一步丰富图书馆的馆藏。目前高校图书馆的网络电子资源的建设还需要得到进一步的加强。在调查过程中发现，用户对信息资源的需求在不断扩大，并朝着网络化和电子化的方向发展，但是现阶段大部分高校图书馆依然以纸质资源为主，因此要想满足师生对网络电子资源的需求，就要对资源结构进行调整，在现有资源的基础上，扩大网络电子资源的总量，提高网络电子信息资源在整体资源中的比重。

2. 服务内容深度不够

信息资源中包括两个部分，分别为载体和媒介。随着技术的发展，用户对于信息资源的需求也发生了改变，但是目前高校图书馆的现有资源并不能够满足用户的需求。虽然，有一部分高校图书馆已经为师生提供了电子资源，但是电子资源的数量较少，质量较差，资源的可参考性较低，内容缺少深度。并且，高校图书馆提供的大多数电子资源都是一些基本的服务内容，并没有形成真正意义上的个性化服务，很多高校图书馆的馆藏资源缺少排列性，缺乏动态化，内容之间关联性较低，服务内容的深度还需要得到更进一步的加深。

3. 资源组织不够科学

现如今的网络资源虽然较为丰富，但是网络资源的质量和准确性无法得到保证，因此图书馆需要对信息进行全面的筛选、加工后，用户才能够有效利用这些网络资源。目前，高校图书馆采用的资源组织形式中并没有个性化模式，对信息资源的描述存在一定的差异，用户无法准确表达自己对信息的需求，在搜索上花费了大量的时间。传统的资源组织模式已经无法满足网络大环境下读者的个性化信息服务要求，不仅如此，很多高校图书馆提供的是一种零散的服务资源，没有对资源进行系统上的规划。在实际应用的过程中，表现为无法保证信息资源的质量；收录一些可用性较低、价值性不高的资源，对读者搜索工作造成阻碍，干扰用户获取信息；图书馆的资源之间缺少关联，不同学科知识之间的内在联系也没有得到体现。

4.资源共享程度较差

我国的高等教育制度中以"专业"为主,而各高校的专业之间具有交叉性和相似性这两个特点,因此很多专业资源是可以实现共享的。高校图书馆在建设中存在一定的重复建设和信息孤岛现象,能够让用户体验的信息资源较为单一,用户的个性化信息服务没有得到真正的落实。想要避免这一问题,就需要加强图书馆之间的合作,提高资源共享程度。现阶段,常见的资源共享方式是馆际互借,这种功能一般局限在纸质资源的借阅、传递的层面,并没有实现真正意义上的资源共享,无法从根本上满足用户的个性化信息需求。

(二)服务问题

高校图书馆在开展个性化信息服务的过程中,需要服务人员全面参与其中,但是现阶段的高校图书馆在服务过程中存在以下三方面的问题。

1.服务观念问题

网络环境对高校图书馆提出了全新的要求,高校图书馆的个性化服务要真正地从用户角度出发,为用户提供其所需要的信息,而不只是简单基础的信息推送服务。但是,目前大部分高校图书馆能够实现的个性化信息服务水平层次相对较低,所提供的服务大多数为一些公用性较强的信息服务,很多馆内的工作人员没有重视个性化服务,依然维持着传统的服务观念,个性化信息服务无法得到有效的开展。在当今的时代背景下个性化信息服务开展的基础是对服务观念进行全面革新,但是受传统服务观念的影响,很多高校图书馆对文献资源的建设十分重视,而忽视了服务的全面开展。在对各个高校图书馆网站进行调查时发现,绝大部分高校图书馆的网站主页展示的都是馆内的文献资源和具体的数据库,而网站本身的信息服务却被放置在了第二三级目录中,用户无法在第一时间了解到网站的信息服务功能。虽然很多高校在实际应用的过程中都加入了一些搜索、检查、信息咨询等信息服务项目,但是因为在长久的发展过程中,传统观念根深蒂固,其无法在短时间内改变一些固有观念,所以很多高校图书馆对信息服务功能建设不够重视,存在服务质量不高、反馈信息需要的时间较长、很多信息功能缺少深度、反馈不够及时等问题,信息服务发展较为缓慢,部分高校没有真正地了解图书馆个性化信息服务的内涵。

2.缺少专业化人才

网络环境下,用户对传统文献的需求逐渐降低,对个性化服务的需求不断提高。要想保证个性化信息服务在高校图书馆中得到良好的发展,高校图书馆就必须全面提高服务人员的服务水平，招聘高质量的服务人员。图书馆的服务人员必须是博学的人，了解不同学科的基础知识，从而在服务对象咨询问题的时候，可以给予相应的回答。基础知识不仅包括学科方面的知识，作为高校图书馆管理人员还需要具有一定的信息技术能力，可以熟练运用信息检索方法，并且能够利用相应的系统进行分析、整合，还需要具有一定的语言交流能力和信息分析能力，从而可以熟练应对用户的问题。目前高校图书馆具有的专业的服务人才较少，部分高校图书馆的服务人员都是由高校管理人员兼任的，这些人员的专业水平参差不齐。虽然这些人员对高校图书馆中的资源内容较为熟悉，在协调管理工作上较为熟练，但是这些人员的知识面较为单一，技术水平较低。部分高校图书馆存在着人员配备不齐的情况，这样，在遇到深层次的信息服务需求时就无法顺利完成任务，也不能够及时地对图书馆中的信息服务系统进行维护更新，这些都制约着图书馆的个性化信息服务的发展。

3. 服务反馈问题

除了上述两方面的问题，在高校图书馆服务工作中还存在一个较为突出的问题，那就是服务反馈问题，这种问题严重阻碍了高校图书馆的服务工作的发展。日常生活中评价一个机构的工作质量，就需要参考服务对象的反馈信息，而在评价高校图书馆的工作质量时就需要参考图书馆用户的反馈，将其作为标准，判断高校图书馆发展的具体情况。纵观高校图书馆的发展现状，大部分高校图书馆都没有意识到服务反馈的重要性，很多高校图书馆反馈方式不够便捷，在用户提出问题时，没有及时地进行调节，继而导致用户反馈的问题得不到良好的处理，长此以往，用户对图书馆的信任度就会逐渐降低，反馈机制的发展就会受到严重制约，图书馆的个性化信息服务的发展就会在一定程度上被抑制。

（三）用户问题

1. 用户分类和影响

用户是高校图书馆服务的主体，开展个性化信息服务的核心目的就是满足新时期用户多样化、个性化的信息需求，因此图书馆对用户的分类工作就极为重要。根据不同类型的用户，开展有针对性的服务，能够最大限度地提高用户的满意度。从理论上讲，图书馆可以从用户的信息需求出发，客观地对用户进行分类，用户一般可以分为以下四种类型：第一，没有明确信息需求的用户；第二，有明确信息需求，但是无法准确表达的用户；第三，对自身的信息需求有一定的认识，并且可以准确表达的用户；第四，对自身的信息需求有着全面的认识，并且可以进行准确表达的用户。这种分类方法存在一定的理想性，在实际分类的过程中，用户分类工作还会受到诸多因素的影响，并不会只有这四类服务用户。如果用户可以在短时间内准确地找到所需要的信息，那么用户就会对该高校图书馆的信息服务产生一定的好感，反之好感度会下降。综上所述，影响个性化信息服务质量的核心因素就是用户，发现用户信息需求的能力是提供个性化信息服务的关键。

2. 用户的培训问题

高校图书馆的主要服务对象是在校师生，面对这些学历较高、学术水平较高的服务对象时，高校图书馆还需要进一步提高对个性化信息服务的要求，保证个性化信息服务所提供的文献资料是经过加工处理后得出来的。在实际工作过程中，高校图书馆还需要保证资源经过深加工后再提供给用户，以此保证信息资源事业可以得到良好发展。很少有用户可以真正地明确如何正确操作图书馆中的机械设备，这种情况最终造成大部分用户无法真正地把控技术，完成图书搜索、图书查阅等活动。一般情况下，很多用户受到信息使用习惯、信息技术的把握程度的影响，加之信息需求个性化、多元化性质方面的限制，大部分用户无法独立完成信息搜索，用户缺少操作技巧，对信息资源的要求又相对较高，想要正确地获得需求的资源具有极大的难度。在大部分用户无法熟练地解决上述问题的情况下，高校图书馆必须采取相应的手段，帮助用户获取信息，其中用户培训工作尤为重要。高校图书馆要充分认识到用户获取信息的能力也是影响个性化信息服务的关键因素，这就需要高校图书馆进一步加强用户培训，以推动个性化信息服务的发展，让图书馆用户可以更好地获取信息。

（四）管理机制问题

除了上述三方面的内容之外，高校的管理机制也会对高校图书馆发展造成一定的影响。高校图书馆之所以发展缓慢，用户满意度较低，其核心问题就是高校图书馆在管理体制上存在缺陷，无法实现理想的信息服务发展。还有一部分高校图书馆的管理机制较为单调，缺少活力。高校图书馆属于义务服务场所，很多管理人员缺少服务动力，在建设中首先想到的就是硬件上的建设，忽视了用户本身的需求，很多服务并不符合用户的心理的最初预期。在网络环境下，图书馆虽然开展了信息化服务，但是缺少了相应的标准，这给实际工作的开展造成了一定的阻碍。由于信息服务评价缺少统一的标准，且很多服务人员的主观能动性较差，因此开展有效、全面的个性化信息服务较为困难。总而言之，在当今社会中，高校图书馆管理机制对信息资源建设造成了一定的限制，尤其是在信息资源共享方面。此外，管理机制中缺少激励机制，一些管理机制存在漏洞，这些问题如果不加以解决，就会对高校图书馆服务工作的开展造成严重的影响，继而给个性化信息服务工作的开展带来一定阻碍。

（五）个性化信息服务系统建设问题

实际上，大部分高校已经建成了独立的个性化信息服务系统，但是这种系统本身存在一定的问题。第一，国内高校图书馆现有的信息服务系统，一般都是借鉴国外成熟的系统模式建立起来的，系统功能和界面都是简单地复制而来，缺少特色，而且不同图书馆系统的独立性较强，缺少适当的理性，个性化信息服务只局限于本校图书馆内，用户获取信息的途径较为局限。第二，很多高校图书馆的信息系统功能较少，层次较低，主要集中在新书通报、推荐购买等基础功能上，一些个性化定制、页面定制、资源管理方面的功能存在较大的缺失，这严重阻碍了管理工作的开展，在一定程度上也限制了高校的发展，无法实现真正的个性化信息服务。第三，高校图书馆的个性化信息服务系统不仅缺少校外联系，和校内其他管理系统也没有较多联系。很多高校图书馆的信息服务系统都是独立存在的，既没有和图书馆的电子资源系统相连接，也没有和图书馆的整体管理系统相连接。用户在使用信息服务系统时只能够对馆内的文献资源进行搜索，无法检索馆内的电子资源，在这样的情况下，用户个性化信息需求无法得到真正的满足。第四，高校图书馆的知识版权问题也较为严重。一旦开展个性化信息服务就会涉及大量的网络信息资源和电子文献，对此，高校图书馆应该购买全部的电子资料和数据库的使用权，并且进行相应的版权公告，避免出现版权问题。在实际调查中发现，高校图书馆对于版权问题并没有足够重视，只有极少数高校图书馆对电子资源版权问题进行了明确的说明。

综上所述，高校图书馆在开展个性化信息服务时，面临着较多的问题，高校图书馆的服务人员，要全面解决这些问题，使图书馆个性化服务得到良好的发展。

第三节　高校图书馆服务创新的必要性

21世纪是知识经济的时代，更是一个不断创新的时代。知识经济推动着高等学校向数字化、网络化发展。随着我国高等教育的蓬勃发展，高校图书馆所面临的环境发生了极大的变化，任何墨守成规的观念和做法都会对高校图书馆的发展起到阻碍作用。对图书馆的服务重新进行审视和研究，探索新的服务方法已经成为高校图书馆的责任。

高校图书馆作为我国高等院校教学、科研的三大支柱之一，肩负着为教学、科研提供文献信息保障的重任，是文献收集、管理、服务的三位一体中心，也是高校信息化和社会信息化的重要组成部分。随着计算机技术、多媒体技术、现代通信技术的进步和互联网的广泛应用，高校图书馆的工作内容、工作方式都发生了极大变化。这就要求高校图书馆的服务要不断适应时代的要求，多途径、多角度积极主动地了解和研究读者，适时更新服务手段，改变服务方式，调整充实服务内容，为读者提供更优质、更方便快捷的服务。所以与时俱进、服务创新是高校图书馆发展永恒的主题。

一、经济技术进步的需要

现代图书馆所处的是知识经济时代，信息、知识在促进经济和社会发展方面发挥越来越重要的作用。科学技术正突飞猛进，迅速地改变着这个世界。以知识和信息为基础，竞争与合作并存的全球化市场迟早已形成，人类的未来和国家的繁荣比以往任何时候都更加依赖于创造和应用知识的能力和效率。而高校图书馆是聚集知识和信息的宝库，如何充分利用现代技术使其所容纳的各种各样的知识与信息，转化为现实的生产力，是摆在高校图书馆面前的一个重要课题。

（一）知识经济的形势要求

1. 知识经济的特征

20世纪90年代，社会发展出现了一个新的趋势。以高科技信息为主导的新型产业的崛起，推动经济领域实现了一场空前的革命，知识在这场革命中成为经济的直接推动力。

知识经济时代到来前，人类已经历了数千年的农业经济和200余年的工业经济发展阶段。近半个世纪以来，计算机、晶体管、集成电路、个人电脑、全球网络、多媒体等相继出现并迅速发展。

20世纪80年代以后，以信息获取、储存、传输、处理、演示技术和装备以及信息服务为内容的信息产业迅速崛起，成为发展最迅速、规模最宏大的新兴产业。20世纪90年代以来，世界经济发展又呈现出新的变化：经济和社会的发展越来越依赖于知识的创新和创造性应用，世界经济逐渐呈现出知识经济全球化的态势。21世纪，知识经济逐步占据国际经济的主导地位，科学研究系统在知识经济中起着知识生产、传播和转移的关键作用，而知识和科技的创新及其应用已成为知识经济时代生产力发展的决定性因素。新技术的革命，尤其是信息技术的发展，已使全球经济的增长方式发生了根本变化。

知识经济是"以知识为基础的经济"的简称。具体地说，就是创新的知识、高新技术（核心是微电子技术）、计算机（多媒体）、网络（互联网）、革新的通信、信息高速公路、全球化的市场和掌握、驾驭这一切的"人"，结合在一起的一种新型生产方式。

专家学者对知识经济的认识在其本质上是相同的，即以智力资源的占有和配置，以科学技术为主导的知识的生产、分配和消费为最重要因素的经济。知识经济在资源配置上以智力资源、无形资产为第一要素，对自然资源通过知识和智力进行科学、合理、综合和集约的配置。可以说，知识经济是由最复杂的结构功能所主导的经济形式。知识经济正日益影响和改变着人们的工作和生活，并将使社会发生巨大变革。

2. 知识经济对高校图书馆的影响

中国加入世界贸易组织，标志着我国的社会发展进一步融入全球经济一体化、信息化的知识经济轨道。"科教兴国"战略的实施，也为发展知识经济奠定了基础。中国数字图书馆工程就是在知识的不断创新中应运而生的，它是知识经济发展的重要产物。高等学校图书馆是学校的文献信息中心，是为教学和科学研究服务的学术性机构，是学校信息化和社会信息化的重要基地。

在知识经济时代，知识将被作为最重要的资源得到充分的开发、传播与应用，知识的不断创新使其成为推动时代发展的根本动力。这将对担任知识信息收集、整理和传递任务的高校图书馆提出更高的要求。改革创新，增强自身发展活力，积极、主动地适应经济社会的发展需要，已成为高校图书馆发展的必然趋势。

在知识经济时代，图书馆用户已不满足一般性的内容提供，用户需求由文献需求向知识、信息需求演变。图书馆要打破以原始文献作为第一服务手段的局面，以用户需求为导向进行文献信息的深化，图书馆要从文献传递的提供式服务向知识、信息资源重组的创新式服务转变。高校图书馆要了解并掌握用户知识、信息需求特点，向用户提供以专题、知识单元为基础的服务，及时对馆藏的一次文献进行二、三次文献信息的开发与利用，将文献信息进行收集整理，形成专题综述、述评、研究报告等深层次的信息资源，综合形成新的信息资源，为用户提供最具有前沿性的信息，以满足用户日益发展的需要。

作为信息集散地的高校图书馆，其也肩负着振兴地方经济的重任。高校图书馆要打破传统的服务模式，努力开拓新的服务方式；要面向社会，寻找市场，拓宽服务范围；要以经济建设为导向，依托网络平台，立足于创新，探索新的服务方式，开发信息资源；要与社会上的信息企业合作，使自身丰富的文献信息资源与企业高素质的信息人才结合起来，创造出一流的信息产品，提供给社会。同时，高校图书馆要把高校的科研成果及时传播到企业中去，使之尽快转化为生产力，为社会服务。这一切都需要高校图书馆进行服务创新。

（二）信息技术的形势要求

1. 信息技术的现状

信息技术指的是在信息的产生、获取、存储、传递、处理、显示和使用等方面能够扩展人的信息器官功能的技术。它是随着人类对外部世界的认识和控制能力的不断提高而逐步由低层次向高层次发展的。现代信息技术包括计算机技术、微电子技术、通信技术、自动化技术、光电子技术、光导技术和人工智能技术等。如果说建立在微电子技术及软件技术基础上的计算机是现代社会的"大脑"，那么由程控交换机、大容量光纤、通信卫星及其他现代化通信设施交织而成的覆盖全球的电信网络，就是现代社会的"神经系统"。

当前，信息革命的浪潮正以不可阻挡之势席卷全球，现代信息技术的发展更是日新月异。现代信息技术的发展将对社会、经济、政治、文化等一切方面产生重大而深远的影响。

信息技术正向着智能化的方向发展，在超媒体的世界里，"软件代理"可以替我们在网络上漫游，它让使用者能够在各个文件之间有效地穿梭寻找，而不需将文件从头到尾看一遍。它本身就是信息的寻找器，它能够收集任何我们可能想要在网络上取得的信息。

随着通信技术与计算机技术的进一步融合，信息网络将朝着宽带化、智能化、综合化和个人化的方向发展，为人类的信息交流提供极大的方便。

2. 信息技术对高校图书馆的影响

飞速发展的数字化、网络化信息技术，给高校图书馆传统服务带来了极大的冲击。网络改变了传统的信息交流方式，冲破了地域限制，实现了世界范围内的信息共享。伴随着数字化和网络化大潮的推进，作为知识殿堂的高校图书馆正面临着全方位的技术革新。信息资源的数字化有利于扩展高校图书馆的虚拟馆藏，扩大高校图书馆的服务范围，突破传统的信息传递模式，使信息传递变得更加快捷、便利。因此，高校图书馆进行数字图书馆建设，以及多种形式的服务创新，成为高校图书馆迎接网络时代的重要战略手段。

（1）文献资源数字化

传统图书馆的信息资源以文献为主，且多为纸质印刷型文献。随着信息技术的发展，纸质印刷型文献一统信息载体的局面已不复存在。电子信息资源不断出现和增多，图书馆涌现出诸如电子出版物、数据库、联机检索信息源、因特网信息源等新型的信息资源，用户可以通过计算机终端进行高速、准确的检索利用。信息的形式也日渐丰富，不仅有纯文字型信息，还有图像型、视频型、数值型、软件型等多种类型的信息。这些新型的信息资源不仅数量巨大、类型繁多，而且取用方便，极大地丰富了图书馆的服务内容，成为未来高校图书馆信息资源的主体。

（2）传播载体多样化

传统的信息存储主要载体一直是纸张。随着多媒体、超媒体技术以及光纤技术的日益成熟，信息载体已不再是纸张这一单一形式，磁、光介质已被大量应用。除文字外，声像均可通过现代技术存储或传播。传播载体已由单一的印刷型向多类型、多载体方向发展，人们不必过问所需信息是存储在何种载体上，网络资源的社会性和共享性已全面表现出来。

（3）服务手段现代化

传统图书馆的服务手段多以手工操作为主，不仅服务速度慢，效率低，且服务内容有限。读者通常需亲自登门造访，时空制约比较明显，服务质量多受馆员个体的学识和经验的约束，效果不很理想。现代信息技术和网络通信的发展使高校图书馆的服务手段发生了变革，计算机检索、联机数据库检索、网络信息检索等新型文检手段不仅扩大了检索的范围，同时大大提高了检索效率。网上预约、网上借还图书、网上催还图书等流通新业务的开展，使得读者很多时候不必亲自来馆。

（4）服务方式多元化

传统的图书馆服务方式比较单一，基本上以被动的馆藏书刊借阅和一对一式的面询为主，服务效果难尽如人意。现代信息技术和网络的发展拓宽了图书馆的服务空间，服务方式也日渐丰富多样，在线参考咨询，如 E-mail 服务、论坛讨论组、常见问题实时解答服务等，具有实时性、交互性、能动性、个性化和人工智能化的特点，能提高咨询效率，更大程度地满足读者需求。在国外，有些图书馆还在尝试一种"即时视像咨询服务"，即咨询馆员和远程用户借助视像会议软件、摄像头、话筒等设备，实现实时视像的面对面交流。

（5）服务对象社会化

传统高校图书馆的服务对象明确且相对稳定，多局限于本校师生。网络环境下的高校图书馆事实上已成为整个网络体系的一个节点和组成部分，由于信息存取的开放和自由，凡是与网络连接的用户，都可以不受地域、单位和时间的限制，调阅网上图书馆的信息，网上用户同时成为图书馆的读者。读者面之广、数量之多，远远超过传统图书馆。

当前信息技术的迅速发展使数字化文献资源和网络化信息服务逐渐成为图书馆服务的主流。面对信息环境持续不断的变化，高校图书馆如何充分利用新环境所创造的机遇，如何挖掘服务定位，如何集成利用各方面资源，如何开辟或拓展服务功能和形式，如何建立可持续和有竞争力的服务模式，已成为图书馆领域的领导者共同关心的问题。高校图书馆服务创新已成为一个必须认真探索、研究的课题。

二、教育事业发展的内在反映

服务创新是经济技术进步的外在需要，也是教育事业发展的内在反映，是知识经济的形势要求，是信息技术的形势要求，更是创新教育和高校发展的形势要求。图书馆的发展历史表明，图书馆只有不断创新，不断变革，才能跟上社会发展的步伐，才能为社会的发展贡献力量。

创新是一个民族进步的灵魂，是一个国家兴旺发达的不竭动力。中国需要发展，需要具有创新能力的人不断创新，而创新人才的培养又需要社会化的创新教育。随着教育投入的不断增加，高等学校的规模不断扩大，高等学校作为跟踪国际学术研究前沿、积极参与国家创新体系建设的教育主阵地，已成为创新型人才培养的基地。高校图书馆作为学校发展的三大支柱之一，在学校大力开展的创新教育中，以创新教育为契机，以培养创新人才为己任，积极发挥馆藏资源、环境资源和第二课堂的作用，这对促进高校创新教育发展十分重要。

（一）创新教育的形势要求

1. 创新教育的内涵

创新教育就是根据创新理论的原理，通过一系列的制度创新、机构创新、思维创新、管理创新、教学内容和方法手段的创新等，以培养具有创新素质的创新人才为价值取向的教育。创新教育的本质是开发人的创新能力。从本质上说，创新教育是一种反映时代精神的教育思想和教育理念，它在理论和实践上都有着明显的特征。

（1）创新教育是高层次的素质教育

素质教育是创新教育的基础。从教育模式的角度来说，创新教育则是高层次的素质教育，是素质教育的最高体现。因为创新教育所培养的素质是创造素质。创造是人类本质的最高体现。以培养人的创造性为根本宗旨的创新教育，既是人类最高层次的教育，也是当前正在全面实行的素质教育的一种最高形态的实践模式。

（2）创新教育是面向社会全体的教育

创新教育不是精英教育，而是面向社会每个个体的教育。创新教育的基本理念认为，创新是人的本质特征，人人都有创新潜能，时时都有创新之机。创新教育必须摈弃创新是精英的"专利"的观念，树立人人是创新主人的意识，根据个体的不同特点因材施教，使其都具有创新精神和创新能力。

（3）创新教育是重视个性的教育

创新教育并不是用一个固定的模式去批量制造创新主体，而是充分重视个性、尊重差异，承认每个人在价值、才能、情意和行为方式上都是极富个性的个体，依据个体的志趣、特长等加以引导，以提高个体的创新能力。创新教育必须尊重个性，承认差异，赋予每个人自由发展的机会和权利，让他们通过选择，在自己擅长的方向上去发展，以自己独特的理念和优势去超越、去突破、去创新。

（4）创新教育是一种主体性教育

教育对人的发展和对社会的发展所起作用的大小，基本取决于它能在多大程度上培养出主体性强的人，以主动适应社会发展的要求。创新教育的本质特征是把个体的地位、潜能、利益、发展置于核心地位，高扬人的主体性，其职能就是最大限度地激发人的积极性、主动性和创造性。从这种意义上说，创新教育是一种主体性教育。

（5）创新教育是平等、民主的教育

创新教育在价值观上集中体现了教育的平等性、民主化特点，主张尊重和保护人与人之间存在的必然差异，给予每个人充分发展自身、激发自身内在潜能的平等机会。它要求建立平等、民主、和谐的师生关系，形成一种和谐平等的氛围。这种和谐的氛围可以为学生营造一个充满朝气、宽松自由的空间，使他们在没有思想束缚的环境中勇于探索和创新，大胆质疑，充分展现自己，使他们的潜能得到充分发挥，使他们的创造力尽可能得到发展和提高。

（6）创新教育是终身教育

人的创新品质是在长期的学习与训练中逐步形成的，人不可能通过阶段性的训练就形成持久的稳定的创新品质。完整的创新教育是从婴幼儿时期开始的，学前教育、小学教育、中学教育、高等教育、继续教育等都要全面体现创新教育的思想，这样才能提高所有人的创新能力，也才能够最终使我们的民族富有创新精神。创新能力需要终身培养，创新动机需要终身激励。从这个意义上说，创新教育既是全民教育，也是终身教育。

2. 高校图书馆在创新教育中的作用

教育是培养人才和提高民族创新能力的基础。教育要不断培养大批合格的有中国特色的社会主义的建设者，不断造就大批具有丰富创新能力的高素质人才，不断提高全民族的思想道德素质和科学文化素质。这些素质的养成要求现行的教育空间要扩大，教育内容要拓宽，现行的教育要从传统应试教育、单一的课堂教学模式向课堂教育、图书馆教育和社会实践教育三方面相结合的素质教育转化。而图书馆教育的表现形式既有有形的，也有无形的，既有物质的，也有精神的，这使得高校图书馆在创新教育中具有自身独特的功能与作用。

（1）创新教育的第二课堂

创新教育是一个系统工程，要求在充分的知识教育的基础上，进行全方位、多层次、系统化的思维训练、观念调适、方法培养和技能实践，在学生智力水平、学习动机、学习兴趣等各培养目标中重点加强与创新相关的内容，提高他们的创新能力。这就使得无论是教师还是学生，对作为信息集散地和加工所的高校图书馆的依赖性和期望值都大大地提高。

高校图书馆教育的自由性、可选择性，图书馆信息资源的系统性、完整性和新颖性，以及多媒体技术、网络技术在图书馆教育中的应用，都彰显了图书馆在高等学校创新教育中的重要地位。高校图书馆通过对文献信息的针对性、系统性、连续性、新颖性的不断研究和完善来为创新教育提供文献保障，成为学生构建合理知识结构的最理想的第二课堂。社会的发展和科技的进步，要求对大学生进行信息素质教育，使他们具有敏锐的观察力，能从大量繁杂的信息中发现有价值的信息，并能依靠掌握的信息技术和信息工具，迅速有效地获取、利用这些信息。因此，开辟第二课堂帮助大学生学习掌握网络知识以及现代情报检索技能，提高其利用馆藏资源的能力，也是创新教育的迫切要求。

（2）终身教育的最佳场所

以教育为基础，实现劳动者知识化和学习终身化是知识经济发展的必然趋势，也是新世纪创新教育的重要内容。由于知识老化加速，新专业不断涌现以及职业更替频繁，人的一生中，只靠在校学习，即一次教育不能满足时代发展的需要，终身教育将成为必然趋势，而高校图书馆为终身教育提供了可能和机会。

知识经济时代的高校图书馆已不再是传统意义上的图书馆，它不仅拥有丰富的馆藏，而且拥有经验丰富、高素质的知识信息检索研究专家，能够辅导和帮助读者学习获取知识信息的方法，使之学会如何在知识信息的汪洋大海中迅速获得自己所需的知识信息；能够解答读者在学习和工作中所遇到的各种疑难问题，使读者接受教育、获取新知识的过程更加顺畅。此外，逐步走向社会化的高校图书馆，将不再按身份来限制读者利用图书馆，各种类型的读者都能利用图书馆获取自己所需的知识信息，进行必要的即时学习。因此，无论从知识信息的丰富性来说，还是从读者获取知识信息、接受教育的方便程度等方面来说，高校图书馆都是实施终身教育的最佳场所。

（3）通才教育的重要基地

通才教育指的是在拓宽基础知识前提下的专业教育，其宗旨是使一个人在专业教育以外得到全面发展，包括他的生活方式的文明化、情感反应的纯净化，以及依据时代最优秀的知识理解事物本质的成熟化。一些强调通才教育的国家，其大学教学和科研是通过图书馆进行的，因为这种方式培养出来的人具有极强的学习主动性和创造性。因此，高校图书馆应在崇尚学习的知识经济环境下，充当读者技能培养的重要教育机构，训练和培养他们的获取知识的能力、主动学习的能力、独立研究的能力等。事实上，图书馆教育具有主动、灵活、多样、可选择等特征，有利于学生独立性、创造性和开拓性的培养，更有利于高等教育的培养目标从专才教育向通才教育转变，高校图书馆真正扮演着通才教育重要基地的角色。

（4）个性发展的培养中心

大学生在图书馆查找资料、阅览文献、进行自学或在互联网上浏览的时间一般远远超过课堂学习的时间，图书馆是真正意义上创新教育的第二课堂。如果说课堂教育是共性教育，那么高校图书馆就是学生个性化教育的重要场所。与课堂学习相比较而言，图书馆学习是一种自由开放的形式，它能让学生根据自己的兴趣和特长，有所选择地进行深造和提高，让学生形成稳定的个性特征，挖掘与发展自身的潜能。高校图书馆个性教育功能的实现，显然有利于创新型人才的培养。

3. 高校图书馆服务创新是创新教育的内在要求

高校图书馆的基本职能是教育职能和信息职能，而国家创新体系所包括的

167

教育创新体系和信息服务创新体系，就必然要求图书馆服务要创新。高校图书馆的创新教育作用和功能不可能通过硬性灌输、制度的约束等外部强制力来实现，而是要加强服务创新，不断提升服务能力和服务质量，通过建设优质、丰富的文献资源，创建良好的文化氛围与和谐的学习环境，采用现代科学技术手段提供优质、周到的服务，不断创新思想，建设一支高素质的馆员队伍来实现。

（1）要求加强信息资源建设与利用，营造创新的文化氛围

面对"全球信息一体化"的局面，高校图书馆信息资源建设与利用必须走出一条创新的路子。高校图书馆要加强信息资源的建设，充分利用文献信息资源，并把这些资源转化为有利于创新教育的有价资源。高校图书馆必须充分利用现代各种新载体、新技术和新手段，活化资源和信息，增加灵活性，增强创新能力，以充分提高馆藏文献信息资源的利用率，提高服务效率和质量，营造一种创新的文化氛围。这是高校图书馆迅速、准确地为学生提供良好服务的基础，有利于高校图书馆更好地开展创新教育。

高校图书馆必须充分发挥自己的信息资源优势，突出图书馆科技信息加工和检索的网络化、现代化地位，将资料检索、书籍阅览、信息存取、学术交流等在图书馆的结构和功能上形成一个有机的整体，使学生置身在这一开放、多元的信息环境中，能够自然地感受现代社会和未来文明相交汇的充满想象和创造欲望的灵感冲动。同时高校图书馆要通过举办各种学术报告、演讲、座谈等学术交流活动使自身成为一个各种学术思想和观点交汇、碰撞的中心，从而为大学生培育创新思想、展示创新才华提供一个丰富多彩的舞台，引导大学生进一步去开展相关学术问题的资料检索、学术研究等创新性实践活动，形成一种培养创新思维和激发创新灵感的教育环境。

（2）要求改进服务手段与方式，提高创新教育的水平

高校图书馆要发挥在创新教育中的积极作用，就必须不断地改进服务手段和方式，提高创新水平。要适应创新教育对知识信息的需求，高校图书馆的信息服务就要设法从文献单元深入信息单元，通过信息挖掘，向读者提供高技术含量的增值信息服务。一是要尽快完成由封闭式的被动服务模式向主动、快速的开放式服务模式的转变。二是积极稳妥地运用智能辅助技术与服务系统开拓新的服务项目和服务领域，不断加强技术创新和新技术的应用，深化信息服务的深度和广度。三是建立和健全读者的反馈机制，认真听取读者的要求、建议和批评，热情地解答读者的疑问，以知识为对象进行加工、整理，使之成为专题的定向的信息，并提供个性服务即定题服务，同时提供参考咨询和特殊服务。四是积极开展用户教育，引导读者进入网上特定的数据库进行信息检索，充分

利用虚拟馆藏信息资源。五是全面开放图书馆信息资源和设备，如计算机检索、光盘检索和镜像站等，指引学生自己完成文献检索工作，使学生在这个过程中逐渐培养信息意识和信息能力。

（3）要求培养具有创新精神的图书馆馆员，保证创新教育的实现

英国图书馆专家哈里森说："即使是世界上第一流的图书馆，如果没有能够充分挖掘馆藏优势的训练有素的工作人员，也难以提供广泛有效的读者服务。"培养一批观念新、知识新、结构合理、具有较高创新素质的馆员，是实现图书馆创新教育的关键所在。

图书馆馆员首先要具有创新意识。图书馆馆员只有思想活跃，善于接受新思想、新事物，善于捕捉新的信息源及发现读者新的信息需求，才能提供及时的创新的信息服务。其次要具有创新精神。图书馆馆员要勇于开拓进取，勇于探索，不墨守成规，努力提高自己的精神境界与知识水平，以自己的行动带动学生的创新积极性，营造充满活力的创新氛围。再次要具有创新能力。图书馆馆员不再是传统服务模式中的文献保存者与传递者，他们不仅是服务者，还可发展为信息专家、信息管理者、知识管理专家。在工作中他们应从宏观角度进行调控，严格控制、协调信息的采集，围绕创新教育组织信息，重视馆藏信息服务和创造性资源的开发利用，为创新人才积累知识，为自主性学习提供方便之门。

面对知识经济的挑战，高校图书馆只有不断创新，才能跟上时代的步伐，从而使教育的时间从学校延伸到整个人生，使人们在未来的工作中能够不断接受新知识，掌握和运用新知识。高校图书馆只有不断创新，才能辅助创新教育实现对求知者的智能教育、通才教育、终身教育和管理教育，使他们能够在知识经济的大潮中学会学习、选择、生存、发展。因此高校图书馆服务创新既是创新教育的必然要求，又是创新教育的延伸。

（二）高等教育发展的形势要求

21世纪以来，我国高等教育的发展进入了前所未有的新时期。高等院校在办学体制、办学规模、办学水平和办学效益上都发生了巨大而深刻的变化。在此背景下，作为高等院校办学三大支柱之一的图书馆则必须随之进行变革创新，以适应学校教育教学改革的要求，促进高校的发展。

高校是科学研究的重要基地，与其他科研机构相比，高校的科研水平不断上升，科研成果不断增加，高校从市场上获得的科研经费也在不断上升。科技成果转化速度大大加快，高校科技企业蓬勃发展，科学园地不断增多。在这一

系列过程中，图书馆起着举足轻重的作用，具体表现为图书馆提供文献信息服务、图书馆参与科研过程、图书馆独立承担科研项目，同时图书馆在科研成果转化过程中起中介作用，等等。总体说来，图书馆在这些服务和工作中的作用发挥是不够的，其不够积极主动，不够开拓创新，不够深层次、高质量，不够及时高效，不够社会化和市场化。为了适应高等教育的发展形势，开创服务科研工作的新局面，图书馆在服务方面就必须创新。

第四节　高校图书馆服务创新的主要策略

一、加大高校图书馆服务创新力度

高校图书馆相关服务活动的创新发展是满足时代发展需求的必然选择，同样是促进图书馆自身建设、等级提升的根本保障。面对现阶段高校图书馆服务项目还有缺陷的现状，高校图书馆要从人员素质、服务意识以及资源结构优化等多个方面着手，合理生成推动图书馆服务模式创新发展的有效路径。通常情况下，图书馆内部服务创新指的是图书馆在针对读者提供服务时，结合创新手段及方法，达到提高服务效率的目的，进而达到预期的服务标准，为自身发展提供有效支撑，并为读者带来较大的阅读效益。基于这一问题，图书馆要有效落实服务创新措施，为图书馆各项活动的开展奠定基础。尤其是高校图书馆，在其运营发展过程中，要做到借助市场的导向作用，注重与读者的实时沟通，同时将提高服务质量作为发展的关键内容，明确服务项目创新对图书馆整体良好建设的基础作用，并通过提高总体服务质量及效率，来保持自身在市场上的重要地位。

创新发展始终是高校图书馆良好建设的内在要求之一，只有将创新意识结合在图书馆服务模式优化上，才能保证图书馆的发展质量。高校图书馆为了实现服务创新的目标，可采取多样化的创新方式，从而满足自身整体发展需求。因此，高校图书馆现有的服务模式应尽快革新，高校图书馆要结合教育改革实情以及高校发展状况，发展出一条特色化的服务创新之路，从而为自身的形象树立以及核心竞争实力的提高奠定坚实基础。同时，高校图书馆创新实力的不断提升，能够推进高校综合竞争力的提高，并且有利于高校教育水平的提升。

（一）及时转变服务理念

随着高校图书馆的不断发展，其职能发生了相应改变，馆员需要及时转变服务理念来保证图书馆服务方式。阻碍高校图书馆稳定发展的主要原因是服务理念的欠缺，其不利于高校图书馆内部服务体系的构建及完善，是降低图书馆服务水平的主要影响因素。从这个角度出发，高校图书馆要明确新型服务理念，并在服务理念与发展目标相吻合的条件下，促使图书馆服务工作创新发展途径的选择体现出合理性，同时在制订服务创新规划时，还可借鉴国外先进经验，促使整体服务体系不断健全，为各项服务活动的开展提供保障。高校图书馆在创新发展过程中，需要高度重视人才队伍建设，并在不断完善人才队伍的基础上，为图书馆服务创新发展措施的落实提供人才支持。尤其在信息化技术与图书馆服务结合程度逐渐提高的背景下，相关工作人员要能借助计算机设备完成各类任务，这就需要加大对工作人员信息素养及技术运用能力的培养，从而确保能够高质量完成服务工作。在实际进行人才队伍建设时，高校图书馆应主要从资源教育以及培训工作等方面着手，在一般管理活动有效进行的情况下，为图书馆服务活动的开展提供大量应用型人才。另外，为了实现创新图书馆服务的目的，高校图书馆还需要重视对科研理论成果的运用，即借助先进设备及高新技术，来促进服务体系在实践过程中逐步完善。总的来讲，高校图书馆要想提高服务质量，则应保证创新意识与服务体系构建的有效融合，并在新型管理理念引导下快速完成转型工作，发展多元化的服务途径及模式，进而满足读者的个性化需求。

（二）重视文献资源的建设

图书馆有关服务工作的开展离不开文献资源的支撑作用，对于图书馆而言，它的馆藏资源数量将直接决定自身的整体竞争实力，因此，图书馆有必要加大对馆藏资源建设的重视。在实际资源建设过程中，图书馆除了需要有意识地增加自身文献资料数量，还应充分利用信息技术，使得图书馆资源管理以及阅读指导服务等体现出较高的信息化程度，这也是文献资源建设的主要发展方向，可以为图书馆运营效益的提高提供强大推动力。高校图书馆应主要从增多馆藏文献量以及扩展图书馆规模等角度出发，为图书馆服务效能的提升提供有力支撑。为了实现上述目标，高校图书馆应做到合理整合内部馆藏文献资源，这类资源是发挥图书馆职能的核心资源，将直接影响高校图书馆的文献数量以及资源种类的完善程度。高校图书馆需要通过利用文献资源来组织各项服务活动，从而为学生阅读质量的提高提供导读服务。做好文献资料整合工作，能一定程度提高馆藏资源的利用程度。除此之外，高校图书馆还需要在实践发展过程中逐渐树立良好的形象，在增加馆藏文献数量的同时形成展现图书馆自身特色的信息化管理系统以及服务体系，这同时也是吸引读者参与到图书馆服务创新及阅读指导优化发展过程中的有效途径。图书馆特色鲜明的阅读服务体系，能为文献资源利用率的最大化提供保障，并能促进多样化的服务模式的建立。

（三）大力发展信息服务功能

大力发展信息服务功能同样是提高图书馆服务质量的必要措施，特别是在网络技术迅速发展的情况下，信息化管理已经成为社会各个领域主要采取的管理模式，而信息化管理程度可作为评价图书馆建设效果的关键指标之一。现阶段，大部分高校图书馆还受到传统服务理念的影响，具有主观能动性体现不足的缺陷。从某种程度上讲，高校图书馆不能保证服务模式的创新，进而在为读者提供相应阅读服务时会存在一定不足。基于这一问题，我们认为高校在开展图书馆建设活动时，还需要凸显图书馆的能动特征，使图书馆能够自觉为用户提供优质服务。利用数据挖掘技术，能在对数据加以合理分析总结的条件下增大管理力度，进而提升高校图书馆管理的有效性。

（四）加强对人才的培养

人才队伍是保证服务创新发展取得良好成效的关键，忽视人才队伍建设将导致图书馆服务创新方向出现偏差。高校图书馆在开展人才队伍建设工作时，应充分借鉴国外先进管理经验，并在结合国内图书馆实际状况的基础上，规划出适合图书馆发展的特色化道路，突出对人才培养的重视。同时，除了人才培养外，高校图书馆还要加强人才引进力度，通过建立相应的管理人才引进与培养制度，有效规范管理行为，为服务质量提供保障。为了充分利用人才资源，高校图书馆还需要重视各岗位的科学设立，并为各个岗位配置相应的管理人员，以便各项服务工作能够有序开展。例如，高校图书馆在人才引进上，将全方位考查他们的综合素质、信息素养以及服务意识等，并对人才进行合理评价。

二、基于第三空间进行服务创新

高校图书馆属于一种非营利机构，主要以提供平等公正的服务为运营原则，进而发挥自身提供服务以及整合资源的基本功能。为了促进图书馆良好的建设，第三空间这一理念逐渐应用到图书馆服务创新中，尤其对于大学生来说，他们涉及的场所包括教室和宿舍，第三空间可提供学生基本生活需求的相关功能。而图书馆作为一个非教学非居住的功能空间，可作为第三空间为学生发展提供有效平台。在社会经济不断发展以及生活多元化需求的背景下，图书馆的生活职能及它的文化功能不断凸显。在不断运营中，高校图书馆逐渐转变为互动的、交流的、具有多种功能的场所，在高校整体建设中占有重要地位。

（一）高校图书馆构建第三空间的重要意义

高校图书馆作为第三空间来建设发展有着重要意义，从图书馆建立发展历程来看，图书馆发展总共包括六个变化阶段，不同阶段对应的图书馆形式及其功能有一定变化，但是总体的变化趋势是在满足用户需求的基础上有所变化的。古代图书馆的主要功能在于文化资源储存，相对来讲开放度较低，而现代图书馆则增加了借阅服务这一功能，尤其在知识传播方面有着促进作用，从该角度出发，可以说现代图书馆又具备了教育功能，能确保学生对知识的充分把握。高校图书馆的关键功能在于教育及知识信息的传递，其次是它的文化功能。图书馆逐渐朝着数字化方向发展，使得用户可以不受时间与地点限制，能通过网络媒介来获取多样化的文献资源，有利于满足用户的阅读需求。网络技术的介入促使咖啡厅或者讨论室等都逐渐成为图书馆内部的主要构成元素，这就使得图书馆除了文化及教育功能外，还具有休闲交流的功能。因此，在实际建设时，需要采用创新的设计理念，充分体现图书馆的休闲交流功能，使得图书馆可以作为第三空间存在。根据这些功能来进行图书馆服务模式的创新以及导读工作的优化，能进一步提高图书馆的应用价值。

（二）构建图书馆第三空间服务模式

1. 第三空间服务的内涵

高校图书馆作为第三空间时，可从以下两方面来进行服务内涵的解读。首先从物理层面来看，除了家庭和工作场所外，图书馆则是进行文化活动的重要空间，是在保留传统知识文化服务的基础上进一步开展休闲活动、自主学习等多项活动的场所，将其作为高校教育建设中的重要建设内容，有利于营造学生生活学习的良好空间环境。其次，从精神这一角度来看，现代图书馆在发展建设中主要融入了大量的高新技术，除了传统的文化服务空间，又增加了虚拟的网络环境空间，能提供相应的信息服务。在虚拟空间和实体空间有效结合的基础上，图书馆成为同时具备多方协作，以及信息共享等多种特点的文化空间，能为学生全面发展提供资源支持。

2. 第三空间服务模式的特点

在对作为第三空间的高校图书馆相应的服务特点进行分析时，可发现其主要体现在以下三个方面。一是高校图书馆主要需要经历从馆藏空间转变为以读者需求为目标的功能空间这一过程，同时需要经历从文献服务逐渐转换成人性化的服务这一过程，这就要求高校图书馆要加大对空间环境良好建设的重视，以便为学生提供较好的学习交流空间，增加他们参与社交和学习活动的机会。通过上述做法，能实现图书馆启迪智慧以及帮助学生树立正确思想的功能。二是现代图书馆具有时效性服务特点。读者需求的多样化发展要求图书馆服务不能受时间和空间的限制，以便满足用户更多的阅读需求。媒体技术以及信息技术能促使图书馆更好地提供知识服务以及信息服务。大学生读者进入图书馆内部信息系统后，他们的相关需求便会被图书馆管理人员所掌握，图书馆管理人员在对信息进行收集后，将采取对应的服务措施，以期为用户提供随时的知识服务以及全方位的服务设施。三是作为第三空间的高校图书馆具有全民信息共享以及调动学生创新意识的服务功能，从图书馆根本功能角度来看，它主要是信息共享空间在集合了传统文化以及古人智慧的基础上，图书馆自身具有较强的学术特征。在图书馆营造的阅读环境下，学生能够高效地进行知识交流。

（三）构建图书馆第三空间的有效措施

在构建图书馆第三空间服务模式时，要严格按照科学的设计理念，采取先进的技术手段，以信息获取途径多样化为目的，确保能为用户提供优质的阅读服务。

1. 物理空间对应的环境建设

为了实现图书馆作为第三空间的良好构建，图书馆需要从物理环境这一角度出发来进行环境建设。传统图书馆大部分是基于它的文献资源共用功能来进行功能区域划分的。传统图书馆主要包括读者自修空间、书刊阅览空间以及书籍借阅空间等功能空间，这样的空间布局主要突显出充分利用文献资源的设计理念。但是现代图书馆更加需要展现自身的第三空间特征，在建筑格局设计上需要遵循自由、平等以及多元的设计原则和价值取向，确保图书馆服务能够满足现代化社会需求。在实际功能设计时，主要考虑以下几方面。首先，在建筑格局设计上，需要确保设计合理化，在高校图书馆原有的开放度大的服务格局基础上，还应该增加相对独立的创意空间，在这些空间中，除了提供文化服务外，还需要设置与空间功能对应的独特服务设施。例如，图书馆内的休息区域或者茶吧等空间，可促使图书馆作为应用价值显著的第三空间，来满足学生开展人际沟通或者学习活动等需求。其次，要保证功能设计体现出多元化的特点，在原有的自主学习以及图书借鉴的空间设计基础上，还可以增设协助学习和自我展现等功能，真正实现图书馆功能朝着多样化发展，突出其在人们生活工作中的重要应用价值，发挥它的社会效益。最后，要保证图书馆功能空间中的基础设施满足个性化设计的要求，主要指的是空间设计要从读者交流及各项活动开展等实际需求出发，为其提供操作性强以及使用便捷的相关设施。例如，大多数高校图书馆为了方便学生自主借阅文献资料，设置了自助借还设施，使得学生能通过相关操作来完成图书借阅，另外，部分高校图书馆还在相应的功能空间，设置了自助打印以及自行存放包裹等服务设施。此外，为了体现图书馆数字化特征，图书馆还需要在配置基础设施时，重点关注音响、投影仪等电子设备的合理安装，以丰富图书馆空间功能，满足用户多元化阅读需求。

2. 公正的多元化服务

除了针对物理空间进行相应设计外，高校图书馆还需要开展多元化服务设计。考虑到图书馆可看作影响社会进步及经济增长的主要建筑，同样是城市的文化交流场所，还是高校教育活动正常开展的主要场所，为了将图书馆转变成除了教室和宿舍外的第三空间，需要确保图书馆体现出学术功能以及社区交流功能等，使其逐渐成为能完成多样化服务的主体。图书馆应该能起到促进学生之间沟通交流的作用。将图书馆看作第三文化空间，这类图书馆与传统图书馆相对而言有明显的特性差异，最主要的区别便是现代化图书馆能根据读者的意愿进行图书馆空间设计，使读者能在此独立空间内开展各类自主活动。

3. 开放式服务

在进行物理空间设计以及虚拟空间设计的基础上，高校图书馆要充分借助现代化技术，尽可能为用户提供大众化、开放性的服务，提高对知识性服务的重视。首先，高校图书馆应该有针对性地构建互动性的信息共享区。高校图书馆主要是在利用实体空间功能的前提下，进一步采用信息化技术，实现图书馆内部技术资源与人力资源的充分结合，打造出一个虚拟的服务空间，在网络媒介作用下，为读者交流提供信息支持。在信息共享空间内，读者可以借助计算机设备以及网络资源等，与专业人员进行学术交流，达到进一步加深知识的目的。其次，高校图书馆需要整合各类资源，从而为读者提供全方位的服务。功能空间的整合，指的是将实体空间以及虚拟空间能够提供的服务结合起来，在保留原有实体空间服务功能的前提下，发挥虚拟空间的知识导读服务功能，是促进图书馆服务功能多样化发展的有效途径。内部机构的整合，指的是高校图书馆要实现各岗位职能的有机结合，以免各岗位职能在实施过程中出现混乱的现象。除了上述资源整合措施外，高校图书馆还需要重视文献信息资源的有效整合。图书馆资源借助网络载体实现广范围传播，能有效达到资源共享的目的。

另外,在创新服务方面,图书馆应充分重视全面整合服务功能,在明确文化服务、信息服务以及导读服务之外,图书馆还要加大与各大期刊、文献网站的合作,拓展内部文献资源,为自身规模的扩大提供基础条件。

三、优化创新高校图书馆知识服务

(一)相关理论基础

1.知识定义及类型

知识这一词汇的汉语语义是文化或者学术,随着时间的推移,知识有了更丰富的含义,并且人们开始进行知识的分类处理。对于知识的分类而言,从某种角度来讲,是在对其内在含义有所掌握的基础上,对知识进行细化研究,相关理论成果将知识分为以下三类:来自生产过程的知识,来自社会实践过程的知识,以及来自实验研究的知识。另外,我们也可以将知识分为显性知识以及隐性知识两种。从知识产生过程而言,可将其看作一个流动的过程。实际掌握知识的过程,可以分为知识产生、转移以及运用等三个阶段。

2.知识服务定义及目标

知识服务指的是一种新的运用理念,是随着网络技术发展而逐渐产生的,重点在于对大量网络信息进行有效处理。在对相关信息进行收集及分类整合后,将其提供给相应的网络用户,以便为其提供支持服务。这类服务内容是在新时代背景下形成的一种新型服务观念,我们通常将其理解为基于传统服务模式的创新,互联网信息经过精炼处理后变为价值较高的知识信息。从该角度上看,知识作为信息经验的成果,能为用户提供有效信息资源。现代化图书馆需要为用户提供知识服务,这主要与图书馆服务体系建设特点以及未来发展趋势有关,我们需要将知识服务理念运用到图书馆内部服务体系构建中,从而实现对信息资源的深入挖掘以及利用。知识服务以读者阅读需求为基础,有针对性地进行信息挖掘和管理等,可满足用户独特的阅读需求。这类服务相对来讲具有较强的针对性,为了实现良好构建高校图书馆知识服务体系的目的,有必要提高对合理运用信息技术的重视,从而为知识服务模式建立奠定基础。

3.一站式服务定义及运用

一站式服务的实质是系统的、完整的服务项目,这种服务不仅能为用户提供单方面知识的供应,还能围绕知识主题提供一系列有关的知识服务。高校图书馆采用这种服务模式,有助于为读者提供全方位的信息资源,简化了读者知识信息获取的步骤。对于图书馆这类机构而言，采用一站式服务理念，能做到在任意服务站都可以解决用户的一切阅读需求。发展一站式服务模式，不仅能一定程度简化用户文献检索操作，还能确保图书馆馆藏在线资源的充分使用，从而发挥图书馆的运营价值。

（二）高校图书馆知识服务现状

1. 现有的信息服务内容

高校图书馆目前为用户提供的信息服务内容主要包括以下几种。一是传统的信息服务。这类服务内容是高校图书馆普遍具有的，主要包括书籍推荐、文献资源传递、情报检索以及文献检索等。在这些服务项目中，文献检索以及书籍推荐在整个服务体系中占有较大比重，这主要与图书馆本身的知识职能以及信息传递职能有关。其中情报检索服务在整个服务体系中所占比例还较低，这问题说明高校图书馆目前的知识服务层次还不分明，有必要提高专业知识信息服务质量。二是虚拟信息服务。这类服务主要是在虚拟空间内为用户提供相关服务内容，通常包括电话咨询、电子邮件、合作咨询等。图书馆需要发挥它的教育功能，通常在馆内开展新生培训以及网络培训等活动，以帮助用户提高其知识运用能力。虽然国内图书馆在虚拟信息服务提供上起步相对较晚，但是其在不断发展过程中已经取得了一定成果，主要体现在各大高校图书馆现阶段已经建立了各自的服务网站，读者可通过咨询台等途径，向图书馆提出自身阅读需求，管理人员为读者提供个性化的知识服务。由于网络环境具有开放性，所以高校图书馆能做到对读者需求的实时掌握，目前较为常见的信息收集渠道为电子邮件等，电子邮件沟通方式能显著提高图书馆咨询服务水平，是应用价值较高的一种服务模式，并且具有较大发展空间。三是个性化服务。相关服务内容包括专题讲座、个人定制、网络培训等，传统的图书馆阅读服务主要是图书馆单方面向读者推送优质图书资源。这种做法容易导致读者在阅读选择技能方面表现出一定不足。随着社会的进步以及读者阅读水平的提高，高校图书馆需要充分尊重读者在服务提供上的主导作用，还需要发挥他们的能动性来确保服务质量和服务的有效性。为了提高读者的阅读技能，图书馆可对其进行专业培训。开展信息检索等培训活动，能帮助读者掌握一定的自主知识服务技能。现阶段我国个性服务主要包括委托到书以及预约到书等，我们还需要在此基础上促使知识服务模式朝着更高层次发展。四是学科信息服务。提供该类服务项目，需要确保学科文献资源的有效供应，高校图书馆可为用户提供电子资源链接，从而促进自身知识服务的良好发展。

2. 知识服务要求的转变

高校图书馆提供的知识服务对图书馆整体服务体系建设有重要作用，部分图书馆已经开始重视这一服务模式的建立，并且主要从知识管理方式及方案制定等方面着手，确保知识服务能满足图书馆建设要求。然而目前高校图书馆应用的知识服务模式还存在不足之处，主要表现在服务层次较低以及管理人员综合素质有待提高等方面。由于缺少相应的激励机制，因此图书馆馆员在实施服务行为过程中欠缺主动性。服务人员这一知识供应主体的服务观念薄弱，将严重阻碍服务质量的提高。为了解决这一问题，图书馆在服务技术以及服务层次等方面还需要加以重视。我们可通过在服务活动开展过程中应用大量高新技术，来为高校图书馆知识服务质量的提高提供基础条件。

（三）建立知识服务体系的有效措施

1. 建立校内服务模式

为了形成完善的图书馆知识服务体系，图书馆管理者应从建立校内服务模式这一角度出发，尽快得到满足图书馆发展需求的创新服务模式。在实际建设时，图书馆管理者应先对高校师生阅读知识需求信息进行全面的收集及整理，从而为知识服务模式的构建奠定基础。高校图书馆对应的一站式服务模式主要包括两大构成要素，当图书馆服务活动开展过程中运用校内服务系统时，师生则需要登录图书馆阅读服务系统，而系统后台将对账号信息进行验证，以便系统能根据账户信息来明确用户阅读特点，进一步为其提供特色服务。上述系统运行过程的顺利进行是充分发挥一站式服务模式运用价值的关键，同样是校内服务模式建立时要重点考虑的内容。另外，除了发挥系统平台的信息收集与分析功能外，馆员需要对读者阅读需求加以细致分析，做到根据信息内容来确定知识服务要求。为了保证系统功能的正常发挥，系统中需要设置知识信息抽取等功能模块，其能起到结合用户具体需求来从数据库提取相关知识资源的作用，是加大知识资源供应准确性以及运用价值的基础条件。同时，还需要设置知识服务反馈模块，在服务反馈信息及时传递给图书馆服务人员的情况下，其能确保高校图书馆向读者提供多种形式的知识服务信息。例如，现有的校内服务系统便是在合理设计及运用多种功能模块的基础上，满足阅读服务供应需求的。在设置知识信息抽取以及知识服务反馈等多种模块的前提下，高校图书馆为各种阅读服务活动的开展奠定基础。

在对校内服务模式运行特点进行分析时，可发现在用户执行登录账户这一简单操作的情况下，相关人员便能对大量数据库信息进行处理并提取出与用户需求相对应的知识信息。另外，服务系统运行过程中能做到将用户阅读需求信息储存在相对独立的数据库内，并且逐渐形成用户独有的知识库，以提高之后阅读服务的准确性。校内服务统一系统的建立，可减轻高校图书馆运营经费投入的压力，能确保一站式服务模式全方位运行。

2. 优化知识服务模式

图书馆一站式服务模式的优化策略包括以下几个方面。一是强化区域间合作。国内图书馆在一站式服务运用上还有所不足，各高校图书馆需要加强协作，从而促进各种先进思想及管理理念的交流。尤其在虚拟空间有效创建下，各高校图书馆之间的信息共享，可避免高校在知识服务体系上的重复建立，进而促使知识服务体系的全面性提高，是为读者提供优质阅读服务的有效路径。二是应加大在技术培训上的经费投入。高新技术的使用，可推动文献资源运用朝着多元化趋势发展，帮助用户在掌握充足知识信息的条件下进行自主学习。对于一站式服务模式而言，其为高校图书馆服务项目开展途径的创新提供了有力支撑，已经成为各高校图书馆重点建设内容之一，在提高知识服务的效率及质量等方面有重要意义。高校图书馆管理者要恰当选择服务模式建设方式，为高校图书馆数字化程度的提高奠定基础。具体来说，确保阅读服务能随时提供给用户是图书馆服务创新发展的主要目的，而网络环境的构建能有效实现该目的，可突破资源使用过程中的时间与地点限制，进而提高信息资源传播效率及运用价值。三是加大对一站式服务体系的宣传。在建立一站式服务模式的过程中，图书馆应有意识增加一站式服务体系包含的用户群，鼓励师生为一站式服务模式建立提出有效建议，在全体师生共同努力下，保证服务体系建设的全面性。为了推进图书馆一站式信息服务系统的创建，我们还应重视媒体在图书馆服务高效供应上的有利作用，如借助各网站以及平面媒体，促使高校师生意识到图书馆服务方式的转变，进而为图书馆后续建设提供基础条件。

第五章 新媒体时代高校图书馆
阅读推广服务创新

第一节 新媒体时代的内涵

新媒体时代是相对于传统媒体而言的，熊澄宇教授认为："新媒体是一个不断变化的概念。在今天网络基础上又有延伸，无线移动的问题，还有出现的其他新的媒体形态，跟计算机相关的，这些都可以说是新媒体。"

对于新媒体时代的界定，学者可谓众说纷纭，至今没有定论。虽然一些传播学期刊上设有"新媒体"专栏，但所刊载文章的研究对象也不尽相同，有数字电视、移动电视、手机媒体等，还有一些刊物把博客、播客等也列入新媒体专栏。那么，到底什么是新媒体？新媒体概念是由美国学者戈尔德马克率先提出的。新媒体是相对于传统媒体而言的，是在报刊、广播、电视等传统媒体以后发展起来的新的媒体形态，是利用数字技术、网络技术、移动技术，通过互联网、无线通信网、卫星等渠道以及电脑、手机、数字电视机等终端，向用户提供信息和娱乐服务的传播形态和媒体形态。严格来说，新媒体应该称为数字化媒体。

媒体的发展经历了三个阶段，即精英媒体、大众媒体和个人媒体。这三个阶段分别代表着传播发展的农业时代、工业时代和信息时代。在互联网高速发展的今天，以个人为中心的新媒体已经从边缘走向主流，其以博客、微博为典型代表。新媒体时代已经到来。

新媒体新在哪里？其必须有革新的一面，技术上革新，形式上革新，理念上革新。笔者认为后者更重要。单纯技术上革新、形式上革新称为改良更合适，不足以证明它为新媒体。理念上革新是新媒体定义的核心内容。至于市场上那些以是否具备互动性来界定是否为新媒体，是片面的不可取的观点。是否具备互动性，是个别性问题，不具备普遍意义。笔者认为可以以个别性识别新事物，但是不可以以它来定义新事物。从这个意义上说，"新媒体"必须具备以下几点内容。

一、价值

就媒体本身意义而言，媒体是具备一定价值的信息载体。载体具备一定的受众，具备信息传递的时间，具备传递条件，以及具备传递受众的心理反应的空间条件。这些因素综合形成媒体的基本价值。载体本身具备其价值，加之所传递信息本身的价值，共同构成媒体存在的价值。这个也就是媒体存在的价值。科技进步虽然理念上新，形式上新，也具备一定受众，但是其成本远高于受众所带来的商业效益，故其不能形成媒体的有效价值。

近些年，各类媒体风行市场，但是经过市场考验而留下来的却少之又少。其中一些就是因为没有深入调研媒体核心价值所在，却盲目拷贝别人的理念而失败的。或者是由于理念过于超前，不能被市场认可，没有深度分析消费者形态，强加细分而难以体现媒体的基本价值，或者其基本价值与市场不协调。其原因较多，不一一阐述。

二、原创性

新媒体之所以新，就新在这里，即应该具备基本的原创性。这里的原创性，区别于一般意义上个人或个别团体单独的原创性，是特定的时间内时代所赋予的新的内容的创造，一种区别于以前时代所具备的内容上、形式上、理念上的创新，是更广泛意义上的创新。例如，分众传媒就是一种新媒体，具备原创性，它之所以可以称为原创，是因为它把原有的媒体形式嫁接到特定的空间上，形式上是嫁接，理念上却是原创。聚众传媒或者更多家类似媒体，都是新媒体的典范，它们或者是不谋而合或者是复制，仍可称为具备原创性的一面。而这个原创是理念上创新的典范。

分众传媒、聚众传媒、框架传媒等细分受众的媒体都是在媒体理念上具有一定意义的原创性。后来细分到社区的安康，细分到医院的炎黄、互力等媒体，虽然复制了分众的细分概念，但也不失为理念上创新应用成功的典范。

三、效应

效应是在一定环境下，一些因素和一些结果之间构成的一种因果现象。新媒体必须具备形成特定效应的特性。或者说新媒体必须具备形成一种更新的效应的特性。新媒体必须具备影响特定时间内特定区域内的人的视觉或听觉反应并导致相应结果的条件。网络在 20 世纪 90 年代中期进入我国，属于一种新型的信息载体，而且形成了巨大的效应，在特定区域、特定时间内几乎改变了人的生活方式。这种效应必然产生特定的结果。由于这个效应的变化发展，所以不排除新媒体可以发展成为主流媒体的可能，也就是新媒体在一定的时机下也可以脱离新媒体概念限制。所有的概念都是随着发展而变化的。

四、生命力

新媒体作为媒体而存在，必须有一定的生命力，有其价值体现，而这个价值体现的长短，就是生命周期。近些年，我国媒体发展迅速，新媒体日新月异，受各类细分性媒体细分思维的影响，各种形式的创意嫁接层出不穷。但是形式新、技术新并不能决定其存在的价值，在无情的市场面前，折戟沉沙的数不胜数。究其原因就是他们没有弄清楚新媒体的核心价值是什么，而盲目生搬硬套，导致创新不具备一定的生命力。因而这些在混乱中夭亡的创新不能算是媒体，更不能称为新媒体。

公共汽车视频媒体、地铁视频媒体、超市卖场视频媒体，有媒体效应，有媒体价值，在一定的时间范围内也具备一定的生命力，当属新媒体之列。至于个别企业能否长久发展，一是看其执行力，二是看企业的创新发展能力。综上所述，真正意义上的新媒体可简言为 VOEL 媒体，或者除却基本价值的概念，称为 OEL 媒体。当然也许还有更多的因素左右新媒体的存在与发展，但是就时下一般意义而言，"新媒体"的概念可以由价值（Value）、原创性（Originality）、效应（Effect）和生命力（Life）四个核心内容来界定。新媒体就是必须具备价值、原创性、效应和生命力四个必备要素，用以区别狭义上的个别性新的媒体。这四个要素可以涵盖新媒体理念上的革新、技术上的革新以及形式上的革新。至于是否运用了高科技，不是决定其新旧的关键，更不能决定其在一定时间内存在的价值。

第二节　新媒体技术在图书馆服务中的应用

一、网络媒体在图书馆服务中的应用

目前网络媒体在图书馆服务中的应用已经普及，图书馆的互联网门户网站和官方微博等迅速发展，但至今对于网络图书馆并无明确定义，我们可以看到

数字图书馆、电子图书馆、网络图书馆、在线图书馆、虚拟图书馆、图书馆网站等不同提法，而且人们常常把这些混为一谈。为了便于研究，我们做了简单的梳理，把网络图书馆从数字图书馆、电子图书馆中分离出来。我们认为网络图书馆是借助互联网平台，以建设图书馆门户网站等为主要形式的，融信息资源的建设、管理与服务为一体的在线数字资源接口。网络图书馆，可以理解成数字图书馆的网络版，它可以通过互联网为读者提供全方位、个性化的数字信息服务，包括用户管理、阅读引导、信息检索、资源查询等。

网络图书馆的建设必须依托强大的数字资源，这就要求图书馆要以资源建设为核心，围绕馆藏文献数字化，做好信息资源的加工、存储、管理和传输，同时加强馆际联合，开展文化资源的共建共享，建设跨库无缝连接与智能检索的知识中心，进而更好地为广大用户提供实时的、便捷的、个性化的信息服务。

（一）网络图书馆的服务优势

随着全国文化信息资源共享工程和数字图书馆推广工程的深入推进，图书馆对数字门户网站的建设越来越重视，并不断地积极拓展数字资源的开发与利用。网络图书馆的规模在不断扩大，服务也在不断加强，它已经成为昼不关门、夜不闭户的全天候图书馆；成为百问不厌、百答不烦的服务型图书馆；成为开门建馆、惠及大众的全民型图书馆；成为技术先进、功能全面的智能型图书馆。它充分继承了数字技术与互联网的优秀基因，具有与生俱来的服务优势，可以整合不同载体、不同地域的信息资源，可以跨越区域、跨越空间，最终为用户提供方便、快捷、个性化、高效能的信息化服务，并成为大众获取价值信息的精神家园。

1. 资源丰富，形式多样

网络图书馆利用先进的计算机技术及网络技术，积极开发和利用网络信息和数字资源。它突破了传统图书馆以纸质文献为主要载体的局限，转向以包括电子文献在内的数字资源为主的格局，成为集各种数字信息于一身的资源中心。

2. 覆盖广泛，惠及全民

根据调查，我国省市级图书馆全部拥有自己的网络图书馆，而地市、区县级开通网络图书馆的更是数不胜数。它们大多资源完备，覆盖广泛，被人们称为"没有围墙的图书馆"。首先，网络图书馆对读者没有条件限制，它面向全体社会成员，为所有人提供信息服务，特别是为那些没有机会到图书馆读书的群体提供了良好的服务平台。与此同时，它还可以为个人、企事业单位及政府部门等提供多样化的、灵活的、有针对性的个性化服务。其次，网络图书馆对场地和时间也没有限制，人们对馆藏信息资源的利用不必受时间地域的局限，摆脱了实体图书馆只能到馆借阅的束缚。人们可以随时随地享用信息资源：人们可以在图书馆，也可以在办公室；可以在社区文化站，也可以在家里；可以在白天，也可以在深夜。总之只要能够登录网络图书馆的主页，就可以在任何时间、任何地点获得它的资源信息。网络技术的广泛应用为进一步拓宽图书馆服务范围提供了条件，网络图书馆的服务能够覆盖全国省、市、县、乡镇（街道）、村（社区），充分体现了图书馆的公益性。网络图书馆已成为普通百姓加油充电的供给基地和修身养性的精神家园。

3. 开放互联，共建共享

网络图书馆可以提供全方位的开放性服务，因为它具有开放性的建设平台、开放性的整合资源、开放性的管理模式。图书馆文献信息传播的网络化促进了文献信息资源的传播与共享，推动了文献信息资源的社会化，提高了图书馆的服务效能。网络图书馆作为开放的知识与信息服务中心，充分给予社会中每个成员自由获取知识和信息的权利，为所有用户提供了不受时空限制的网上自由检索、参考咨询、文献提供等服务，从根本上改变了人们获取信息和使用信息的方法，提高了人们的学习效率，并且便于人们随时随地互动。

4. 发挥特色，区域互补

网络图书馆在共建共享的同时，瞄准区域特点，重点开展地方特色资源的发掘和整理，实现了对地域性文化资源的传承与利用，为地区地方特色文化和民族特色文化的传承和发展提供了支撑。这不仅避免了因重复建设造成的资源浪费，而且极大地丰富了图书馆的信息容量。所谓馆藏特色资源就是各个图书馆具有特色的资源，是各馆经过长期建设积累，在某一方面形成一定规模、结构且比较完整的优势文献资源。馆藏特色资源形式各异、内容丰富多彩，能为读者提供多样的视角和具有特色的服务。我们可以举全国图书馆之力，以文化共享工程和数字图书馆推广工程为抓手，发挥特色，优势互补，共建优秀地方特色数字资源，提升数字图书馆资源建设和保障的整体水平。

（二）网络图书馆的发展前景

1. 坚持公益理念，发挥教育功能

网络图书馆作为图书馆的主要组成部分，作为公益性公共文化服务的重要阵地，也必然承担着保存人类文化遗产、提供知识信息、传播先进文化、开展

社会教育的重要责任。网络图书馆具有信息资源丰富、覆盖范围广泛、传播速度快等特点，所以其应该积极抢占网络文化阵地，维护和保障广大公众的基本文化权益，突出公益性，在尊重和保护知识产权的前提下，提供广域网范围的免费服务。作为资源中心和服务阵地，它不仅要能够提供各种数字信息资源，而且更应该充分发挥社会教育功能，创设良好的学习环境，成为聚集优秀文化资源的信息宝库，成为开展公众教育的坚实堡垒，成为重组与更新知识的第二课堂，成为分享人类文明成果的精神家园。

2. 加强技术研发，制定标准规范

网络图书馆要想加快高新技术在图书馆领域的应用与推广，就要利用"云计算"和"三网融合"技术推动技术研发与标准规范的制定，为公共数字文化建设提供强有力的服务资源保障和技术标准支撑。标准规范的制定，尤其是在开放和可以相互操作基础上的标准规范的制定，是数字图书馆建设高效、经济、可持续进行的根本保证，是数字图书馆能够长期发挥作用的必要条件。忽略数字图书馆标准规范体系的建设，将会导致资源的重复开发，影响资源的共建共享，限制数字图书馆的作用空间和发展能力。网络图书馆作为数字图书馆的网络平台，要借助数字图书馆推广工程，加强标准规范的制定，统一技术平台标准规范，统一资源建设标准规范，统一资源服务标准规范，坚持共建共享、开放共赢的原则，加强合作共建，联合建设超大规模的资源库群、互联共享的知识网络，扩大资源总量，形成规模效应，有效扩充数字资源。

3. 创新服务模式，提高服务效能

网络图书馆应坚持"需求主导、服务为先"的原则，了解群众对公共数字文化的需求，建设丰富适用的数字资源，提升公共数字文化的惠民服务能力，创新服务模式，拓展服务渠道，扩大服务功能，丰富服务手段，为广大人民群众提供多层次、多样化、专业化、个性化的数字文化服务，切实保障信息技术环境下公共文化服务的公益性、基本性、均等性、便利性。网络图书馆不是简单地把自己的信息服务推送到网络上，而是要打破被动局面，采取主动的服务方式，以用户信息活动为中心，建设立体化的服务网络，为用户提供全方位的交互服务，以及精准的智能信息检索服务、一体化的综合信息服务，从而实现为用户提供个性化、高效、快捷服务的目的。

二、手机媒体在图书馆服务中的应用

互联网与移动通信的结合，造就了一种全新的网络环境——移动互联网。

利用移动互联网传播公众信息的新媒体——手机媒体，已成为具有巨大发展空间的信息终端。目前，移动信息服务广泛应用于各个领域，在图书馆中利用手机移动信息平台来扩展服务，已成为图书情报界的研究热点，手机图书馆具有便捷性、实时性、互动性和个性化的特点，不仅可以提供网站浏览借阅服务，而且可以提供文献检索、互动阅读、参考咨询、自助服务等形式丰富的动态服务，成为大众欢迎的"口袋图书馆"。

手机图书馆就是利用移动信息服务技术，在图书馆提供无线接入方式的基础上，通过手机、平板电脑等接入网络的移动终端享用数字资源的"移动图书馆"，它具有手机增值服务和图书馆服务的双重属性，是图书馆信息服务的延伸与补充。手机图书馆将无线通信网络和图书馆系统结合起来，利用高普及率的手机终端拓展延伸了传统的图书馆服务，信息通知、借阅管理、在线阅读等几乎所有的数字图书馆功能都将在手机平台上得以实现，极大地方便了读者，拓展了图书馆的服务范围，提高了图书馆的服务效率。

（一）手机图书馆的服务优势

1. 便捷性

手机图书馆能以最方便快捷的方式获得信息与服务。有线网络服务的方式，无法随时随地获得图书信息资源，手机图书馆打破了时间、空间和电脑终端设备的限制，用户可以利用短信、登录网站和安装 APP 软件等方式，随时随地接收或浏览文字、图片、声音等各类信息。手机图书馆的移动性，让手机真正成为读者的"随身图书馆"，手机的便携性、随身性让其无所不能、无处不在。在手机图书馆的环境下，借助于人工智能和移动通信技术，读者可以通过手机向馆员提问并获取帮助，读者不必限制在电脑桌前，可以自由自在、随时随地获取信息和帮助，从而提高了图书馆资源利用率。

2. 实时性

手机图书馆不受时间、地点、空间的限制，能随时随地提供信息与服务，有利于读者最大化地利用图书馆的资源，是读者的"随身图书馆"。图书馆的实体资源服务时间有限，用户在服务时间以外无法获取所需的信息资源，即使全天开放的数字化资源，其服务也会受外在环境的影响，如 IP 地址、硬件水平的限制等，读者只能到图书馆或局域网范围内才能获取相应的服务。手机图书馆具有"无处不在、无时不在"的特点，不仅可以让读者在任何时候和任何地点都享受到图书馆的服务，还可以让读者充分利用"垃圾时间""碎片时间"

来阅读各种信息。它极大地提高了图书馆的信息服务能力，使图书馆的服务范围不断扩大、服务时间不断延长，满足了读者随时随地获取信息的需求，最大限度地实现了图书馆的价值。

3. 互动性

手机媒体可以随时随地发出和接收信息，图书馆可以通过手机进行信息传递，包括图书续借、借阅证挂失、问答咨询、书目查询等，这类服务的特点是图书馆与读者之间有互动，读者收到短信后随时可以用回复的方式咨询详细业务。读者向图书馆发送请求，图书馆将相应的信息反馈给读者，让读者及时了解相关信息内容，这样可以做到随时随地交流，方便了图书馆馆员与读者进行互动。此外，手机用户可以加入图书馆移动信息服务系统。在线阅读时其不仅可以做书签、笔记，可以划词翻译、写书评等，而且可以在读者社区聊天、在线评论、写博客、网上发帖等。可以说手机扩大了图书馆的影响力，提高了图书馆宣传的渗透力。

（二）手机图书馆的服务功能

1. 借阅、查询服务

手机图书查询检索功能和原来数字化检索功能基本一致，读者通过手机上网登录图书馆自助服务网站，点击相应菜单，通过任意词匹配检索进行书目、文献查询，可查询所需图书的具体状态、在库信息。不仅如此，读者还可以检索到联盟共享图书资源信息，这使得数字图书信息的利用率最大化，读者能快速查找到所需信息。

2. 通知、提醒服务

通知、提醒服务是手机在图书馆服务应用内容中最基础的部分，当读者所借图书快到期时，图书馆通过手机为读者提供图书到期催还提醒服务。读者登录个人信息界面就可以使用借阅信息查询、借阅证件挂失、预约信息查询等功能。当读者的读者证快到期时，图书馆通过短信方式向已在图书馆网络平台绑定的手机号码发出到期提醒短信，提醒读者延期读者证。提醒服务使读者不用时刻惦记着书籍的借阅状态，不用怕超期被罚款。

3. 新书推荐、信息发布服务

图书馆可以定期更新网站上的新书目录、书摘书评、新闻公告及讲座信息等，也可以通过手机应用软件把这些信息推送到用户桌面，还可以用短信、微信的方式把这些信息发送给读者。手机图书馆可为读者提供更多、更快的信息服务，使读者能及时了解馆藏新书和各种活动信息，这样就大大拉近了图书馆与读者之间的距离，加强了两者之间的互动。

4.咨询服务

通过手机无线应用协议网站和定制的手机应用软件，图书馆可以在读者和图书馆馆员之间建立一个虚拟的"面对面"的交流平台，使双方能够随时进行互动交流；同时可以建立知识累积库，通过智能语义分析，为读者提供自助服务，简化图书馆馆员的咨询工作。

5.个性化定制服务

手机图书馆将无线通信网络与数字图书馆系统结合起来，在方便用户，提高服务效率的同时，也为读者提供个性化服务。个性化服务是图书馆根据读者的兴趣、爱好、需求等开展的一种服务，也是图书馆信息服务纵深发展的一种体现。目前手机图书馆个性化服务主要有短信定制和信息资源查询定制。读者通过登录图书馆移动服务网站，根据自己的兴趣和需求定制服务。具体来说，就是读者将自己所要咨询的问题以短信的方式发送至手机图书馆咨询中心，图书馆工作人员通过手机短信或网站平台针对读者的问题进行解答，以最快的速度将这些信息传递给读者，满足读者个性化需求。

三、数字电视在图书馆服务中的应用

数字电视图书馆是图书馆为读者提供到馆服务、互联网服务、手机服务以外的新型服务的载体，是现代图书馆延伸服务的新模式，是图书馆为读者提供多元化服务的新载体，是保障公共文化服务公益性、基本性、均等性、便利性的有效举措，是现代图书馆实现自身进一步发展的新手段。

数字电视又称数位电视或数码电视，指的是从演播室到发射传输、接收的所有环节使用的都是数字电视信号，或指该系统所有的信号都是通过由 0、1 数字串所构成的二进制数字流来传播的电视类型。数字电视是一个从节目采集、节目制作、节目传输到用户端都以数字方式处理信号的端到端的系统。

数字电视图书馆是利用数字电视的交互功能，开发相应的接口，将数字图书馆与数字电视连接起来，结合数字电视传播技术和数字信息技术，以专业服务频道的形式把图书馆的资源和服务主动提供给用户，让用户能以新的方式利用电视节目内容，享受丰富的数字化图书馆服务。目前图书馆主要通过交互式数字电视、交互式网络电视和互联网电视三种业务形式进行数字电视业务的拓展。图书馆借助数字电视网络把图书馆资源搬到千家万户，通过数字电视这一载体，使读者随时随地阅读图书馆提供的相关信息。数字电视图书馆是用户按需索取的图书馆，是通过电视荧屏就能免费享受图书馆提供的服务的名副其实的家庭图书馆。数字电视图书馆将丰富的馆藏资源同先进的传输手段结合，充分利用电视网络资源，为用户提供图书预约续借、远程教育、参考咨询与互动等服务，实现了图书馆的功能拓展和服务延伸，进而为用户带来不一样的阅读体验，最大限度地满足人民群众的精神文化需求。

（一）数字电视图书馆的服务特点

1.广泛性

数字电视图书馆把图书馆的馆藏资源通过视频、音频、文字、图片等多种内容形式呈现给用户，可看、可听、可读，将不熟悉或不习惯使用计算机、手机的用户通过电视这个大众平台纳入图书馆的用户范围内，扩大了数字文化服务的人群覆盖面。以国家图书馆为例，其开通的数字电视图书馆，将经典文化和优秀资源借助广电双向平台实现了入户服务。所有数字电视用户，可以随时享用图书馆的服务，不仅可以看公益文化视频节目，还可以读书看报、浏览图文信息，并可以通过交互技术体验图书馆的特色功能，从而享受全方位的阅读服务。

2.跨时空性

数字电视具备时移（回放）功能，用户在收看电视节目的过程中可随时暂停、快进、后退。数字电视图书馆能够突破传统媒体受困于时间、空间的限制，不受传统图书馆馆内服务的约束，为丰富群众业余生活提供了新途径，使得用户足不出户就能享受图书馆的各种优质资源，享受数字电视图书馆带来的高效便捷服务，为社会发展和人民生活质量的提高提供了知识和智力的保障。

3.交互性

数字电视提供的最重要的服务就是视频点播（VOD）。VOD是一种全新的电视收视方式，它不像传统电视那样，用户只能被动地收看电视台播放的节目，它为用户提供了更大的自由度、更多的选择权，具有更强的交互能力，传用户之所需，播用户之所点，有效地提高了节目的参与性、互动性。随着"三网融合"的不断推进，电视图书馆将成为巨大的交互式多媒体平台，用户不仅可以自由操控电视、收藏自己喜欢的栏目，还可以对视频节目、书刊内容进行评论、分享，用户互动交流等成为信息传播和普及的重要渠道。以"国图空间"为例，它是国家图书馆与北京歌华有线电视合作开通的世界上第一个由图书馆制作的专业电视频道。该频道采用双向信息传输技术，增加了交互功能，将传统的单向传播方式转变为双向交互式传播，使数字电视图书馆成为方便快捷的交流信息的互动平台。

4. 可控性

与良莠不齐的网络资源不同，数字电视图书馆的内容具有可控性。数字电视内容是经过编辑、整理并由相关部门严格审核后才允许发布的。电视阅读内容条理清晰、健康、安全、便于查找，不会淹没在海量信息之中。此外，有线电视网络是一网专用的，不易受到黑客攻击，版权保护容易实现，不易被盗版侵权，为数字出版提供了安全保证。

5. 专题性

数字电视图书馆以图书馆为依托，可以充分发挥图书馆的资源优势，注重开发多样化资源，策划多种类型的选题，运用图书馆学、情报学、信息管理学专业手段整合图书馆馆域网内外资源，对各个专题进行策划、加工、制作，通过专业化的信息处理，改变一般数字图书馆只是将物理馆的内容移植到网络上的局面。数字电视图书馆是多元文化形态的综合性信息服务平台。通过数字电视，图书馆可以将特定的信息向特定的用户群进行定时或滚动发布，从而提高了图书馆服务的针对性和有效性。

（二）数字电视图书馆的服务功能

图书馆通过数字电视平台走入家庭，不断研发具有图书馆特色的电视服务功能，不仅可以提供查阅图书馆馆藏书目、办理图书续借手续、浏览图书和期刊等功能，而且可以通过专业频道播出、视频点播、参考咨询等服务项目，为用户提供更开放、更灵活的图书馆服务内容，从而提升自身的文化传播能力，丰富人民群众的文化生活。数字电视图书馆的发展，使图书馆的信息服务得到了进一步的深化，从而提升了图书馆的服务水平。利用数字电视这个新平台，图书馆可以实现下述四个方面的服务。

1. 导航服务

导航服务是数字电视图书馆的窗口服务。数字电视可图文并茂地介绍图书馆的一些基本情况，如图书馆的历史沿革、馆藏情况、新书通报、服务对象、借阅制度、各种活动的新闻公告等。数字电视图书馆可根据馆藏特色，利用数字电视指导读者利用图书馆的资源，进行文献、信息的检索查询等。

2. 视频播放服务

在数字电视图书馆系统中，视频播放可以让用户通过电视终端及时收看图书馆举行的各种专业讲座、学术报告，以及各种用户培训、辅导讲座等视频影像，适时为用户提供符合当前形势的视频节目播放服务。此外，图书馆馆藏的光盘资源，可以统一以光盘塔的形式对外开放，为用户提供光盘点播服务，满足用户自学的需求。这样既可以避免光盘被损坏，又可以提高光盘的使用率。

3. 预览预约服务

随着数字电视图书馆的进一步发展和完善，用户不仅可以预览图书馆馆藏的电子图书，还可以利用电视终端查询图书馆的馆藏书目和自己的借阅信息，进行自助式的图书预约和续借。

4. 专题服务

根据用户的信息需求，图书馆可确定视频资源收集范围和专题内容，在对信息资源进行分类、整理的基础上，制作成针对性和实用性较强的专题视频，并通过数字电视快捷地提供给用户。

（三）数字电视图书馆的发展方向

1. 制定规范，全面推广

目前，人们已经认识到利用现有的电视网络将图书馆服务推送到家庭，是一种最经济、最高效的服务模式。为引导全民阅读多元化发展，我国多家图书馆都已提供了基于交互电视的数字信息服务，数字电视图书馆已经成为图书馆提供无边界图书馆服务的重要延伸。

数字电视图书馆的快速发展，开创了以数字电视为媒介，以家庭数字图书馆为主体的服务模式，有效地促进了数字图书馆服务新业态的形成。"数字图书馆推广工程"在下一阶段将加快数字电视图书馆服务相关标准规范的研制，进一步完善项目体系，借助各地图书馆特色馆藏优势，优化资源加工流程，加大资源加工力度，逐步形成以特色服务为主体，以资源共建、共享为基础，覆盖全国的"家庭数字图书馆"文化服务体系，为提升我国公共数字文化水平发挥积极作用。

2. 发挥优势，拓展功能

数字电视具有普及率高、操作简单、传输信号稳定、画面呈现清晰、节目容量大、服务范围广、可交互操作、符合个性化要求等特点，在家庭文化娱乐和文化传播方面拥有巨大的影响力和不可替代性。数字电视图书馆继承了数字电视的这些优点，同时又具有图书馆的资源优势，二者完美的结合必将实现阅读领域的一次飞跃。把图书馆服务"搬进读者家"，实现了读者"坐享其成"的梦想，为读者省去从家到图书馆的奔波劳顿，这将在很大程度上改变人们传统的阅读习惯。电视图书馆走入家庭，结合虚拟图书馆服务，使读者建立家庭电视图书馆成为可能。家庭电视图书馆把数字资源和虚拟现实技术相结合，改变了人们被动接受或机械点播的现状，能够为读者提供主动选择方式，为读者提供"全息服务"，以及更为广泛的个性化服务。

第三节　新媒体时代高校图书馆阅读推广服务现状

一、新媒体环境下高校大学生的阅读特征

在新媒体环境下，阅读随着新媒体技术的发展而出现了很多变化，新媒体技术在很大程度上推动了阅读方式的创新。新媒体阅读方式具有传统阅读方式不具有的优势，如阅读更加便捷、阅读形式丰富、阅读内容多元化、阅读互动性增强等，新媒体阅读方式为高校图书馆带来了许多新的挑战。

（一）阅读形态的转变

在新媒体环境下，阅读最主要的变化是形态的转变。因为高校大学生通过新媒体阅读方式可以在移动端如手机、平板电脑等获得方式更加便捷、内容更加丰富的阅读体验，所以目前许多高校都越来越重视数字图书馆的建设、馆藏资源的数字化。高校图书馆正在朝数字化方向积极转变，主动借助新媒体技术的优势，积极建立了高校图书馆网络阅读平台，使学生可以通过新媒体阅读方式阅读高校图书馆海量的阅读资源，在面对新媒体的冲击时其也可以发挥出自身的优势。

（二）阅读互动性的提高

阅读互动性的提高是新媒体环境下阅读服务模式转变的结果。在新媒体技术的支持下，大学生在阅读时可以通过网络社交平台如微信平台、微博平台等，实现与其他读者的互动，能够直接通过网络进行自主阅读。大学生读者享有阅读的主动权，可以随时表达自己的态度和观点。在这个过程中，大学生不只是被动的阅读者，而且是阅读的主动参与者、创造者，能够实现阅读的双向互动。目前高校图书馆也都开设了可以让学生进行交流互动的网络阅读平台，其能够收集大学生读者的意见，从而使图书馆能够不断调整自身的阅读服务。

（三）阅读方式的转变

在新媒体环境下，电子阅读发展很快，其对传统的纸质阅读产生了很大的冲击。通过新媒体技术，图书馆可以实现阅读文字与图片、视频、音频的结合，使大学生读者可以获得更多的阅读方式，这在很大程度上满足了当代大学生读者的多元化和个性化需求，为大学生读者提供了更多的选择。虽然纸质阅读同样具有其自身的优势，但是从目前高校大学生总体的阅读方式来看，新媒体阅读方式占有很大优势，更多的大学生读者会选择通过电子阅读的方式来满足自身的阅读需求。

新媒体时代，信息技术手段和工具呈现多元化的发展趋势，与传统的阅读时代相比，当前的阅读工具和手段越发高效和多元化。读者可以通过手机、电脑等获取更多的阅读信息，同时阅读内容以及形式也相对丰富，可以是语音、文本，还可以是图像和视频动画，信息技术给高校学生的阅读带来了更多的便捷。新媒体阅读方式与传统简单依靠报纸和书籍的阅读方式相比，更具有时代性的特点，可以切实满足多元化阅读群体的需求。

（四）阅读内容浅显化，阅读更加碎片化

新媒体时代，信息技术呈现出爆炸式的发展趋势，这就进一步促进了当前阅读的浅显化。当然我们也不能将其定位于一种阅读劣势，只是由于生活以及学习节奏的加快，浅阅读逐步成为阅读的重要表现形式。

现如今，高校学生在阅读的过程中借助信息工具极大地改变了传统阅读在空间和时间上的约束，高校学生可以随时随地地进行阅读。高校学生多是利用碎片化的时间进行阅读的，并且可以在任何时间阅读所需要的信息，这样就形成了当前高校学生阅读的碎片化特点。

二、新媒体环境下高校图书馆阅读推广服务存在的问题

现阶段，信息技术得到了迅猛的发展，并被于各个领域应用。高校图书馆阅读活动是图书馆业务的核心，图书馆阅读推广活动的开展正是促进全民阅读的关键。高校图书馆通过数字化阅读使阅读更加方便，大大提升了图书馆资源的利用率，并与读者之间建立起互动关系。虽然图书馆阅读模式依托信息技术得到了创新，但是图书馆阅读推广还存在一些问题。首先，图书馆阅读推广依旧运用传统推广模式，并没有很好地与新媒体结合。其次，人们对图书馆阅读推广服务的关注度较低，同时也没有及时反馈交流。传统的观念认为，图书馆阅读只是在需要时进行的，不需要相应推广。高校图书馆只是在每年固定日期

进行推广活动，并且活动内容和形式也相对固定，这表明高校图书馆对阅读推广工作重视不够。

随着社会的进步和读者群体特征的变化，高校图书馆的建设和发展应该跟上信息化社会的发展步伐，图书馆的管理和服务方式也需要随之革新。虽然很多高校图书馆已经意识到了当前阅读推广服务亟待从被动应付型向主动创新型转变，在阅读推广服务方面也投入了巨大的精力，但是常常收效甚微，达不到预期的效果。笔者通过分析总结发现，其问题主要有以下几个方面。

（一）重视不够，机制建设不健全

当前，高校图书馆对阅读推广活动普遍缺乏足够的重视，大多数高校图书馆并没有成立专门的阅读推广部门，缺乏稳定的资金支持，缺乏专业的人员支撑，缺乏有效的工作机制来保证阅读推广活动的开展。高校图书馆阅读推广工作要想取得实效，必须高度重视机制建设，保障各项活动持续深入地开展下去。

（二）高校阅读推广服务与新媒体结合不够充分

目前许多高校图书馆的阅读推广服务依然沿用传统的阅读推广模式，大多阅读推广服务还是通过线下的方式进行的，推广形式较为单一，且严重缺乏创新性，不能够与新媒体充分结合，如高校阅读推广服务中常见的读书节活动、征文活动等，大学生常年接触这样的阅读推广方式，其对大学生读者的吸引力远远不够。虽然目前许多高校都在积极开展新媒体形式的阅读推广服务工作，但是其还没有做到与新媒体形式充分结合，阅读推广服务缺乏新媒体平台支持，无法发挥出新媒体的优势，因此阅读推广服务缺乏时效性。

（三）阅读推广活动的广度和深度不够

阅读推广工作向来是高校图书馆工作的重要组成部分，虽然很多高校图书馆每年都会通过举办形式多样的阅读推广活动如读书月、读书挑战、征文比赛等来吸引读者参与，但是很多活动存在被动应付、流于表面形式、内涵不足等问题。阅读推广活动的内容设计缺乏吸引力，没有充分挖掘读者需求，许多活动的针对性不强，活动精准化效果不明显。活动宣传途径匮乏，无法获得读者关注，造成活动参与度不高，达不到预期的效果，活动的影响力和深度不够。许多活动的服务质量不高，存在被动提供倾向，无法满足不同读者的个性化需求，在面向个体提供个性化服务方面还有很大的提升空间。

（四）阅读推广服务内容质量不足

虽然新媒体在高校图书馆的阅读推广服务中发挥着重要的作用，但是其也带来了一些负面影响。新媒体时代，阅读信息质量参差不齐，在海量且复杂的阅读信息面前，存在着许多质量较差和不良的阅读信息。如果高校图书馆没有做好筛选工作，将会导致不良信息流入学生的阅读当中。高校的大学生读者经常借助新媒体进行阅读将导致阅读碎片化、浅显化，导致大学生过度依赖新媒体，沉迷于电子阅读中，沉溺在网络环境中，从而养成不良的阅读习惯，且大学生读者通过电子阅读所学习到的知识缺乏深度，不利于大学生创新思维的培养。

（五）发挥新媒体技术优势不力

信息技术和新媒体技术的发展为新媒体阅读载体的多样化发展提供了可靠的技术支持。高校图书馆利用新媒体技术可将海量的信息内容进行整合，从而为读者提供更加全面、有效的知识信息。新媒体促进了阅读形态的变化，使阅读的内容更加多元化、形式更加丰富、互动性变得更强。当前，虽然高校图书馆非常重视数字化、电子化资源建设，但是在借助新媒体技术促进资源利用方面仍然处在初步探索阶段。很多高校图书馆的阅读推广活动仍然处在传统的信息发布、资源推送等低层次阶段，没有向读者提供个性化、专业化的深层次服务，没有充分发挥新媒体技术的优势，如交互性、互动性等。

（六）规避技术弊端的措施不完善

技术是一把双刃剑，新媒体虽然能够促进高校图书馆阅读推广工作的开展，但是它对高校图书馆阅读推广工作也有消极作用。在新媒体环境下，获取信息的途径和方式更加多元化，这也提高了信息甄别的困难程度。当前，虽然很多高校图书馆在积极探索和利用新媒体技术开展活动，但是它们普遍缺乏对活动过程的控制，以及对读者的引导和评价，缺乏规避技术弊端的有效措施。

三、新媒体时代高校图书馆阅读推广服务面临的挑战与机遇

（一）新媒体时代高校图书馆阅读推广服务面临的挑战

1.高校学生阅读方式发生改变

现如今随着网络技术的普及，大学生可以利用手机以及电脑等进行阅读，大学生可以很容易地就获得其所需要的信息，而不用去图书馆借阅资料和文献。因此，近些年高校图书馆学生的到馆率和借阅量大大下降，这极大地影响了我国图书馆阅读推广服务的开展，因此高校图书馆还需要紧跟时代的变化和学生的实际阅读需求，做好阅读推广服务的创新工作。

2. 高校学生阅读习惯发生改变

在传统的阅读时代，学生阅读纸质书籍和资料，在阅读的过程中可以展开细致的分析和思考。随着新媒体时代的到来、信息技术的快速发展，阅读的信息更加丰富，在便捷了阅读方式的同时，大大降低了学生在阅读过程中的思考能力，逐渐出现了阅读浅显化的现象，这不利于学生阅读能力和思考能力的提升。面对这样的发展趋势，高校图书馆需要正视这些问题，采取有效的改革措施，让阅读发挥最大效能。

3. 高校阅读环境和阅读内容发生改变

现如今在新媒体工具的带动下，高校整体的阅读环境和阅读内容都发生了很大的改变。一方面，图书馆里学生集体阅读的现象越来越少，导致当前图书馆的阅读氛围也大大改变，很多学生在图书馆中无法提高阅读的积极性。另一方面，在当前互联网和媒体环境下，多元化信息充斥在学生的学习和生活中，其中必然会有垃圾信息以及错误信息，这些信息会误导学生，影响学生对信息的有效理解。因此，新媒体时代，图书馆还需履行自身的职责，有效培养学生良好的阅读习惯。

（二）新媒体时代高校图书馆阅读推广服务面临的机遇

1. 阅读途径更加多样化

现如今随着新媒体工具的不断创新，无论是信息传递媒介还是整体的阅读途径都更加多样化，学生的阅读也不再受传统时间和空间上的限制，学生可以在任何时间和地点利用手机和电脑等移动终端进行阅读。在此基础上，高校图书馆的阅读推广工作应该利用电子网络化的信息交流平台发布相关的阅读信息，同时也可以积极借助高校的宣传电子屏幕开展阅读信息的宣传推广工作，这样能够大大提升了高校图书馆阅读推广服务的效率和水平，进一步扩大了阅读推广服务的范围，可让更多的学生了解图书馆最新的阅读信息和资料。

2. 信息传递更加及时和高效

媒体工具在本质上具有传播速度快、时效性高的特点，在新媒体时代下高校图书馆阅读推广服务可以有效利用媒体工具实现信息的动态发布，让学生可以在第一时间就掌握图书馆的资源信息。例如，图书馆所开展的新书推介活动，可借助新兴的媒体工具，把新书信息第一时间传递到学生手中，这可在一定程度上提高图书馆阅读推广服务的效率。

3.信息的双向互动性更强

高校图书馆开展阅读推广活动可以引导大学生进行科学的阅读，提高大学生的阅读能力、激发大学生的阅读兴趣、提升大学生的阅读效率。新时期新媒体阅读工具的出现具有明显的互动性，学生可以在媒体平台进行交流和互动，对此，新时期高校图书馆阅读推广服务可以积极利用新媒体工具的优势，与学生进行有效的交流和信息共享，及时了解学生对于阅读信息的实际需求，切实掌握学生对图书馆的意见并及时做好阅读推广服务的改进工作。

4.目标定位更加准确

当前高校图书馆借助微信、微博等新兴媒体工具进行阅读信息的推送，甚至可以具体到院校、专业以及学生个体，让学生可以有针对性地掌握所需要的阅读信息，让高校图书馆的阅读信息推广服务目标定位更加准确。高校图书馆应积极创新阅读信息的交流和传递平台，针对不同专业学生的阅读需求，做好资源的拓展工作。

第四节　新媒体时代高校图书馆阅读推广服务的创新策略

新媒体的不断涌现与发展对图书馆来说是一个良好的机遇，同时也是一个严峻的挑战。抓住机遇，将有效促进图书馆信息服务水平的提高；错失机遇，将使图书馆信息服务的功能进一步减弱。这取决于图书馆对新媒体的重视与应用程度。不同新媒介形式切入的关键点和服务形式均有不同，图书馆应积极研究探索，将新媒体适时引入图书馆信息服务当中来，使图书馆的信息服务与新媒体相融合，以期发挥作用，从而使用户不断发展的个性化信息需求得到满足，扩大图书馆信息服务空间，进而使图书馆在公众心中的信息主导平台地位得到进一步巩固。

一、进一步拓宽新媒体的应用

在新媒体环境下，信息服务跟以往的实现共享简单模式大不相同，图书馆馆员需要选择、整合、获取有用的信息。

首先，应加强网络媒体的应用，探索网络媒体在信息服务中的功能。工作过程中，图书馆要能够利用用户的关键词订阅来提供服务。

其次，通过微博、微信等进行阅读推广活动。图书馆可以发布讲坛信息、开辟专栏。在信息服务过程中，图书馆应当充分发挥微博、微信等的传播特点，提供相应的推荐活动，充分发挥这些媒体声像并茂的特点，发布新书的相关图片或视频。

再次，加强社交网络建设。图书馆社交网络建设旨在为读者提供信息服务，利用网站为读者创设信息沟通的平台。读者在注册之后成为社交网站的成员，然后就能够利用该网站体验图书馆的检索服务，并且能够利用该网站结交许多兴趣相投或者研究专业相同的人。图书馆利用该平台能够吸引大量用户，并且能够为各种用户提供有针对性的服务。

最后，加强移动手机媒体的应用。①提供个人信息服务，读者能够利用手机图书馆进行登录，然后享受借阅、新书介绍等服务。②提供多媒体信息服务。读者能够利用智能手机来浏览视频、课件等，而图书馆必须充分整合多媒体数据库资源。③提供在线参考咨询服务，图书馆可为读者和馆员两者间构建起视频沟通平台。④提供平台。高校图书馆通过手机构建图书馆官方微信、微博，组成若干讨论组，为客户相互探讨提供平台。

二、不断提升馆员的专业素养

新媒体时代，每个基层图书馆的电子资源都在不断地增加，电子借阅、网上阅读、移动阅读将逐渐成为图书馆重要的服务模式，读者的阅读习惯也在不断改变。馆员专业素养的高低在很大程度上关系到图书馆信息服务质量的优劣，也是图书馆工作成败的关键因素。因此，图书馆必须加强馆员队伍建设，不断提升馆员的专业素养，增强馆员的服务能力，提高馆员的服务水平。首先，基层图书馆必须进一步提升自身的吸引力，具体可以通过提高待遇与职业价值的方式来进行，把许多受教育程度高、年轻、具有良好技能的人才引来充实队伍，并且要留得住；其次，应当经常为馆员举办培训活动，支持馆员参加专业技术人员培训，提升现代信息技术水平，提高为读者提供相关信息服务的技能；最后，基层图书馆在知识构建上，要求馆员除了掌握图书馆专业的基本理论和基本方法以外，还要进一步学习、应用新媒体技术，基层图书馆应培养馆员快速、准确、多渠道、全方位获取信息的本领。唯有如此，图书馆专业化水平才能够不断提高，图书馆才能更好地满足广大读者的信息服务需求。

三、树立"以读者为根本"的服务理念

图书馆应该围绕读者的需求，树立"以读者为根本"的服务理念，利用新媒体的服务平台以及媒介融合，实现纸质资源、电子资源和网络资源的利用最大化，为用户提供更主动、更便利、更快捷、更友好和更人性化的服务方式。

随着现代信息技术特别是新媒体技术在图书馆中的发展和应用，现代图书馆应该摒弃"图书馆管理图书"和"重藏轻用"的传统观念，改变读者主动前来找资源、咨询问题的现状，化被动地为读者服务为主动地为有不同需要和需求的读者提供相关服务，主动挖掘潜在读者，为潜在读者提供相关信息，将潜在读者转变为用户资源。

高校图书馆要从图书文献传递的提供式服务，向知识、信息资源挖掘，信息重组，信息分类，信息主动推送的创新服务转变，把实现读者的价值和满足读者的需求放在第一位，以服务读者为中心，多途径、多方式、多渠道地最大限度满足读者的需要。

随着移动无线网络与互联网融合以及新媒体的不断发展，图书馆用户对信息服务的需求也在相应发生变化，传统图书馆既面临挑战更有着机遇。一方面高校图书馆要拿出相应的对策，提高自身信息服务的能力，促进信息服务的发展。另一方面，高校图书馆在服务理念和管理模式上更要一切以用户的需求为中心，以用户的兴趣为起点，以用户的个性化需要为创新点，将服务面向用户，既要尽可能多地将新媒体应用于图书馆的信息服务，更要通过新媒体建立更多、更广泛的读者群，推动图书馆信息服务向着更主动、更人性化、更全面、更便捷、更友好的方向发展，以适应新媒体环境下用户的信息服务需求。

四、优化信息资源结构，实现资源共享

由于图书馆的存在，人类社会对信息的收集和整理成为一种公共行为，同时其也为人类历史文化的传承起到了重要作用。但是在社会信息化和信息社会化的发展过程中，图书馆的各项职能需要得到创新和强化。从早期的图书馆对纸质文献的保存到目前的网络信息服务，特别是在新媒体环境下，图书馆的信息资源整合和信息资源结构的优化，实现资源共享，显得尤其重要。

随着智能手机等移动终端的发展和普及，信息的传播载体、信息的传播模式、数据的采集与整合也随之出现新的变化，图书馆信息资源建设从专注于纸质文献建设扩展到注意数字电子资源建设。在新媒体环境下，如何优化信息资源结构、整合信息资源，对图书馆信息服务提出了新要求。

首先，尽管数字图书馆和各种数据库建设如火如荼，但是纸质文献资源作为图书馆的重要组成部分，仍是人类文明传承的重要载体。即使是在新媒体环境下，纸质媒体仍然是最重要的信息资源，新媒体的出现不会完全替代旧媒体，纸质媒体也不会因为信息存贮和显示方式的改变而消亡。新旧媒体之间不存在完全的替代性，纸质媒体作为人类长久以来的历史文化的承载者和人类知识文

化学习的载体，仍然是最重要的文化载体之一，也是人们学习、娱乐、获取信息的重要载体，所以说图书馆在新媒体环境下，仍然不能放松对纸质文献资源的整合与优化。与此同时，我们应该重视新媒体在纸质文献资源建设中的作用，借助新媒体的各种功能，提升用户对纸质媒体的使用效果。例如，利用新媒体信息传输推送的广泛性、针对性和准确性，引领读者阅读纸质文献资源。

其次，高校图书馆应重视图书馆的信息化和数字化建设。一方面，图书馆要对自有信息资源进行数字化加工并存储，对本馆的信息资源进行整合，对纸质图书可以通过扫描、拍照等方式将其改变为电子书，特别是一些已经成为文物的、有一定历史年代的书籍，就可以通过拍照、扫描的方式呈现，这样既可以让更多用户看到历史作品，同时也可以更好地保护珍稀古籍。另一方面，高校图书馆可以通过购买国内外的商业数据库资源来丰富和充实信息资源，如今的数据库资源白花争艳，国内外综合数据库、专业数据库、学科数据库等极大地满足了用户的信息需求。这些数据库以其丰富的资源、差异化的收录、专业而又精准的整合，使得高校图书馆可通过几大数据库的共享来满足不同用户的需求，这成为当今社会挖掘信息的主要手段。

再次，互联网的海量信息也是信息资源建设的来源，但是互联网的特点是海量的、杂乱的、良莠不齐的。在图书馆信息服务中，对读者有用的才能称之为"信息"，干扰用户获取有用信息的杂支错节便不是信息，而是"噪声"。所以高校图书馆在对互联网信息资源进行整合和加工时一定要注意去粗取精，将没有组织的杂乱信息系统化、条理化。

最后，每个图书馆的信息资源建设都有一定的侧重，不可能包罗万象地收纳所有的信息资源。但是用户的信息资源需求却是多种多样的，是有差异的，因此资源共建与信息资源共享，搭建馆际合作平台显得尤为重要。只有这样，各图书馆之间才能无缝联系，信息资源才能在各馆之间自由流通，才能实现信息资源利用的最大化，真正打破行业专业的束缚，使得图书馆信息资源服务提升到一个新的水平，进而更好地满足用户的信息服务需求。

网络开启了现代信息社会的大门，新媒体是信息高速公路上的新干线，不仅为各图书馆之间的信息共享和信息数据库共享提供了可能，同时也为用户之间的信息传输和信息资源整合提供了新的平台，高校图书馆应该抓住机遇。新媒体时代，高校图书馆要改革信息服务的模式，提供主动服务、个性化差异服务，从而成为现代社会的信息处理中枢。

参 考 文 献

［1］ 王振原. 高校图书馆创新阅读推广服务策略 [J]. 采写编，2020（6）：187-188.

［2］ 王九玲. 新媒体环境下的高校图书馆阅读推广服务创新 [J]. 安阳工学院学报，2020，19（5）：62-64.

［3］ 何兆冠. 高校图书馆阅读推广服务创新研究 [J]. 广东职业技术教育与研究，2020（4）：205-208.

［4］ 顾国庆. 高校图书馆新媒体阅读推广服务的创新实践 [J]. 才智，2020（23）：44-46.

［5］ 李瑞欢. 谈高校图书馆阅读推广服务模式的创新 [J]. 延边教育学院学报，2020，34（3）：65-67.

［6］ 彭文虎. 数字人文环境下高校图书馆阅读推广创新研究 [J]. 图书馆学刊，2020，42（4）：45-49.

［7］ 何凤丽. 高校图书馆针对艺术生阅读推广创新服务研究 [J]. 科技视界，2020（12）：151-153.

［8］ 于利宏，张岩，许琳，等. 浅析高校图书馆阅读推广创新服务 [J]. 内蒙古科技与经济，2020（7）：107.

［9］ 高丽娟. 新媒体时代高校图书馆创新阅读推广服务策略 [J]. 兰台内外，2020（8）：51-52.

［10］ 张漪. 新媒体时代高校图书馆创新阅读推广服务策略 [J]. 长江丛刊，2019（35）：28.

［11］ 岳慧中，李晓娟. 慕课环境下高校图书馆阅读推广创新服务研究 [J]. 河南图书馆学刊，2019，39（10）：72-73.

［12］ 张正伟. 新媒体时代高校图书馆创新阅读推广服务策略 [J]. 文化创新比较研究，2019，3（19）：130-131.

［13］ 杨咏梅. 高校图书馆阅读推广服务的创新 [J]. 河南图书馆学刊，2019，39（5）：53-54.

［14］ 何晓林. 高校图书馆服务中的学习策略组织 [J]. 图书情报导刊，2018，3（9）：1-5.

［15］ 刘靖. 高校图书馆阅读推广服务与创新性研究 [J]. 河南图书馆学刊，2018，38（8）：47-48.

［16］ 刘鹏伟. 高校图书馆阅读推广创新服务路径探析 [J]. 边疆经济与文化，2018（7）：100-101.

［17］ 李平. 新媒体时代高校图书馆阅读推广创新服务策略 [J]. 内蒙古科技与经济，2018（9）：159-161.

［18］ 周伟. 高校图书馆和公共图书馆阅读推广比较 [J]. 绍兴文理学院学报，2018，38（1）：92-99.

［19］ 佟潇. 论高校图书馆阅读推广服务模式创新 [J]. 齐齐哈尔大学学报（哲学社会科学版），2018（1）：150-152.

［20］ 王海燕. 高校图书馆的知识服务及其发展策略 [J]. 河南图书馆学刊，2020，40（12）：96-97.

［21］ 张若友. 浅谈新时代高校图书馆服务工作 [J]. 科技视界，2020（35）：14-15.

［22］ 赵宇. 基于知识服务理念的高校图书馆教研支持体系探析 [J]. 河南图书馆学刊，2020，40（12）：91-93.

［23］ 张苏颖. 高校图书馆智慧服务创新研究 [J]. 林业勘察设计，2020，40（4）：75-77.

［24］ 周萍，陈雅. 数据驱动下高校图书馆精准服务路径与机制研究 [J]. 图书馆工作与研究，2020（12）：25-31.

［25］ 郭利伟，冯永财，彭逊. 共享理念下高校图书馆参与地方公共文化服务研究 [J]. 图书馆工作与研究，2020（12）：123-128.

［26］ 王璐. 信息化技术对高校图书馆个性化服务的影响刍议 [J]. 成才之路，2020（35）：18-19.

［27］ 向秀立. 高校图书馆阅读推广服务机制构建 [J]. 作家天地，2020（23）：93.

［28］ 么雅慧，郑晓红. 高校图书馆阅读推广服务机制构建 [J]. 办公室业务，2020（23）：159-160.

［29］ 王春娇. 高校图书馆毕业生服务模式与策略研究 [J]. 科技视界，2020
（34）：9-10.

［30］ 于越. 高校图书馆"阅读推广+学科服务"的互动探究 [J]. 科技与创新，
2020（23）：97-98.

［31］ 安丽红. 短信技术在高校图书馆读者服务中的应用 [J]. 办公自动化，
2020，25（23）：62-64.

［32］ 靳国艳. 全民阅读背景下高校图书馆参与城市文化建设研究 [J]. 曲靖师
范学院学报，2020，39（6）：121-124.

［33］ 林岚. 浅谈高校图书馆读者服务工作 [J]. 财富时代，2020（11）：164-165.

［34］ 王艳. 新时代高校图书馆智慧服务分析 [J]. 文化产业，2020（32）：
148-149.